粮食产业转型升级：
山东省粮食产业发展问题研究

于邢香　杨苗苗　著

中国商业出版社

图书在版编目(CIP)数据

粮食产业转型升级：山东省粮食产业发展问题研究／于邢香，杨苗苗著．—北京：中国商业出版社，2018.9

ISBN 978-7-5208-0259-8

Ⅰ.①粮… Ⅱ.①于… ②杨… Ⅲ.①粮食行业－产业集群－产业发展－研究－山东 Ⅳ.①F326.11

中国版本图书馆 CIP 数据核字(2018)第 032915 号

责任编辑：蔡凯

中国商业出版社出版发行
010－63180647　www.c-cbook.com
(100053　北京广安门内报国寺1号)
新华书店经销
北京世嘉印刷有限公司印刷

＊　＊　＊　＊

787×1092 毫米　开本：1/16　印张：12.25　字数：260 千字
2018 年 9 月第 1 版　2018 年 9 月第 1 次印刷

定价：45.00 元

＊　＊　＊

(如有印装质量问题可更换)

前　言

2017年，国务院办公厅印发了《关于加快推进农业供给侧结构性改革大力发展粮食产业经济的意见》(简称《意见》)，这是国务院首次出台关于粮食产业经济发展的指导意见，对当前和今后一个时期促进粮食产业经济发展作出了战略部署。《意见》指出，随着粮食收储制度改革的深入推进，多元主体入市收购，产业链活力增强。发展粮食产业经济是多渠道拓展加工转化新途径、消化政策性粮食库存的重要手段，有助于促进加工企业向主产区集聚，在延长产业链的同时提升价值链，增加附加值。《意见》还指出发展粮食产业经济就是发挥粮食流通联系生产和消费的纽带作用，发挥粮食加工"调节器""蓄水池"的功能，立足终端消费需求，引导粮食生产结构调整，为消费者提供营养健康、绿色优质粮食产品供给，加速实现从"吃得饱"到"吃得好、吃得健康"转变，同时促进一、二、三产业融合发展和拓宽农民持续增收渠道。

粮食行业一方面肩负着保供应、惠民生、兜底线的职责，必须抓好收储、管住储备、稳定市场；另一方面肩负着活流通、扩内需、稳增长的重任，必须大力发展粮食产业经济、加快转型升级，实现持续健康发展。山东省是一个粮食大省，更应该注重该地区的粮食产业发展，并对其进行科学的规划和合理布局，这对于山东省粮食产业转型升级乃至全省经济的发展都有重要意义。新世纪以来对山东省粮食产业结构的相关研究较多，也产生了较丰富的成果，为实现山东省粮食产业结构转型升级提供了有效参考。本书在之前研究的基础上，分粮食产业链、粮食产业融合、粮食产业集群、现代粮食物流以及附录(粮食产业代表性论文成果)等五个篇章，系统分析了推进山东省粮食产业转型升级的问题和对策。

编者
2018年9月

编写说明

2013年中共十八届三中全会提出了产业转型升级，并指出产业转型升级的关键是技术进步。五年来，全国上下在不同领域不同产业范围内推进产业转型升级，这对于加快转变经济发展方式具有重大意义。本书依托山东商务职业学院粮食经济研究所，聚焦山东省粮食产业的发展和粮食产业结构转型升级，从产业链、产业融合、产业集群和粮食物流的视角综合分析了山东省粮食产业结构的现状特点，并提出了相应的发展对策和建议，以期对山东省粮食产业的发展决策提供参考。

本书共分为五个篇章：粮食产业链篇、粮食产业融合篇、粮食产业集群篇、现代粮食物流篇和粮食产业代表性论文成果篇。前四个篇章的研究内容完整，思路清晰，都是在综述相关理论的基础上，分析当前山东省粮食产业结构在不同视角下的现状特点和存在的问题，然后运用实证分析法分析问题，最后提出推进山东省粮食产业结构转型升级的措施建议。第五篇章为附录，是2012年以来本书作者在粮食产业转型升级方面公开发表的十篇论文，短小精炼，观点明确。

本书作者丁邢香是山东商务职业学院粮食经济研究所所长，杨苗苗是山东商务职业学院粮食经济研究所研究员，团队专注于山东省粮食经济问题的研究十余年，立项粮食产业结构方面的省级校级课题5项，产生了丰富的理论成果，并在实践中得以应用，多项研究成果被山东省粮食局和大型粮油企业采纳。

本书在编写过程中吸纳借鉴了同行学者的观点和经验，在此表示感谢！尽管我们做了很多努力，由于水平有限，难免有不当之处，我们真诚地欢迎广大读者批评指正。

于邢香
2018年9月

目 录

一、粮食产业链篇 (1)
  1. 粮食产业链与粮食产业结构关系的理论基础 (1)
  2. 山东省粮食产业结构及产业链现状评价 (9)
  3. 山东省粮食产业及产业链竞争力评价 (18)
  4. 延伸粮食产业链,推动山东省粮食产业转型升级 (27)
  5. 延伸山东省粮食产业链的对策与措施 (32)

二、粮食产业融合篇 (42)
  1. 产业融合与粮食产业结构相关理论研究 (43)
  2. 山东省粮食产业与其他产业融合发展的现状 (47)
  3. 山东省粮食产业结构转型模型构建 (53)
  4. 山东省粮食产业化经营模式分析 (58)
  5. 基于产业融合的山东省粮食产业结构优化实施建议 (60)

三、粮食产业集群篇 (65)
  1. 粮食产业集群研究的理论综述 (65)
  2. 山东省粮食产业集群发展的现状和问题 (73)
  3. 山东省粮食产业集群竞争力评价模型构建 (77)
  4. 蓝黄经济区建设背景下山东省粮食产业集群发展的模式选择 (84)
  5. 山东省粮食产业集群发展的对策建议 (88)

四、现代粮食物流篇 (96)
  1. 粮食物流理论研究综述 (97)
  2. 山东粮食物流发展的现状特点 (98)

  3. 山东粮食物流存在的主要问题分析……………………………………（100）
  4. 建设山东现代粮食物流体系,推进粮食产业结构转型………………（101）
  5. 基于协同商务的山东粮食电子交易市场建设研究报告………………（108）

附录:粮食产业代表性论文成果篇………………………………………（127）
  1. 山东省粮食产业结构优化路径探析……………………………………（127）
  2. 山东省粮食产业集群发展模式及对策研究……………………………（134）
  3. 基于 GEM 模型的山东省粮食产业集群竞争力研究……………………（139）
  4. 试谈山东粮食电子交易市场面临的问题及其对策……………………（148）
  5. 山东省粮食产业化经营有效模式分析…………………………………（154）
  6. 基于 AHP 的山东省粮食产业结构优化体系设计………………………（159）
  7. 山东省粮食产业集群发展模式调研报告………………………………（164）
  8. 山东省现代粮食物流体系建设研究……………………………………（169）
  9. 山东省现代粮食流通产业发展状况调研报告…………………………（176）
  10. 山东省粮食产业结构调整的路径分析…………………………………（183）

参考文献……………………………………………………………………（189）

一、粮食产业链篇

粮食产业链的延伸是推动粮食产业转型升级的重要方式,山东省粮食产业链延伸必须立足本省资源优势,用新型工业化的思路来谋划粮食产业,创新产业发展模式,拉伸产业链,推进山东省粮食产业转型升级。

本篇以产业结构理论、农业产业链理论为基础,全面分析山东省自然资源、粮食产业结构及粮食产业链存在的问题,通过对山东省粮食产业发展的调查分析,运用 AHP 法建立了粮食产业链竞争力评价体系,通过定量分析和评价为山东省粮食产业链延伸提供决策依据。同时,借鉴国外粮食产业结构及产业链发展的经验,全面分析产业链延伸及山东省粮食产业结构转型升级的必要性,并提出应对的三大基本原则,从不同层面对延伸山东省粮食产业链提出对策建议,为推进山东省粮食产业转型升级助力。

1. 粮食产业链与粮食产业结构关系的理论基础

国际上对产业链管理的研究已经比较先进,但在粮食产业链方面的研究不够,我国对该产业链的研究尚处于探索阶段。目前,以美国和荷兰的粮食产业链最为典型,具有可借鉴性。山东省粮食产业链较短,产业链纵向和横向的发展都不完善,形式简单。产业链的长短会影响粮食行业竞争力强弱,影响粮食产业发展的快慢。山东省具有良好的粮食行业发展条件,其粮食产业结构如何?是否阻碍了山东省粮食行业的发展?该如何延伸?这都有很强的针对性、实用性,具有深刻的理论意义和现实意义。

1.1 概念界定

1.1.1 产业结构和粮食产业结构的基本概念

在现代产业组织理论中,"产业"是指生产同类可替代产品的生产者即厂商在同一市场上的集合。产业结构是国民经济中各种生产要素在不同部门间的配置比例关系。产业结构往往具有层次性,合理的产业结构是经济增长的关键因素,其实质是探索各种生产要素在各部门间的流动顺序。产业结构的形成源于微观经济主体在比较利益原则下的经济抉择结果。

在大多数研究成果中,粮食产业是作为农业中一种细分的产业成为被研究对象的,以区别于其他的经济作物产业,关于粮食产业的研究内容也主要集中于粮食生产和流通领域。但是,随着经济的发展,粮食的生产、加工和流通之间的联系愈来愈紧密,割裂的研究其中任何一个环节,已经不足以完整地反映粮食经济的发展态势和存在的问题,从而也无法提出有效的解决措施。因此,本书中所述的粮食产业是粮食生产者(粮农)和各种粮食产品的生产、流通、加工、购销企业在粮食市场的集合,具有典型的弱质性、外部性和战略性特征。

在本书中,所谓粮食产业结构是指粮食经济中各种生产要素在粮食基础产业(粮食生产)、粮食主导产业(粮食加工)及粮食服务业间的配置关系,并且包含了粮食基础产业的生产结构,粮食产业结构的转型升级是粮食经济活动在中观经济层面的反映。

对产业结构变动的研究,是发展经济学的一个重要组成部分。我们的粮食产业结构拓展主要包括粮食产业结构的合理化和高级化,即提高粮食行业各产业之间的有机联系和耦合质量,同时解决促使粮食产业结构从低度水平向高度水平拓展的问题。

1.1.2 产业链和粮食产业链的基本概念

产业是由提供相近商品和服务,在相同或相关价值链上活动的企业共同构成的。由同一产业内所有具有连续追加价值关系的活动构成的价值链可以被称为产业链。产业链的形成基于产业内部分工的细分化,专业化的分工体系的不断发展,在更为细分的产业领域有了形成产业链的可能。每条完整的产业链都包括产前、产中、产后的许多环节。

粮食产业链一般是指与粮食产品密切相关的产业群构成的网络结构,是传统粮食生产的向前和向后延伸,它包括粮食"产前——产中——产后"一系列过程有机结合和相互关联的动态链条,是从粮食种植、生产、收购、储运、加工到销售的一系列组织序列,涉及不同的组织载体和各相关子环节,涉及物流、资金流、信息流等的关联和整合。

粮食产业链价值增值功能的实现主要依靠以下四个环节:(1)生产环节:在粮食生产领域,应用信息、生物、新材料等高新技术成果,改造传统粮食生产过程,提高产量和质量,实现生产环节初次增值;(2)流通环节:通过完善粮食仓储设施,加强产销衔接和粮食物流资源整合;(3)加工环节:主要加大系列化、多元化粮油产品开发力度,使产品形态升级,实现加工环节再次增值;(4)销售环节:通过完善粮食购销市场体系,利用粮食最终产品销售完成产品的价值转化,实现产品的再次增值。由此可见,粮食产业链向后延伸的价值增值效应更显著,也更能推动粮食产业结构拓展。

综合以上分析,为了研究方便,本书将粮食产业链涉及的农药、化肥等生产资料生产,种植、加工机械生产,育种及检验检疫等作为产业链外部相关产业即宏观环境因素来看待,将"粮食产业链"概念界定为:包含粮食生产、流通、加工、销售四个主要环节在内的直接提供满足消费者对粮食及其加工产品需要的相关产业的集合(见图示1-1)。

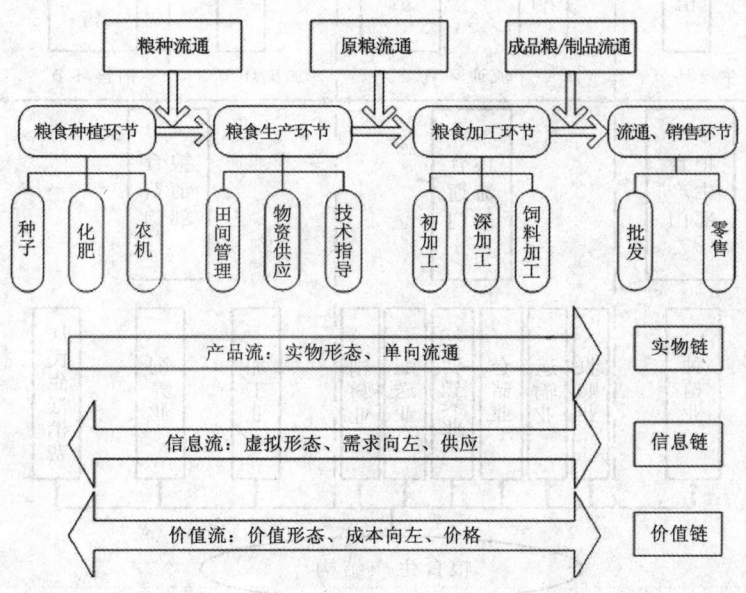

图1-1 粮食产业链流程图

由图 1-1 可见，粮食的生产、收购、加工、销售等一系列的价值增值活动，构成了粮食产业链，每一个经济活动都是这一价值链的增值环节。粮食产业链延伸也是建立在这一基础上提出来的，具体是指一条原有粮食产业链在一定条件下的纵向延伸和横向拓展，使得产业链向上进入基础产业环节和技术研发环节，向下则进入到市场拓展环节。通过这一过程，能够在培育区域主导粮食产业链、增强区域粮食产业竞争力的同时有效地优化区域粮食产业结构。

1.1.3 粮食产业结构和粮食产业链的内在联系

粮食产业是农业产业框架下的一个重要组成部分，粮食产业总体上可以划分为三类具体产业部门：粮食生产部门、粮食流通部门和粮食消费部门。从产业部门边界上看，粮食生产部门主要包括粮食生产领域中的农户、农场与粮食生产合作组织与投资集团。粮食流通部门主要包括粮食收购业、运输业、仓储业、分检包装

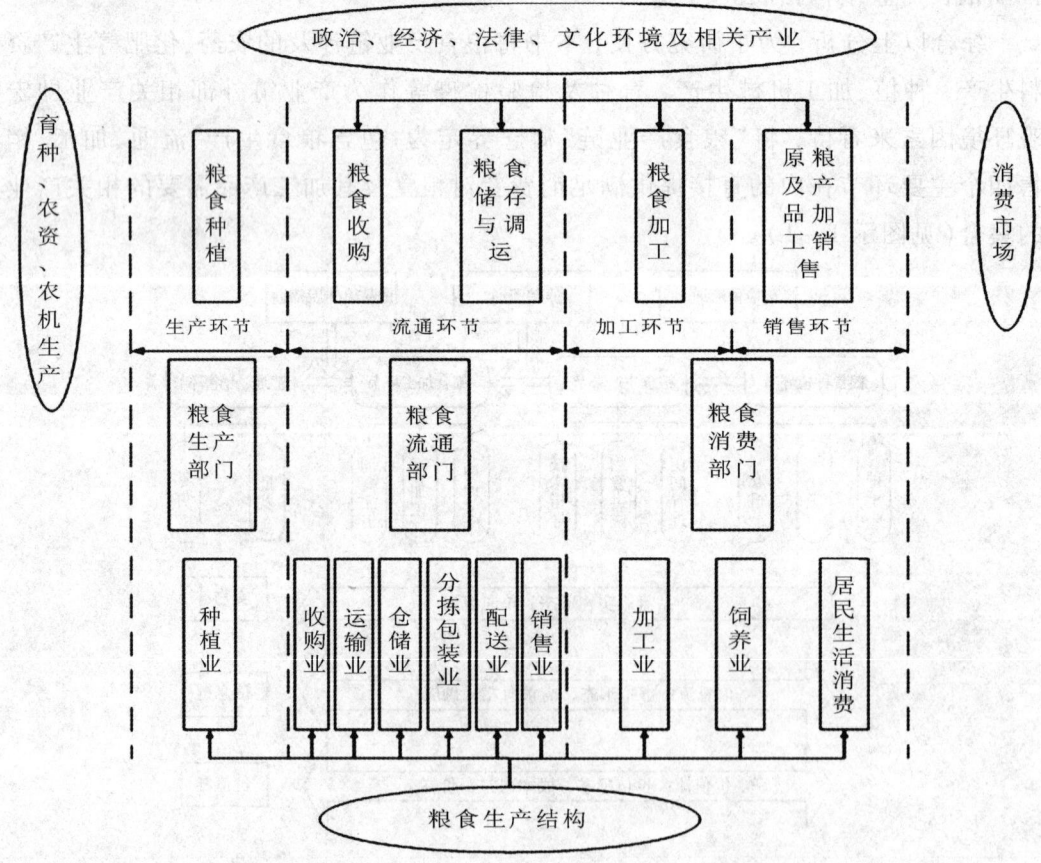

图 1-2 粮食产业结构与粮食产业链关系图

业、配送业与销售业。粮食消费部门主要指粮食加工业(又可分为简单加工与深加工)、饲养业与居民生活消费。从内涵功能角度来说,粮食生产部门是整个粮食产业存在和发展的基础,具有原粮供给与产业利润创造和形成的源发性功能;流通部门是整个产业的关键性枢纽部门,从宏观作用来看,是粮食产业引导投资机制形成与运行的领域,又是运行机制释放效能的境地,同时也是乘效应、回波效应、扩散效应演生的空间,宏观作用最终使生产、流通与消费三部门联为一体地活化起来,从而使整个粮食产业具有了生命。从微观功能来说,流通部门具有信息传递、商流与物流生成、交易形成、价值变现、生成与消费相互联接等功能,因此,流通部门的微观功能为宏观作用生产与发挥提供基础支持;消费部门是整个产业的内在效用的体现者、粮食产业附加值形成的重要部门,具有提高粮食效用水平、创造利润增量、引领粮食产业发展方向,带动产业结构调整与优化等功能。三部门联为有机整体又使粮食产业衍生出两个重要功能:保证粮食安全,维持社会稳定;支持经济系统安全平稳健行,实现国民经济可持续发展。见图示1-2。

以粮食产业链流程而言,粮食产业链包括粮食生产环节、加工环节、流通环节和销售环节,这一流程中包括粮食的生产、收购、储运、加工、流通、销售等各个环节及其相互作用,故粮食产业链被形象地比喻为"田头——餐桌"过程。这一过程也和粮食产业结构的划分一致,随着经济全球化和价值链分工不断发展深化,产业结构拓展不仅包括不同产业间的升级转换,例如由劳动密集型产业向资本密集、技术密集型产业的升级,而且还包括同一产业内部各个环节的转换,通过产业链的延伸来提升不同增值环节的竞争力。

综合以上分析,实施粮食产业化、不断拓展粮食产业结构,能够确保产业链各环节主体的价值得以实现,并能够拉长产业链,使产业链质量、功能得以增强,二者紧密联系,相辅相成。

1.2 理论基础

1.2.1 产业结构理论

产业结构理论的主要研究对象是国民经济中产业与产业之间的关系。产业结构的研究是一个极其复杂的问题,有些问题至今还存在很大争论。西方经济学说中,关于产业结构演变规律较早的理论是著名的"配第—克拉克定理",英国经济学家配第(William. Petty)第一次发现了世界各国的国民收入水平差异及其形成不同的经济发展阶段,关键在于产业结构的不同。他在

《政治算术》一书中指出工业的收入要比农业高,而商业的收入又比工业高,说明工业比农业、服务业比工业具有更高的附加价值,这一发现被称为配第定理。后来,经济学家克拉克(C. Clark)解释了工业化过程的内在动力主要是劳动力在三次产业之间的转移规律,认为随着地区经济的发展及国民收入和人均国民收入水平的提高,农业就业人数会趋于下降,第二、第三产业劳动人数和比例将会增加,主要是由各次产业收入需求弹性差异引起,并且生产要素也不可避免地会从第一产业转移到第二、第三产业。他的研究进一步印证了配第定理,被称为"配第—克拉克定理"。

20世纪50年代后,人们认识到合理的产业结构是国民经济增长的关键因素,自此对产业结构展开广泛深入的研究,产生了众多影响巨大的理论成果。如库兹涅茨(Simon. Kuznets)的"人均收入影响产业结构论",其主要观点是:在国民生产总值不断增长和按人口平均国民生产总值不断提高的情况下,不论是产值结构还是劳动力结构都会有所变动。霍利斯·钱纳里(Hollis. B. Chenery)的"标准产业结构理论",其主要观点是:经济结构的转变与经济增长有密切的关系,经济结构的转变(特别是存在市场不完善、生产要素不能充分流动的场合)能够促进和加速经济增长。刘易斯(William. Arthur. Lewis)的"二元结构转变理论",其主要观点是整个经济是由弱小的现代工业部门和强大的传统农业部门组成,由于工业部门较高的工资率,可以从农业部门中得到低成本劳动力的无限供给(假设农业的边际劳动生产率为零或接近零),从而获得超额利润,这种利润转化为资本进行扩大再生产,使工业部门对农业剩余劳动力的吸纳能力进一步提高,这个过程将不断重复,由此产生一种积累效应,即随着农村劳动力向城市工业转移,农村劳动力的边际生产率不断提高,工业劳动力的边际生产率不断降低,这种效应直到工、农业劳动力的边际生产率相等才停止,此时二元结构现象逐步消失。罗斯托(Walt. Whitman. Rostow)的"主导产业理论",其主要观点是:在任何时期,一个经济系统具有或保持"前进的冲击力",是由于若干个"主导部门"迅速扩张的结果,这些部门扩张的同时还对其他产业部门产生了扩散效应,最终带动了整个经济的发展。赤松要(Kaname. Akamatsu,あかまつ かなめ)的"雁行形态理论",其主要观点是:产业发展的顺序是从以消费资料的生产为主,到以生产资料为主的生产转化;消费资料的生产要从以粗加工产品为主,到以精加工产品为主转化;生产资料的生产要以生产生活用品为主,到以生产用品为主转化;从以农业生产为主,到以轻工业进而以重工业生产为主转化。这些理论主要从生产要素的供给和需求出发,深刻揭示了在经济增长中产业结构形态的演变规律以及产业结构变化对经济增长产生的影响。

1.2.2 农业产业链理论

目前经济学领域普遍探讨的"产业链"理论是建立在产业关联和产业价值链理论基础上的。首先，产业关联是产业链形成的必要条件。正是因为生产相关或相近产品的各种产业之间存在广泛而密切的技术经济联系，才使得产业链能够建立。因此，人们将产业链定义为各产业依据前、后关联关系组成的网络结构。其次，产业价值链是形成产业链的基础。1985年美国经济学家迈克尔·波特在《竞争优势》中提出了价值链理论，认为供应链参与主体间各种资源的流动，应是一个不断增值的过程，产业链发展的最终目的是整个产业系统增值，增强整个供应链的竞争力。

在我国，产业链理论最先被运用在农业领域，形成了农业产业链的概念。通过构建农业产业链把农业与其他产业有机结合起来，实现农业产业链的延伸，使农业利润的源泉扩大，冲破只搞种植、养殖的传统格局，扩大农业生产的外延，通过利益纽带把产、加、销各个环节有机联结起来，由产中向产前、产后延伸，提高农产品的科技含量和附加值，从而实现农业产业的整体效益。农业产业链是推进农业产业化的核心和主体内容，近年来对农业产业链的研究涉及农业产业链的内涵特征、组织形式、构建及运行机制、管理与优化等方面。其中比较有代表性的研究包括：

王凯(2004)在《中国农业产业链管理的理论与实践研究》一书中，分析了农业产业链管理的若干行业和案例，探讨了农业产业链管理理论在棉花产业、肉食品加工产业、家禽产业等领域的应用，根据谁做"龙头"及其所带动的参与者的不同将我国农业产业链组织形式分为："龙头"企业带动模式、中介组织带动模式、专业市场带动模式和其他模式。并从战略的高度提出了整合我国农业产业链的对策：采用多种形式发展农业产业链组织，使农业产业链组织从松散到紧密，从生产为主到销售为主，从单一到综合。从短到长，从小到大，从内到外；通过发展品牌产品链、特色农产品链和竞争优势农产品链等方式，不断凝聚农业产业链组织发展壮大的内在动力；建立健全包括价值链、信息链、组织链和物流链的农业链管理系统；为农业产业链创造宽松的法律和政策环境等。

赵绪福(2004)研究认为，农业产业链的构建和优化在于全方位拓展农业产业链。一是延伸产业链的长度，从纵向角度使产业链向前向后延伸，并主要在农产品加工业上做文章，尽可能提高农产品精、深加工比例，实现价值增值；二是增加产业链宽度，应尽可能提高综合利用程度，使得各个产业环节和产品功能得以扩充；三是扩大产业链的厚度，即壮大农业产业链的规模。这就要求构建和优化农业产业链，首先，做大做强龙头企业，各地要在充分发挥农产品资源优势基础上，采取有效措施培植、支持发展一批起点较高、各具特色、具有强大辐射牵引力功能的龙头企业和企业集团,以带动千家万户农民增收;其次,积极推行订单农业,降低交易费用,尽量消除地方保护主义,避免人为割断产业链,将农产品生产流通纳入正规化、制度化和法制化轨道;再次,进行信息化建设,对农业产业链所需要的信息进行收集、整理和加工,创立适宜的渠道,利用现代信息技术确保信息及时、准确有效传输;最后,积极推动"产、学、研"联合,促进科研、推广、生产等部门共同协作,使产业链在现代技术基础上高效运作。赵绪福(2006)以产业结构优化理论为基础,分析了农业产业链优化的具体内涵,说明产业链优化的内容与途径主要体现在三个方面:产业链的延伸、产业链的提升和产业链的整合。探讨了农业产业链优化的原则,强调在产业链优化中应特别注重农业和农民的利益。

陈丽娜(2005)以彭州市为例,运用农业产业链管理理论、交易成本理论和社会网络理论对蔬菜加工业产业链管理的现状进行了分析,提出加强产业链管理对策的建议:加强产业链的合作能力,形成战略联盟,加强产业链价值创新,提高价值增值能力,加大产业链信息化服务体系建设,促进信息流动;加强蔬菜加工业物流管理,降低产业链物流成本等支持蔬菜加工产业链发展等。

张利痒,张喜才(2007)从我国农业产业的现状和国情出发,从产业组织理论发展的视角分析了我国农业产业链的困境,并提出了产业链整合的理论框架和操作模式。认为传统农业产业链面临着"双柠檬市场"、低水平均衡、主体力量不对等、市场和政府双失灵等困境,要解决这些问题,提高农业产业链的运作效率,就必须明确谁来主导产业链、产业链应该怎样连接、产业链应该连接何种要素等问题。

李军民(2007)以湖南省优质稻米产业链为研究对象,对湖南优质稻米产业链的生产、加工、贮运、销售及消费各环节进行了系统的理论探讨;通过实证分析与案例分析,探讨了湖南优质稻米产业链发展的内在规律和本质,并提出了发展对策,为政府、优质稻米产业的投资者和经营者以及其他研究人员正确认识湖南优质稻米产业链提供依据,从而推进优质稻米产业链的发展,提高湖南优质稻米国际竞争力,保障国家粮食安全提供有益参考。

卢雪英(2008)从分析现有福建漳州粮食产业链条在市场化改革中面临的问题入手,对区域性粮食产业链形成与发展进行了剖析,指出要抓住四条重要的粮食产业链条建设,即粮食产销协作链、粮食物流产业链、粮食仓储产业链和粮食加工产业链来推动粮食产业化的发展。

1.3 粮食产业结构拓展和粮食产业链延伸的一般规律

粮食产业结构拓展及产业链延伸是一个从低级到高级发展的过程。在粮食产业发展中，粮食产业内部粮食生产、储运、加工、流通、销售服务等各部门之间的分工越来越精细，农业劳动力从生产部门向生产、储运、加工、流通、销售服务部门的转移趋势越来越明显。同时，随着粮食加工业产值在农业产值中的份额的提升，粮食加工业在粮食产业中的主导地位也逐渐得以巩固。可见，我国粮食产业的结构转换遵循着产业结构转换的一般规律。但与西方国家不同的是，我国粮食生产经营规模极小，粮农多为兼业经营，因而无法实现劳动力的完全转移。同时，我国市场经济体制还处于不断的改革完善时期，不能完全依赖市场机制实现粮食产业结构的自动转型升级。在这种条件下，我国粮食产业结构的转换规律必然有不同于世界其他国家的特殊之处。另外，目前我国粮食储运设施相对落后，信息网络系统不够完善，粮食运销成本较高，因此在研究山东省粮食产业结构问题时，必须结合具体情况借鉴这些理论、原则和方法。

2. 山东省粮食产业结构及产业链现状评价

山东省是一个农业大省，粮食产业是山东省农业中具有巨大潜力的一大产业，延伸粮食产业链条是实现粮食产业转型升级的重要途径，能够有效增加粮食相关产品的附加值，解决粮食在运输中不易贮藏、粮食产品结构过剩、区域过剩和阶段过剩的问题，带动相关行业的发展，推进粮食产业转型升级，对山东省经济的发展有着重要的意义。

2.1 山东省自然资源及粮食产业发展现状

2.1.1 自然资源

山东省位于中国东部沿海，地处黄海下游，属暖温带季风气候区，气候温和，光照充足，适宜多种农作物的生长发育，是我国主要的粮食产区之一。境内地形以平原、丘陵为主，平原、盆地约占全省总面积的64%；山地、丘陵约占34.9%；河流、湖泊占1.1%。海岸线全长3244公里，占全国的1/6，居第二位。全省年日照时数为2200－2900小时，日照百分率为50%－65%，太阳年总辐射量在481－540千焦/平方厘米；全省年平均气温在11℃－14℃，≥0℃的年平均积温在4137℃－5283℃，≥10℃的年平均积温在3592℃－4760℃，年平均无霜期为173－250天。全省粮食种植分夏、秋两季,夏粮主要是冬小麦,秋粮主要是玉米、地瓜、大豆、水稻等,其中小麦、玉米是山东省的两大主要粮食作物。

2.1.2 山东省粮食生产基本情况

山东省是一个典型的人口大省、粮食生产大省和消费大省。近年来,山东省不断推进粮食流通体制改革,积极完善粮食储备体系建设,粮食综合生产能力稳步提高,粮食产需平衡有余,粮食市场供给日益丰富,粮食库存充裕。

(1)粮食播种面积。山东省粮食播种面积20世纪90年代基本保持在1.2亿亩左右,进入21世纪,受农业种植业结构调整的影响,自2000年开始山东省粮食面积先减后增,在2004年播种面积最小,仅为9470.81万亩。随后国家高度重视"三农"工作,出台了一系列扶持粮食生产的政策措施,粮食播种面积持续呈现恢复增长的势头,到2010年,全省粮食播种面积达到10627.20万亩,同比去年增加82.07万亩(见表2-1和图2-2)。

表2-1 1991-2010年山东省粮食播种面积与总产量(单位:万亩,产量:亿斤)

年份	播种面积	总产量	年份	播种面积	总产量	年份	播种面积	总产量
1991	8088.00	3917.00	1998	8133.00	4264.83	2005	6711.73	3917.38
1992	7919.00	3589.00	1999	8099.00	4269.00	2006	6999.13	4092.97
1993	8213.00	4100.00	2000	7772.00	3837.74	2007	6936.49	4148.76
1994	8014.00	4091.00	2001	7153.51	3720.60	2008	6955.61	4260.50
1995	8132.00	4245.00	2002	6912.61	3292.69	2009	7030.09	4316.30
1996	8237.00	4333.00	2003	6415.41	3435.54	2010	10627.20	4335.70
1997	8083.00	3852.00	2004	6313.88	3516.70			

(2)粮食产量。山东省粮食产量自十一届三中全会以来,连续登上了600亿斤、700亿斤、800亿斤三个大的台阶,1996年达到了866亿斤的历史最高水平。进入21世纪,随着粮食播种面积的下降,粮食连年减产,由1996年的最高866.6亿斤降到2002年的659亿斤,减少了208亿斤,降到近二十年来最低水平。自2004年开始出现恢复性增长,从2006年开始,全省粮食总产一直保持在800亿斤以上,粮食供求不平衡的局面得到彻底扭转。2009年山东省粮食总产为863.26亿斤,居全国第三位。2010年全省粮食总产867.14亿斤,在全国率先实现粮食连续8年增产(见表2-1和图示2-2)。

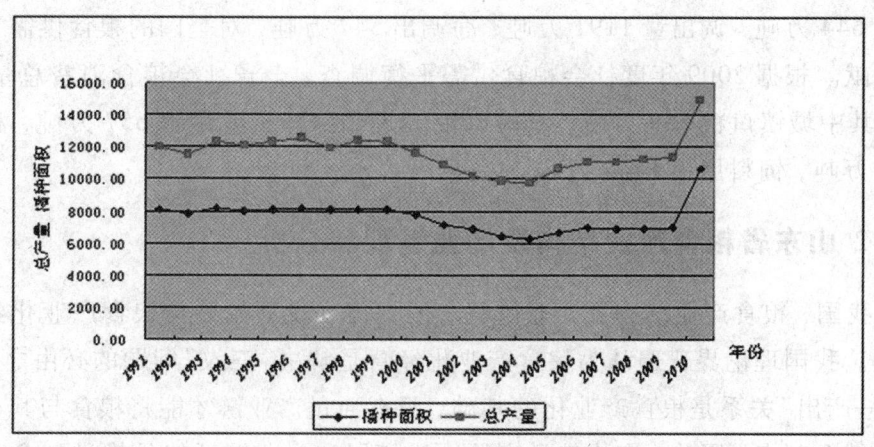

图 2-2　山东省粮食播种面积及粮食总产量变化走势

（3）粮食品种结构。随着山东省粮食种植结构的不断调整，小麦、玉米是两大主要粮食作物，常年小麦总产 400 亿斤左右，玉米总产 300 亿斤左右，花生 70 亿斤。2010 年全省粮食总产 867.14 亿斤，其中小麦 411.72 亿斤，占粮食总产 47.48%；玉米 386.54 亿斤，占粮食总产 44.58%；大豆 77.12 亿斤，占粮食总产 8.9%；其他 8.24 亿斤，占粮食总产 0.95%（见图 2-3）。

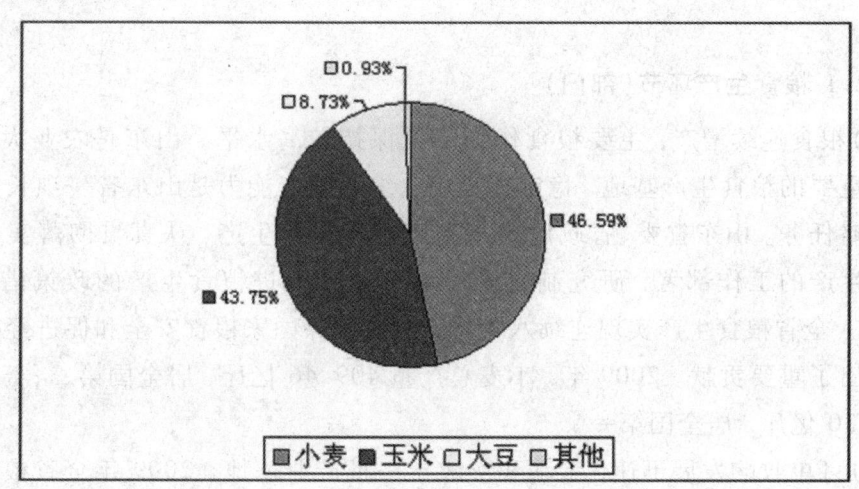

图 2-3　山东省粮食品种产量结构示意图

2.1.2 山东省粮食供需基本情况

自 2000 年到 2004 年的 5 年间，山东省粮食生产量均低于总消费量。从 2005 年开始，山东省粮食开始自给有余，向省外调出量逐年增加。2009 年，全省粮食调进量644万吨,调出量1191万吨,净调出547万吨,对全国的粮食供需平衡做出了贡献。根据2009年度社会粮食供需平衡调查,全省社会粮食消费总量4255万吨,其中城镇口粮569万吨,农村口粮1137万吨;工业用粮657万吨,种子用粮113万吨,饲料用粮1444万吨。

2.2 山东省粮食产业结构及产业链现状分析

在我国,粮食产业结构及产业链概念的提出和发展始终与粮食产业化经营密切相关。我国理论界普遍认为粮食产业化经营是解决"三农"问题的必由之路,而"投入—产出"关系是粮食产业化的基础,只有通过产业链才能将粮食与其相关产业有机结合起来,因此,实施粮食产业结构拓展和产业链延伸是推进粮食产业化经营的核心和主体内容。事实上,虽然粮食产业结构、产业链与粮食产业化存在概念上的区别,但它们本质上都是要求打破传统的将粮食产、供、销分割开来的体制和生产经营方式,按照市场规律的要求将粮食生产、流通、加工、储运、销售等环节连为一体。

基于以上认识,对于山东省粮食产业结构及产业链的分析,主要从粮食生产环节(部门)、粮食加工环节(部门)、粮食流通环节(部门)和粮食销售环节(部门)来分析。

2.2.1 粮食生产环节(部门)

(1)粮食连续增产,主要粮食作物产量保持较高水平。山东是农业大省,也是全国重要的粮食生产基地,稳定提高粮食综合生产能力是山东省一项长期而艰巨的战略任务。山东省委、省政府历来高度重视粮食生产,认真贯彻落实国家关于粮食生产的工作部署,研究制定了一系列扶持促进粮食生产的政策措施,到2010年,全省粮食生产实现连续八年增产,为确保国家粮食安全和促进经济社会发展做出了重要贡献。2009年,小麦总产量409.46亿斤,居全国第二;玉米总产量384.30亿斤,居全国第一。

(2)订单收购发展迅速,带动和形成了一批产业基地。2009年全省粮食订单面积1133万亩,订单收购323万吨,小麦和玉米全部实现优质化,建成了一批区域化种植、规模化生产、订单化收购的优质产业基地。

(3)千亿斤粮食工程建设,成效显著。2010年5月山东省制定《〈全国新增1000亿斤粮食生产能力规划〉山东省一期项目实施方案(2009-2012年)》,实施方案统筹协调新增粮食产能各类工程的区域布局,合理配置大型灌区、田间工程、良种繁育基地、农技农机服务体系等工程建设,将田间工程建设地块细化到乡镇,并明确了各资金渠道项目的建设地点、建设任务、透支规模及资金筹措方案等,确保了山东省粮食的连续增产,成效显著。

2.2.2 粮食加工环节(部门)

(1)粮油加工转化能力强,经济实力居全国前列。初步统计,2009年入统企业完成工业总产值1794.6亿元,占全国的16%;实现产品销售收入1758.4亿元,占全国的16%;工业增加值268.6亿元,占全国的15.6%;利润总额58.4亿元,占全国的18.6%,主要经济指标遥遥领先全国。主要产品两轮位居全国前列。小麦粉产量完成221.56亿斤,居全国第二位;食用植物油产量634亿斤,居全国第三位;饲料产量278.06亿斤,居全国第一位;玉米加工产品产量261.98亿斤,居全国第二位。

(2)涌现出一批有实力、有竞争力和有影响力的大企业集团,龙头带动作用明显增强。日处理小麦1000吨以上的大型小麦粉加工企业9家,日处理油料1000吨以上的大型植物玉米加工企业18家,日产饲料1000吨以上的大型饲料企业9家。省局重点指导和培育的十强粮油工业龙头企业,2009年,实现销售收入361亿元,利税24.6亿元,分别占全省总数的20.5%、30.6%。山东西王集团有限公司、山东鲁花集团有限公司、六和集团产品销售收入分别超过百亿元。

(3)产业集群效应明显,涌现出一批粮油产业园区。全省十大粮油产业园区占地面积达到1.9万亩,投资规模达到75亿元,实现经济总收入398亿元,利润20.5亿元。

(4)研发投入不断增大,创新能力不断增强。2009年,粮油加工业投入研发资金8亿元,获得专利159件,省级以上企业技术中心达到12个。

(5)涌现出一大批粮油品牌,市场竞争力不断增强。目前,山东省拥有玉面油中国名牌11个,山东名牌50多个,著名商标70多个。仅2009年,全省又新增米面及制品山东品牌20个,复评31个。新认定商标27个,续展19个,山东粮油产品在国内市场的竞争力和影响力进一步提高。

2.2.3 粮食流通环节(部门)

(1)市场化粮食流通体制基本建立。按照国家深化粮食流通体制改革部署,山东省粮食流通体制改革积极稳步推进。2004年起,放开全省粮食收购市场和粮食收购价格,国有粮食企业和其他粮食经营者公平进入市场,自主经营,自负盈亏,调整粮食补贴方式,集中精力解决国有粮食企业"三老"(老人、老粮、老账)历史包袱,加快建立适应市场经济新形势的现代粮食流通体系。不断推进国有粮食购销企业改革,基本解决国有粮食购销企业历史包袱,加快培育各类粮食市场,加强粮食市场和宏观调控体系建设。经过几年的艰苦努力,山东省基本建立起市场化新型粮食流通体制。

(2)粮食仓储基础设施规模显著扩大。粮食流通基础设施,包括物流设施、储备粮库、基层收纳库以及农户储粮装具等,基础设施体系既是粮食流通的重要硬件基础,也是粮食宏观调控的重要载体。经过近十年的国家及省、市、县(区)各级储备库的建设和设施的完善,全省的仓储条件大为改善。利用原有的粮食储备库、粮食批发市场和粮食物流企业改扩建成为现代粮食物流中心,部分地区实现了"规模存放、集中管理",有良好的基础设施条件。截至2010年底,全省粮食仓储企业870户,其中国有企业453户,全省有效仓容1870.9万吨。近年来,在济南、青岛、枣庄等市新建了一批标准高、规模大、设施全的地方储备库,东营、威海等市实现了地方储备粮集中管理。

(3)粮食仓储规范化管理水平居全国前列。全省各级财政部门加大对科学储粮、信息化建设的投入力度,支持企业推广物理防虫技术,应用环流熏蒸、粮情测控、机械通风等三项储粮新技术,开发了承储业务管理信息系统等管理软件,建立"数字粮食"信息管理平台。目前,全省90%的地方储备粮仓房实现了科学储粮、绿色储粮、规范化管理。2009年,山东省19个粮食储备库被评为全国仓储规范化管理先进库,数量居全国第一。

(4)粮食现代物流体系建设取得进展。目前,全省一半以上的仓储企业具备了"四散"(散储、散装、散卸、散运)作业能力。到2009年底,全省国有粮食仓储企业具备散粮接受能力约1.78万吨/小时,发放能力约1.67万吨/小时,同时依托社会力量进一步提升了散粮运输能力,粮食现代物流体系初具规模。围绕国家《粮食现代物流发展规划》,山东省在加强7个国家级粮食物流内陆节点城市和1个沿海节点城市粮食物流项目建设的基础上,对全省粮食收发设施进行了更新改造。全省28户国有粮食仓储企业拥有铁路专用线,2户拥有粮食专用码头。

2.2.4 粮食销售环节(部门)

城乡粮油供应网络进一步完善,放心粮油食品走进千家万户。近年来,山东省粮食系统大力推进放心粮油、居民厨房工程,截至止2010年底,全省放心粮油生产企业938元,放心粮店296家,便民粮油服务网点2.2万个,建成放心粮油配送中心56处，配备专用车辆600辆，日配送能力达到2700吨，从业人员5.6万人。其中46家单位荣获首批"全国放心粮油示范企业"称号，8家单位荣获"全国粮油行业AAA级信用等级企业"称号，5家企业荣获"全国诚信粮油企业"称号。全省居民厨房工程服务网点发展到2200多个，从业人员8000余人，年营业收入9亿多元。

总之，山东省在大力推进粮食产业结构调整的同时，积极进行了粮食产业链发展实践，粮食产业取得了长足发展。一是形成了以主要粮食作物生产、加工为主的粮食产业链；二是龙头企业不断发展壮大，带动广大农户从生产走向市场；三是涌现出多种粮食结构组织及产业链组织模式，如"订单粮食""企业+合作社+农户"等，通过种植基地与龙头企业间的联系，带动农户进入产业链；四是市场化粮食流通体制基本建立，粮食现代物流体系建设取得较大进展；五是粮食产业发展开始注重市场和品牌，为了实现产业链价值，许多龙头企业都开始关注粮食产业链下游的销售环节，品牌经营逐渐成为营销的重要手段。

2.3 山东省粮食产业结构及产业链存在的问题

粮食产业结构拓展和产业链的延伸过程，也是各种经济关系调整的过程，结构调整越深入，涉的利益关系将越复杂，调整的难度也越大，这就需要从整个粮食产业入手，实施整体创新，以求取得系统性的突破。从总体上讲，山东省的粮食产业发展进程比较快，取得的成效也非常明显，但由于粮食产业战略性调整的长期性、艰巨性和复杂性，产业结构及产业链发展仍存在不少问题，这里既有过去长期存在的老问题，也有新形势下出现的新问题。

2.3.1 传统粮食产业结构及产业链模式效率低

一是山东省粮食作物种类品种较为单一，优质品牌产品较少，供求结构和总量不尽合理，对产业结构拓展及产业链延伸缺乏科学的总体规划，调整的盲目性、趋同性、分散性的现象较为突出，难以形成整体推进和规模效益。

二是基层干部在指导粮食产业结构拓展及产业链延伸方面仍存在认识不足、重视不够，思路不明确，相关部门配合不力，导致推动困难。

三是在市场经济条件下，粮食市场的特殊性导致粮食产业相关利益主体之间的利益是冲突的，主要是农户与经销商的冲突。众多分散经营的农户几乎是以完全竞争的形式，将粮食销售给批发商或零售商，农户在分散经营的条件下，难以分享粮食产业及产业链运作带来的收益。

四是企业与农户、企业与基地之间联系不密切、产业化组织凝聚力不强，无法带动更大范围农业和更多的农户进入国内国际大市场，无法带动粮食产业结构向纵深发展。

2.3.2 龙头企业规模小，辐射作用有限

粮食龙头企业的竞争力不仅体现在单项产品、单个市场主体竞争力较弱，而且还体现在包括规模和实力、科技和产品质量、品牌与价格以及经营方式在内的整个产业化体系的综合竞争力较弱上。就目前山东省具体情况看，主要体现在以下几点：

一是龙头企业规模小，竞争力不强。山东省国家级、省级粮食产业化龙头企业少，规模小，与粮食生产大省、消费大省不太相称。

二是基础设施不配套，装备落后。粮食龙头企业生产基地分散，规模化、标准化程度低，基础设施不配套，粮食加工企业的技术装备水平较低。

三是粮食产品研发能力不高、加工深度不够。以美国为例，每年向市场推出的新食品种类大约在1.2~1.5万之间，开发的大豆加工产品1万多个，我国不过几百个；美国玉米开发3000多个品种，我国只有100多个品种。同时，粮食加工深度不够，以粗加工为主，二次以上的深加工产品只占20%左右，加工转化和增值率较低，粮食加工项目单一、趋同，低水平重复建设问题也较严重。这样就直接导致山东省的粮食龙头企业实力不强、品牌不响、产业链不长、辐射面不广的问题比较突出，粮食产业结构及产业链仍具"窄断"特征，制约了粮食产业的健康发展。

2.3.3 粮食生产重产量轻品质

当前，山东省粮食供求已由总量矛盾为主转变为结构性矛盾为主，由于粮食供求结构的变化，市场需求约束力增强，不断提高的收入水平使得消费者需求呈现出逐级递升的趋势，市场对多样化、高质量和精深加工产品需求越来越高，而低质量、初级粮食产品市场将逐渐萎缩。而山东省目前专用小麦、玉米比重较小，优质化程度低，尤其是小麦品种多为中筋小麦，适合制作面包的强筋小麦以及适合制作糕点的弱筋小麦较少，不能满足加工企业的需求，不少企业需花高价从国外进口优质专用小麦。这在一定程度上影响着粮食产业结构拓展及产业链延伸的方式和手段，使得仅靠增加产量来增加收入越来越行不通，必须不断提高粮食产品的质量和服务水平才能够获得价值。

2.3.4 粮食产业服务体系不完善

一是信息服务约束：由于粮食市场信息具有公共性、不完全性和不对称性的特征，从而会导致信息供给的需求不足、生产决策风险和交易收益风险。具体表现在如缺乏必要的市场信息渠道，一般性的价格信息多，有分析的供求信息少；滞后的信息多，预测性的信息少，不能为结构调整提供准确的市场信息。因此应高度重视农业信息的作用，通过加强市场体系和信息化服务设施建设促进粮食产业结构拓展及产业链延伸，增加粮食产业收益。

二是流通服务滞后：随着粮食产业化经营力度不断加大，粮食流通更加向粮食生产、加工、消费领域拓展，对粮食流通在整个粮食产业链条中发挥中枢地位、先导作用提出迫切要求，但多数粮食经营、加工转化企业与种粮农户之间还是简单的买卖关系，还没有真正建立起利益共享、风险共担的稳定合作机制，农户和企业均面临较大的生产经营风险。多数粮食企业仍然主要是收原粮、储原粮、卖原粮，粮食加工、转化水平低，产业链条短，粮食资源综合利用效益不高。特别是在农村粮食经纪人队伍快速扩张的同时，无序发展的状况比较突出，粮食收购效率较低，粮食产品流通关卡多，阻碍了粮食的顺利流通。

三是技术服务滞后："十一五"期间，国家逐步加大对粮食产业各环节的科技投入力度，行业科技创新体系和平台初步建立。但与发达国家之间还存在较大差距，特别是在粮情精确化监测监控技术、节能减排降耗和副产品循环利用技术、关键粮油机械设备和核心零部件制造技术等方面自主创新能力较弱；粮食基础科学研究与实用技术之间的联系还不够紧密、衔接还不够顺畅，拥有自主知识产权的实用性技术成果还不多；粮食烘干、绿色储粮、生物质能源、粮油加工等方面先进技术的推广普及力度急待加强。

2.3.5 缺乏对外资投资模式的引导

按照"入世"承诺要求，自2009年起，外资企业可以在国内从事粮食的收购、销售、储存、运输、加工、进出口等经营活动，"四大跨国粮商"即嘉吉、ADM、邦吉和路易达孚进入我国，利用丰富的国际贸易经验和资金优势，以前所未有的速度和规模进入粮食行业，并出现了横向拓展、纵向延伸、全面覆盖的趋势。具体表现在：一是在粮食产业链中的投资不断延伸。不仅重视粮食产品加工及销售项目等下游产业链的投资，也积极关注上游产业链中的粮食生产、农机、农资、农药等投资。二是以占领新兴市场化国家粮食市场为主要战略目标，对国内、省内粮食产业领域的横向并购和纵向并购不断加剧,市场控制力显著增强。短短几年时间,通过先期的参股、控股等方式,外资已经垄断了我国80%的进口大豆资源,扰乱了国内大豆市场,并趁机向上下游渗透,控制了我国66%的大型油脂企业,控制产能达85%。如益海嘉里集团侧重于和各地粮食部门合作,将其资金和管理优势与粮食企业的收储网络优势结合,通过食用油已经建立的全国性销售渠道和品牌优势,逐步开拓市场。

外资的进入,在粮食生产、流通、消费领域、粮食进出口贸易等方面对山东省粮食产业的控制力、竞争力和可持续发展能力均将产生一系列的冲击,我们必须对粮食产业领域的外资进入形势进行系统分析和认识,并做出相应的粮食安全政策和粮食产业政策措施和办法。

2.3.6 政府政策和资金支持不够

首先,表现在农村土地经营体制的阻碍上。20多年前的按人配地、按户经营的农村土地承包责任制在为农民拥有农村土地的使用权和经营权提供法律保证的同时,也终止了已经开始的土地流转,不断加深了农村现代化格局壁垒,使农村改革由回到了从前的独家小户的农耕状态,从而严重的制约农村经济市场化进程,阻碍了粮食产业发展进程。其次,我国目前粮食行业内还没有一套完整、规范、严谨、统一的粮食法律体系,在一定程度上与粮食产业发展的大背景、大趋势不相一致。第三,现行的商业化运作的金融体制,使得政府难以对粮食产业发展给予特别的金融支持政策。第四,缺乏地方政府和资金支持。湖北省自2003年以来,省政府每年安排2000万元资金用于粮油产业发展;山西省财政2008 - 2010年每年拿出2000万元,对"放心粮油"工程予以以奖代补扶持。新疆从2007年,每年由财政预算专项安排1000万元作为粮食产业化基金,主要用于重点粮油加工企业技术改造项目贴息等。而山东省目前还没有出台专门针对粮食产业发展的扶持政策。

3. 山东省粮食产业及产业链竞争力评价

我们以产业结构理论、农业产业链理论为基础,在前面分析山东省自然资源、粮食产业结构及粮食产业链存在的问题的基础上,运用AHP法建立了粮食产业链竞争力评价体系,通过定量分析和评价,为本省粮食产业链延伸提供决策依据。

3.1 层次分析法概述

AHP 即 Analytic Hierarchy Process 的简称,也叫层次分析法,是一种定性与定量相结合的决策分析方法,主要应用在不确定情况下及具有多重评估准则的决策问题上。尤其适合于对决策结果难于直接准确计量的场合。它是在对复杂的决策问题的本质、影响因素及其内在关系等进行深入分析的基础上,利用较少的定量信息使决策的思维过程数学化,从而为多目标、多准则或无结构特性的复杂决策问题提供简便的决策方法。经不断的应用、修正及验证,至 1980 年 AHP 分析法已日趋完备。

3.2 粮食产业及产业链竞争力评价过程

3.2.1 构建粮食产业及产业链竞争力评价指标体系

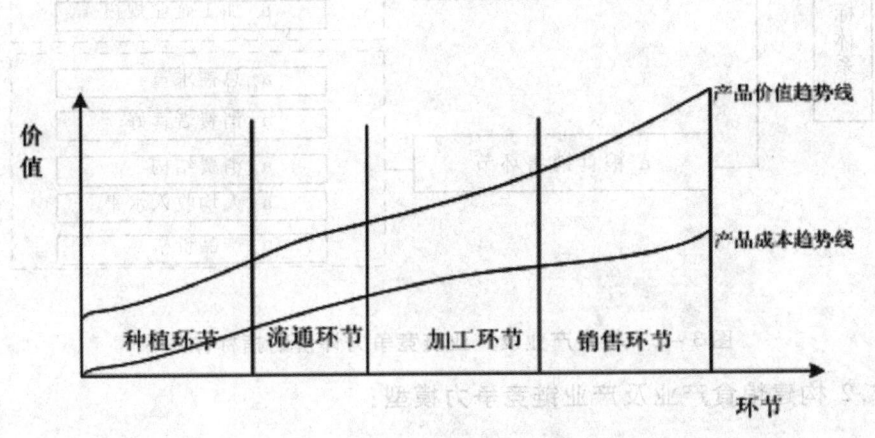

图 3-1 粮食产业链产品价值增值趋势图

根据图 3-1 可看出,粮食产业链的环节越多,链条越长,产品价值线与产品成本线之间的距离呈现出越来越大的趋势,这说明粮食产业链条越长,粮食产品价值增值越快。一般来讲,比较完备的粮食产业价值链条包含四个基本环节——粮食种植环节、粮食流通环节、粮食加工环节和粮食销售环节,最终大部分以产成品的形式来销售。本研究将粮食产业链体系按照从粮食种植到粮食销售的流程,分为四个环节的一级大类指标,18 个二级细化指标,粮食产业及产业链竞争力评价指标体系。如图 3-2 所示。

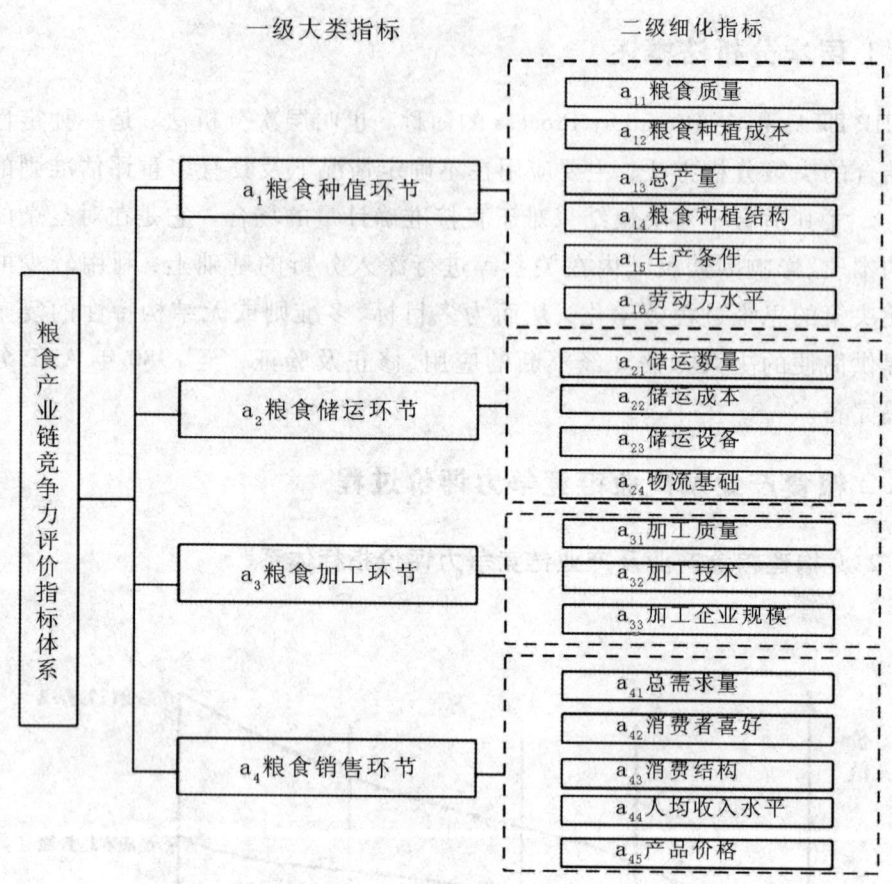

图 3-2 粮食产业及产业链竞争力评价的指标体系

3.2.2 构建粮食产业及产业链竞争力模型:

$$JZ = f(a_{1x}, a_{2y}, a_{3m}, a_{4n})(x, y, m, n = 1, 2, \cdots)$$

其中 JZ,代表粮食产业链整体的竞争力;它是由以下四部分组成:粮食种植环节 a_{1x},粮食储运环节 a_{2y},粮食加工环节 a_{3m},粮食销售环节 a_{4n}。

只有当各个部分协同创新,转变增长方式,发挥资源的最大优势,产业链才能取得更大的竞争力,保持竞争优势。只要其中一个环节没有达到资源的最优配置,就会对整个产业链竞争优势产生负面影响。

3.2.3 判断尺度的设立

评价指标体系及竞争力模型建立后,就确定了各层次指标之间的相互关系,同一层次的指标两两进行比较,这样同一层次的 n 个指标,就能得到两两指标的

比较判断矩阵 $A = \{a_{ij}\}$。其中比较判断矩阵中的值,必须满足下列条件:$a_{ij} > 0$,$a_{ij} = 1/a_{ij}$,$a_{ij} = 1(i = j)$。最终以 1—6 标度法表示比较结果,1.5、2.5、3.5、4.5、5.5 值是代表介于整数值之间判断标准(见表 3-1)。

表 3-1 比较判断标度表

比较判断标准	1	2	3	4	5	6
含义	可能重要	稍微重要	一般重要	比较重要	相当重要	极端重要

3.2.4 判断矩阵的设置

比较判断矩阵是由上下层次之间及同层次之间的两两比较判断而得出的,本研究的比较判断矩阵设置人员包括山东粮食经济研究所的学者、山东省粮食局的高级管理人员、山东省粮食销售市场工作人员等 20 人。将比较判断矩阵设置人员依据对粮食产业链的观察的侧重点不同,将其分为三大类人员,再根据三类人员对粮食产业链的理解程度不同,将他们的评价意见给予不同的权重等级,具体值见表 3-2。最后每位比较判断矩阵设置人员根据 AHP 模型中要求的比较判断标度进行打分,通过加权平均后得出最终的比较判断矩阵。(分数统计过程略)

表 3-2 各类比较判断矩阵设置人员权重分配表

比较判断矩阵设置人员类别	比较判断矩阵设置人员序号	权重
山东粮食经济研究所的学者	1-5	0.5
山东省粮食局的高级管理人员	6-15	0.35
山东省粮食销售市场工作人员	16-20	0.15
小计	20	1

3.2.5 比较判断矩阵的一致性检验

由于比较判断矩阵设置人员对各项指标因素进行两两比较判断时,会出现估计误差,因为所有的人员不可能得到完全一致的判断,从而会出现特征值和特征向量有一定的误差,我们要想避免误差过大,影响比较判断的结果,所以必须进行比较判断矩阵的一致性检验。

① 比较判断矩阵的一般随机一致性检验指标 CI

$CI = (\lambda_{max} - n)/(n - 1)$,$n$ 为比较判断矩阵的阶数,λ_{max} 为比较判断矩阵 A 的非零最大特征根。

λ_{max} 的计算过程如下:

$$\lambda_i = \frac{(A \cdot W)_i}{W_i}, \text{其中}, A \cdot W = \begin{Bmatrix} a_{11} & a_{12} & \cdots & a_{1n} \\ a_{21} & a_{22} & \cdots & a_{2n} \\ \vdots & \vdots & \cdots & \vdots \\ a_{n1} & a_{n2} & \cdots & a_{nn} \end{Bmatrix}$$

$$(A \cdot W)_i = a_{i1}W_1 + a_{i2}W_2 + \cdots + a_{in}W_n$$

$$\lambda_{max} = MAX(\lambda_1)$$

②比较判断矩阵的平均随机一致性检验指标 RI

可根据下表4-3查得各阶距的 RI 值。

表3-3 平均随机一致性检验指标值表

n	1	2	3	4	5	6	7	8	9
RI	0	0	0.58	0.94	1.12	1.24	1.32	1.41	1.45

③判断矩阵的随机一致性比率 CR

$CR = CI/RI$，当 $CR = 0$ 时，比较判断矩阵 A 具有完全一致性；当 $CR < 0.1$ 时，比较判断矩阵 A 具有满意一致性，比较判断矩阵 A 可以使用；当 $CR \geq 0.1$ 时，比较判断矩阵 A 具有非满意一致性，出现这种情况需要重新调整比较判断矩阵中的元素或者舍弃不用。

3.2.6 山东省粮食产业及产业链竞争力评价指标因素与相关度计算

① $p - a$ 矩阵

表3-4 $p - a$ 矩阵

P	a_1	a_2	a_3	a_4	M_i	$\overline{W}_i$	W_i	λ_i
a_1	1	3	5/2	2	15.0000	1.9680	0.4345	4.0627
a_2	1/3	1	1/2	2/5	0.0667	0.5081	0.1122	4.0634
a_3	2/5	2	1	1/2	0.4000	0.7953	0.1756	4.0583
a_4	1/2	5/2	2	1	2.5000	1.2574	0.2777	4.0577

$CI = (\lambda_{max} - n)/(n-1) = (4.0634 - 4)/(4-1) = 0.021133$；查表3，$RI = 0.94$

$CR = CI/RI = 0.021133/0.94 = 0.022482 < 0.1$，判断矩阵具有满意一致性

② a_1 矩阵

表3-5 a_1 矩阵

a_1 矩阵	a_{11}	a_{12}	a_{13}	a_{14}	a_{15}	a_{16}	$M_i \overline{W}_i$	W_i	λ_i
a_{11}	1	5/3	3/2	2	3	6	2.1169	0.3091	6.0902
a_{12}	3/5	1	1/2	2/3	3/2	2	0.9184	0.1341	6.0852
a_{13}	2/3	2	1	3/2	5/2	3	1.5704	0.2293	6.0382
a_{14}	1/2	3/2	2/3	1	2	5/2	1.1650	0.1701	6.0303
a_{15}	1/3	2/3	2/5	1/2	1	3/2	0.6368	0.0930	6.0109
a_{16}	1/6	1/2	1/3	2/5	2/3	1	0.4415	0.0645	6.0417

$CI = (\lambda_{max} - n)/(n - 1) = (6.0902 - 6)/(6 - 1) = 0.018044$；查表3，$RI = 1.24$

$CR = CI/RI = 0.018044/1.24 = 0.014552 < 0.1$，判断矩阵具有满意一致性

③ a_2 矩阵

表3-6 a_2 矩阵

a_2 矩阵	A_{21}	A_{22}	A_{23}	A_{24}	$\overline{W}_i$	W_i	λ_i
a_{21}	1	1/3	3	5	1.4953	0.2700	4.1003
a_{22}	3	1	5	6	3.0801	0.5561	4.1373
a_{23}	1/3	1/5	1	2	0.6043	0.1091	4.0335
a_{24}	1/5	1/6	1/2	1	0.3593	0.0649	4.1020

$CI = (\lambda_{max} - n)/(n - 1) = (4.1373 - 4)/(4 - 1) = 0.045782$；查表3，$RI = 0.94$

$CR = CI/RI = 0.045782/0.94 = 0.048704 < 0.1$，判断矩阵具有满意一致性

④ a_3 矩阵

表 3-7 a_3 矩阵

a_3 矩阵	A_{31}	A_{32}	A_{33}	$\overline{W}_i$	W_i	λ_i
a_{31}	1	1/4	1/3	0.436790	0.112816	3.018295
a_{32}	4	1	2	2.000000	0.516569	3.018295
a_{33}	3	1/2	1	1.144714	0.295662	3.018295

$CI = (\lambda_{max} - n)/(n-1) = (3.018295 - 3)/(3-1) = 0.0091$；查表 3，$RI = 0.58$

$CR = CI/RI = 0.0091/0.58 = 0.0158 < 0.1$，判断矩阵具有满意一致性

⑤ a_4 矩阵

表 3-8 a_2 矩阵

a_4 矩阵	a_{41}	a_{42}	a_{43}	a_{44}	a_{45}	$\overline{W}_i$	W_i	λ_i
a_{41}	1	6	5	3	2	2.825235	0.452679	5.041151
a_{42}	1/6	1	1/2	1/3	1/4	0.370107	0.059301	5.069224
a_{43}	1/5	2	1	1/2	1/3	0.581811	0.093222	5.044577
a_{44}	1/3	3	2	1	1/2	1.000000	0.160227	5.037564
a_{45}	1/2	4	3	2	1	1.643752	0.263374	5.038613

⑥计算总排序权重

表 3-9 各层次元素相关度排序表

P	a_1	a_2	a_3	a_4	相关度	排序
	0.4345	0.1122	0.1756	0.2777		
a_{11}	0.3091				0.13430395	1
a_{12}	0.1341				0.05826645	8
a_{13}	0.2293				0.09963085	3
a_{14}	0.1701				0.07390845	5
a_{15}	0.093				0.0404085	11
a_{16}	0.0645				0.02802525	13
a_{21}		0.27			0.030294	12
a_{22}		0.5561			0.06239442	7

续表

P	a_1	a_2	a_3	a_4	相关度	排序
a_{23}		0.1091			0.01224102	17
a_{24}		0.0649			0.00728178	18
a_{31}			0.112816		0.01981049	15
a_{32}			0.516569		0.090709516	4
a_{33}				0.295662	0.051918247	9
a_{41}				0.452679	0.125392083	2
a_{42}				0.059301	0.016426377	16
a_{43}				0.093222	0.025822494	14
a_{44}				0.160227	0.044382879	10
a_{45}				0.263374	0.072954598	6

将各因素相关度按大小排序,排序结果见表 3-10。

表 3-10 各指标相关度排序表

排序	指标	权重	含义
1	a_{11}	0.134304	粮食质量
2	a_{41}	0.125392	总需求量
3	a_{13}	0.099631	总产量
4	a_{32}	0.090710	加工技术
5	a_{14}	0.073908	粮食种植结构
6	a_{45}	0.072955	产品价格
7	a_{22}	0.062394	储运成本
8	a_{12}	0.058266	粮食种植成本
9	a_{33}	0.051918	加工企业规模
10	a_{44}	0.044383	人均收入水平
11	a_{15}	0.040409	生产条件
12	a_{21}	0.030294	储运数量
13	a_{16}	0.028025	劳动力水
14	a_{43}	0.025822	消费结构
15	a_{31}	0.019810	加工质量
16	a_{42}	0.016426	消费者喜好
17	a_{23}	0.012241	储运设备
18	a_{24}	0.007282	物流基础

3.3 评价结果分析

根据粮食产业及产业链竞争力 AHP 分析,可以看出,粮食质量、粮食总需求量、加工技术、总产量、种植结构、产品价格、储运成本等因素对粮食产业及产业链竞争力有重要影响,并且看出粮食产业链的发展中种植环节、加工环节比较重要,这两环节中的要素综合评价排序较前。

(1)粮食质量

粮食质量问题是关系到粮食产业链能否持续稳定发展的关键因素,粮食质量是基础因素,如果没有高质量的粮食,那么从产业链的源头就会出现问题,其他各个环节使用再好的设施设备,再高的加工销售水平也是不可能实现产业链的发展,更不用说延伸产业链了。

(2)粮食总需求量

粮食总需求量因素是粮食销售环节的一项重要指标,也是决定粮食加工环节的关键性因素,在粮食产业链中处于销售的末端,也是我们产业链拓展的主要环节,我们拓展及延伸粮食产业链能够达到我们预想的目的,那么主要的判断依据便是市场对粮食总需求量,这个需求量包含粮食及粮食加工商品,也是粮食加工环节的总计划生产量。

(3)加工技术

加工技术指标是粮食加工环节必不可少的一项关键性因素,它直接决定我们粮食产业链能否拓展及延伸,如果加工技术不创新,不提高,那么粮食商品需求量便不会有多大的变化,产业链拓展及延伸便成为一句空话,可以说粮食加工技术是粮食产业链拓展及延伸的催化剂。

(4)粮食总产量

是否有足够量的粮食总产量是产业链是否有必要拓展及延伸的前提,在粮食种植环节中,在保证粮食质量的基础上,适当增加粮食总产量是拓展及延伸粮食产业链的一项重要工作,如果粮食总产量下降的话,粮食产业链拓展了业务,便会造成粮食产业链的其中一些环节供应量不足,造成设施设备及人员闲置,不利于社会资源的有效合理的配置。

(5)产品价格

粮食加工产品在进入市场后,只有将其销售出去才能回收企业的投入,粮食产业链才能增加其效益,粮食加工产品其销售量一方面由粮食加工商品的需求量决定,另一方面便是受到其价格的影响,合理的产品价格是保证其销售量的前提及基础,而高科技的粮食加工技术是实现产品加工成本降低的保证,只有成本降低了,产品价格在销售环节才有优势,才能使整个产业链的利润增加。

(6) 粮食种植结构

粮食产业链要想拓展及延伸,粮食加工需要不同的粮食种类,只有调整产业结构,加快关键技术推广,开展科技服务,加快新品种、新技术研发,才能综合运用多种调控手段,加强土地综合整治,确保基本农田数量不减少、质量有提高、用途不改变,这样才能为粮食产业链拓展及延伸打下基础。

(7) 储运成本

粮食在流通环节需要花费大量的人力物力,而流通、加工、销售各个环节都需要储藏运输,这些储运成本都需要均摊在各个环节商品的销售价格上。当前我国粮食仓储及运输缺乏相应的专业设施设备、油价不断攀升,因此粮食储运成本居高不下,这些都会造成粮食产品价格的居高不下,粮食产业链的拓展及延伸受到了极大的限制。因此,要想实现粮食产业链的拓展及延伸必须降低储运成本。

从权重值的排列顺序可以看出,粮食质量、粮食总需求量、加工技术、总产量、种植结构、产品价格、储运成本等因素对粮食产业链竞争力有重要影响,并且看出粮食产业链条上的种植环节、加工环节比较重要,这两个环节中的要素综合评价排序较前。

这表明,山东省粮食产业链延伸过程中,应该首先考虑并重点把握好粮食质量源头环节,同时重视加工环节、储运环节等在提升整条产业链竞争力过程中的重要作用。

4. 延伸粮食产业链,推动山东省粮食产业转型升级

我们借鉴国外粮食产业结构及产业链发展的经验,全面分析山东省粮食产业结构拓展及产业链延伸的必要性,并提出应对的三大基本原则:

4.1 山东省粮食产业结构拓展及产业链延伸的必要性

粮食产业结构拓展及产业链延伸,是一个复杂的经济问题和社会问题。山东省的粮食产业结构拓展及产业链延伸既是粮食产业自身发展的要求,又是全省经济发展外部条件使然,也是国家经济社会发展部署的需要。当前山东省粮食产业

发展面临的形势决定了必须对粮食产业结构及产业链进行调整。

4.1.1 粮食产业结构拓展及产业链延伸是由山东省的省情决定的

经过20多年的改革和发展,山东省粮食产业取得了突破性进展。但总体来看粮食产业结构及产业链的发展仍是初步的、低层次的和阶段性的,不能很好地适应市场经济的要求。目前在山东省的一些地方出现的"卖粮难"、粮食种植效益偏低、农民收入增长缓慢、农田资源的过度开发利用等问题,都在一定程度上显示了山东省的粮食产业还存在许多制约因素与发展瓶颈。这其中既有主观方面的原因,也有客观方面的原因;既有历史的因素影响,也有现实中存在的困难;既有宏观指导方面的不足,又有微观运作方面的不力;既有计划方面的乏力,又有市场方面的冲击。根本原因是没有形成适应市场经济要求的合理的粮食产业结构及产业链模式,因此,要真是实现粮食产业现代化,就必须进一步推进粮食产业全面发展,进一步推进粮食产业结构拓展及产业链延伸。

4.1.2 粮食产业结构拓展及产业链延伸是增加农民收入的重要手段

从目前来看,山东省由于供求关系的变化,仅靠增加粮食产量或提高粮食价格来增加农民收入的余地不大,"增产不增收"成为困扰农民持续增收的痼疾和粮食增产的最大隐患。因此必须适应市场多层次、多样化的需求,依靠科技进步,提高资源配置效率,调整优化粮食产业结构和产品结构,优化产业布局结构,提高粮食产品质量和档次,加快体制机制创新,延伸产业链条,将农民纳入整个产业发展中来,不断增加农民收入。

4.1.3 粮食产业结构拓展及产业链延伸是提升粮食产业的有效途径

粮食产业提升,是指粮食产业结构的改善和粮食产业素质与效率的提高。粮食产业结构的改善,表现为粮食产业的协调发展和结构提升;粮食产业素质与效率的提高,表现为生产要素的优化组合,技术水平、管理水平以及产品质量的提高。粮食产业提升的方向,是科技创新、产业创新。以科技创新、产业创新为目标的粮食产业提升,反映当代粮食科技和产业发展的趋势。产业创新的重要性,不只是新产业本身具有更高的效益和发展前景,形成产业竞争力。更为重要的是,产业竞争力是一个地区、行业的竞争优势所在,创新的新兴产业能够带动整个产业结构的拓展及产业链的延伸。

结合山东省实际,粮食产业提升,就是加快转变经济发展方式,大力发展粮食全产业链经营模式,全力打造现代粮食物流,研发先进的储粮技术,改造提升传统产业,投资和发展新兴产业。推进粮食产业结构拓展,拉长产业链,将粮食购销链条向前延伸,积极投身到农村土地流转的大潮中,发展农业种植业,掌握粮食收购市场主动权;向后延伸,发展粮油精深加工,打造有机食品、绿色食品,打造自己的品牌,拓展市场份额,壮大产业规模。

4.2 国外粮食产业结构及产业链发展的经验

粮食产业链的产生源于农业产业链,最早产生于20世纪50年代的美国,然后迅速传入西欧、日本、加拿大等发达国家。尽管各个国家的粮食产业结构和产业链所依托的载体与模式各异,但是粮食产业发展较好的国家都具有如下特点。

(1)生产专业化:由于市场竞争激烈,粮食企业(规模农场)发展战略的核心是竞争力,因此,农场逐步从多种经营转变为专业化经营,而且分工越来越细。

(2)农工商一体化:按照现代化大生产的要求,粮食产业结构及产业链在纵向上实行产加销一体化,降低了市场风险,提高了经营效益,提高专业化生产的稳定性和适应性。

(3)服务社会化:由各种类型专业公司和机构组成的社会化服务体系十分完备,构成粮食产业结构及产业链不可缺少的组成部分。另外,主要由政府投资发展的农业教育、科研、推广"三位一体"的科教服务体系也为粮食产业发展提供了技术保障。

(4)粮食产业结构及产业链管理:注重在横向上实现资金、技术、人才和信息等要素的集约经营,关注粮食产业的信息管理、价值链分析和粮食质量控制。

4.3 山东省粮食产业结构拓展及产业链延伸的基本原则

山东省粮食产业发展必须根据国家粮食产业区域布局,结合本省实际情况,依靠科技进步,发挥比较优势,增强竞争优势,积极推进粮食产业结构拓展及产业链延伸。围绕保障粮食安全中心任务,以"稳市场、强产业、惠民生"为工作重点,促进粮食产业结构拓展及产业链延伸。加强粮食宏观调控,确保全省粮食市场供应和价格基本稳定;推进依法管粮,维护粮食流通市场秩序;推动粮食流通产业发展,提升粮食产业竞争力;开展放心粮油工程等,增强服务民生能力。同时,坚持以加强粮食宏观调控和发展现代粮食流通产业为着力点,以促农稳定增收、确保有效供应、保障粮食安全为主要目标,强化粮食安全的各项基础性工作,促进粮食流通事业科学发展;要以保增产为重点,加强粮食产能建设,严格落实粮食收购政策,大力发展粮食订单生产,努力实现粮食连续十年增产;要加强对粮食市场的预警监测,完善粮食应急体系,鼓励大型粮食企业向消费终端延伸,推动粮油经济上规模、上层次、上水平。

根据上面的思路,应该把握以下原则。

4.3.1 坚持粮食安全原则

粮食安全是一个全球性的话题,早在1983年4月,联合国粮农组织粮食安全委员会上就通过了有关"粮食安全"的定义:"确保任何人在任何时候既能买得到又能买得起为了生存和健康所必需的足够食物"。在经济日趋全球化的今天,粮食安全关系民族安危,牵动世界格局。近年来,我国的粮食产需之间保持着一种紧平衡的状态,2011年我国粮食生产实现了"八连丰",但生产能力仍不稳固,消费继续增长,品种、区域结构不平衡,供求关系仍然偏紧。我国的粮食安全存在着一些隐患,作为粮食主产区的山东省,不仅要把这看成是发展粮食行业的打好机会,更要把保障国家粮食安全作为自己的责任和义务。

山东省2011年5月第六次人口普查统计显示,全省常住人口为9579.31万人,居全国第二位,对粮食有着巨大的需求,如果这些需求得不到满足,就难以保证社会经济生活的安定,难以保持国民经济的持续稳定发展。因此,在粮食产业结构拓展和产业链延伸过程中,我们必须保证粮食生产安全,如果破坏了这个前提条件,就会造成严重的后果。

4.3.2 坚持粮食市场稳定原则

近几年,国家和省部都十分重视粮食市场的供应和价格问题,山东省在这方面做了很多工作。维护粮食市场的稳定,与中央提出的稳中求进这一总基调实现了完美契合。稳,就是要保持宏观经济政策基本稳定,保持经济平稳较快发展,保持物价总水平基本稳定,保持社会大局稳定。维护粮食市场的稳定,贯穿于粮食产业链各个环节中,每个环节都不能出现问题。生产环节上,要以粮食的连年增产为维护市场稳定奠定坚实的物质基础;收购环节上,要"收好粮",为宏观调控掌握粮源;销售、调运、储存、加工环节上,则要做到"管好粮""用好粮",在保证粮食质量安全的基础上,使储备粮吞吐与粮食进出口松紧有度,市场供需基本平衡。同时,还要加强对各环节的监督检查力度,维护规范有序的粮食市场秩序,对于保护农民收入、保障消费者权益及国家利益不受侵害有着十分重要的作用。维护粮食市场的稳定,根本的途径在于提升粮食产业,促进粮食产业结构拓展及产业链延伸,加快发展现代粮食流通产业。

4.3.3 坚持粮食增产与农民增收协同发展原则

自2004年国家实施农业新政以来,粮食增产与农民增收上升为国家粮食政策的主要目标,成为理论界和决策层关注的焦点。

农民是粮食生产的主体,是农村生产力中最活跃的因素。在加速推进工业化与城市化的进程中,我国粮食需求呈刚性增长,客观上要求粮食稳定增产以维持粮食供求平衡。然而,粮食生产却面临着资源、环境、体制等的约束:耕地减少、水资源短缺的问题日益突出;农业经营比较利益低、生产成本和机会成本加快上升的约束不断强化;农田水利设施相当薄弱,科技支撑粮食增产的长效机制尚待形成;劳动力素质结构性下降、整体技术效率和劳动生产效率较低;粮食生产面临较大的自然风险和市场风险,加大了小农户生产经营与生存压力。同时,农业生产已经或正在发生一些显著的变化:农村生产要素源源不断地流入城市,影响农业自身积累与发展;粮食生产比较收益率低、产业竞争力弱;农业基础产业的地位与财政投资于农业的规模不匹配;农民得自农业收入的增长缓慢,严重影响农民从事粮食生产的积极性;在有些农村出现粮食产业兼业化、农业产业非粮化、农村空心化等现象。这些变化提醒我们,必须高度重视粮食稳定增产和农产品有效供给,重视农民增收,要千方百计协调粮食增产与农民增收问题。毕竟我国粮食安全要立足国内供给增长,要避免工业现代化过程中的农业凋敝,推进农业持续发展,不断提升粮食产业竞争力和稳步提高农民农业内部收益。

粮食是丰收还是欠收、产量是增长还是下滑,归根结底取决于农民生产经营积极性的高低。农民的种粮积极性对于保证粮食产量、保障国家粮食安全起着重要作用,一旦农民失去了种粮的热情,即便是农业投入增加、科技到位、基础设施改善,我们面对的仍可能会是土地撂荒、粮食减产。近年来,为了提高农民的种粮积极性,国家出台了一系列强农惠农政策,政策与市场等因素相互叠加,使粮食价格稳中有升,农民收入大幅增加,农民的种粮积极性得到有效提升。但这并不意味着我们的粮食生产可以高枕无忧了,农民的种粮积极性还有可能被削弱,粮食生产出现波动的风险依然存在。从我们在山东省的实地调查情况看,虽然粮价上涨和农业税减免,但农民的收入并没有增加很多,相反在一些地方由于地方政府补贴较少,加上种子、农药、化肥等生产资料价格飞涨,种粮收入反而降低,影响了农民种粮积极性,进而影响山东省的粮食产量及粮食安全。因此,确保粮食增产与农民增收,提高农民种粮积极性,发展粮食生产迫在眉睫。

5. 延伸山东省粮食产业链的对策与措施

延伸粮食产业链是推动粮食产业转型升级的重要方式,山东省粮食产业链延伸必须立足本省资源优势,用新型工业化的思路来谋划粮食产业,创新产业发展模式,拉伸产业链,推进山东省粮食产业转型升级。

从总体上看,粮食产业是一个完整的产业链,贯穿于经济发展的一、二、三产业。我们必须从经济发展的空间去解读粮食,从经济全球化的视野去把握粮食,从经济发展的角度去审视粮食,即"跳出粮食看粮食"才能科学地认识和把握粮食产业发展和提升。山东省粮食产业转型升级必须立足本省资源优势,坚持不懈地优化粮食产业结构,调优粮食品种,协调产供需关系,用新型工业化的思路来谋划粮食产业,创新产业发展模式,拉伸产业链,推进山东省粮食产业转型升级。

5.1 建立科学的粮食生产观,用大农业大粮食观念统领粮食产业

山东省是农业大省,有着丰富的地域优势和生产资源,在促进粮食产业结构拓展及产业链延伸过程中,要充分发挥优势,树立大农业观和大粮食观,跳出粮食看粮食,跳出生产看生产,从农业发展的高度和产供销、农工贸一体化的角度研究粮食产业提升。

粮食产业发展是一项系统工程,必须按照全产业链发展的思路,从粮食生产、加工、流通、销售等环节入手,抓好粮食收购,加强宏观调控,强化市场监管,深化体制改革,推动整个产业提升和整条产业链的高效运转。山东省内各级粮食部门要认真组织实施粮食行业"十二五"发展规划,加快推进粮食流通发展方式转变、结构调整和科技创新,坚持"为耕者谋利,为食者造福"的服务理念,以"稳市场保供给、强产业促发展"为中心任务,以"抓好收购促增收、加强调控保安全、深化改革转方式、提升产业惠民生、科学管粮上水平"为工作目标,切实做好各项粮食流通工作,为保障国家粮食安全和促进国民经济平稳较快发展做出新的贡献。

山东省各级党委,政府特别是市县两级,应该自觉的把粮食产业发展纳入经济社会发展规划,进一步理清思路、研究措施、抓好协调、加强领导。要彻底改变农村干部传统的计划经济思维方式和发展理念,用市场经济条件下的开放观念、机遇意识拓宽发展视野,培育实干精神,以竞争的理念发展粮食产业。引导山东省广大农村干部群众正确把握粮食产业结构及产业链的内涵,科学制定粮食产业

发展的规划、措施,切实提高粮食综合生产能力。要结合本地实际,充分考虑粮食种植结构调整、粮食加工产业布局、粮食精深加工及粮食食品工业发展,制定切合本地实际的粮食产业发展规划,合理布局,突出重点,加快粮食产业发展。

5.2 调整粮食产业结构,转变粮食增长方式,着力增强粮食发展后劲

5.2.1 依靠科技进步,向前延伸产业链,提高粮食生产的科技含量

(1)加快新品种、新技术研发。坚持科技创新,充分发挥高等院校、科研院所、种业企业的作用,深入实施农业良种工程,加快粮食新品种培育,尽快选育、推出一批优质、高产、抗逆、广适的小麦、玉米新品种。深入实施国家粮食丰产科技工程,围绕制约粮食生产关键技术瓶颈,尽快研发集成一系列高产高效栽培技术。加强种子科研、生产、经营、推广部门的横向联合,建立育、繁、推、销一体化的经营机制。

(2)加快关键技术推广,开展科技服务。在山东省范围内遴选发布本年度粮食生产主导品种和主推技术,扩大省财政支持重大农业技术推广专项实施规模。小麦要重点抓好冬春控旺防冻、氮肥后移和一次喷药防病、防虫、防干热风的"一喷三防"等技术措施;玉米重点推广合理增加种植密度、改种耐密品种、改套种为直播、改粗放用肥为配方施肥、改人工种植为机械种植的"一增四改"和适期晚收等增产技术措施,搞好病虫草害预警和综合防治。加强农机农艺结合,大力推广小麦、玉米生产全程机械化和深耕深松技术。

组织专家和科技人员,在农业生产的关键农时季节和重要环节,深入生产第一线,搞好科技指导和服务,面对面向农民传授田间管理技术,做好新型农民科技培训,不断提高农民科学种粮水平。

(3)切实抓好防灾减灾。科学制定和完善粮食作物防灾减灾应急预案,及时做好物资、资金和技术准备。切实做好气候条件的跟踪分析,密切关注天气变化和病虫害发生动态,加强各种灾害的检测预警,搞好研究会商,及时发布预警信息,适时启动应急响应,全力做好科学抗灾减灾,努力将各类灾害影响降到最低限度。

5.2.2 调整优化粮食种植结构,稳步扩大粮食播种面积

(1)落实粮食播种面积。稳定粮食种植面积是确保稳定增产的基础。山东省各地在农业种植结构调整中,要从全省粮食生产大局出发,统筹兼顾,合理安排,

确保粮食种植面积,全省小麦播种面积稳定在5438万亩,秋粮播种面积稳定在5400万亩。同时,积极推进耕作制度改革,挖掘土地资源潜力,通过扩大粮油、粮菜、粮棉等间套复种面积,努力提高复种指数,确保粮食稳定增产。

(2)落实耕地保护制度。严格按照国家"五不准"的要求,落实好基本农田划定、补划备案和年度核查制度,切实保护好基本农田。综合运用多种调控手段,加强土地综合整治,确保基本农田数量不减少、质量有提高、用途不改变。

5.2.3 大力加强农业基础设施建设,不断改善粮食生产条件

(1)认真实施千亿斤粮食产能建设规划。继续实施《全国新增1000亿斤粮食生产能力规划》和《山东省千亿斤粮食生产能力建设规划(2009-2020)》,推进73个县和12个后备县的粮食产能建设工程,切实抓好粮食产能县田间工程和农技服务体系建设,足额落实地方配套资金,严格实施标准,加快工程进度,保证建设质量。

(2)大力开展农田水利建设。按照"耕地灌区化、灌区节水化、节水长效化"的要求,加快推进"旱能浇、涝能排"高标准农田建设,着力实施大中型灌区建设与节水改造工程建设,因地制宜推广高效节水灌溉技术。

(3)努力提高耕地质量。启动实施耕地深耕深松工程,大力推广"整村连片、整乡推进"的作业模式。大力推广小麦、玉米秸秆机械还田,力争玉米秸秆还田率达到80%以上。继续实施土壤有机质提升工程,鼓励增施有机肥,培肥地力。启动健康施肥行动,测土配方施肥实现全覆盖。

5.3 着力培育粮食龙头企业,组建大型粮食企业集团

龙头企业是粮食产业结构拓展和产业链延伸的组织者、营运中心、技术创新主体和市场开拓者,是发展粮食订单收购的"领头羊"。龙头企业能够推动相关产业结构调整,带动区域经济发展,龙头企业的规模越大,它的主导地位就越巩固,龙头作用就越强大,就越能促进粮食产业的发展和提升。

5.3.1 充分发挥龙头企业在粮食产业结构拓展及产业链延伸中的功能

在粮食产业提升过程中,龙头企业的功能主要体现在以下五个方面(见图5-1)。

(1)开拓市场功能。龙头企业是粮食产业提升的支柱。龙头企业的生产规模和水平,决定着整个粮食产业的规模和水平,龙头企业规模越大,带动作用就越强,就越能促进粮食产业结构拓展,拉长整个产业链。

（2）桥梁和纽带功能。龙头企业是连接农户和市场的桥梁和纽带。家庭联产承包责任制使农户成为相对独立的经营主体，但由于农户本身经营分散，经济实力脆弱，信息闭塞，很难直接进入市场。粮食产业链的延伸通过市场牵龙头，龙头带基地，基地联农户的方式，使千千万万小规模分散经营的农户提高了社会化合组织化程度，实现了与千变万化的国内外大市场的连接，融入到粮食产业整个产业链条中来。

（3）引导生产功能。龙头企业具有引导生产的导向功能。龙头企业凭借自己掌握的信息、技术、物资、人才等优势，为农民提供社会化服务，并从维护自身利益出发，引导生产基地和农户调整生产结构和产品结构，拓展了粮食产业结构；对粮食产品进行深度开发加工，延长粮食销售空间，增加产品附加值。

（4）扶持服务功能。龙头企业对于粮食生产基地具有重要地扶持和服务功能。龙头企业凭借自己较强的经济实力，从互惠互利的原则出发，与农户订立长期合作契约或短期购销合同，农户按照合同安排生产、销售产品，企业按合同收购农户的粮食，并提供有关服务。企业如同一个强有力的磁极，将千家万户农民紧紧地吸引到自己身旁。

（5）外向扩展功能。龙头企业具有开拓国内外市场的功能。龙头企业凭借自己的经济实力强、规模大、信息灵、产品优、销售体系健全等方面的优势，沟通生产者与消费者之间的密切联系，使粮食产品快速转化为商品，使外销渠道始终保持畅通无阻，以拓展粮食产品的外向度和竞争力。市场的开拓又可以为产业提升、产业链延伸奠定坚实的基础。

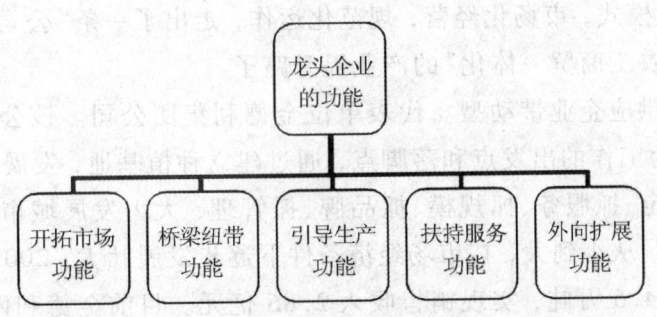

图 5-1　龙头企业在粮食产业提升中的功能

从以上功能可以看出，龙头企业具有非常强的拉长产业链的作用，具体体现在前向连购作用和后向连销作用。向前可以拉动各类农产品的生产，向后可以推动收购、储运、加工、流通等行业的发展，从而实现"贸工农一体化、产加销一条龙"。从一定程度讲,龙头企业的发展水平决定着粮食产业结构拓展及产业链延伸的水平。因此,山东省粮食产业发展和提升也必须下大力气培育龙头企业,在资金、技术、人才等方面,有目的、有重点的扶持、培植一批国有控股或参股的粮食龙头企业集团。继续指导和培育"四个十"工程建设,实行动态管理,使其继续发挥龙头带动作用,充分发挥龙头企业在粮食产业结构拓展及产业链延伸中的功能。

5.3.2 进一步完善山东省粮食龙头企业的组织形式

山东省在推动粮食产业结构拓展及产业链延伸的过程中,从实际出发,因地制宜地发展龙头型经济,探索出不同模式的龙头企业,大致可概况为三种类型。

一是粮食流通企业带动型。代表单位是莱州市粮食收购管理中心。该市将原来粮管所、直属库和面粉厂等33个国有粮食企业整合为集团化的粮食收储管理中心,中心下辖18个收储站、2个加工厂,变原来的单一原粮购销为购、加、存、销多元化经营。协会为会员农户提供"五统一"服务,即统一优质粮食成片规模种植、统一供应良种、统一指导田间管理、统一技术培训、统一粮食订单收购。该市用产业链把企业和粮农连在一起,走出了一条产加销一条龙、贸工农一体化的粮食产业提升之路。

二是粮食加工转化企业带动型。代表单位是半球集团公司。该公司聘请省农科院小麦作物所领导为名誉会长、小麦种植专家为技术顾问,联合农业、科技部门及广饶10个乡镇、260村、160家种粮大户,成立了以"引导种植、咨询服务、技术指导、产品收购"为职能的广饶县优质专用小麦协会。协会积极履行职能,对优质小麦基地实行了良种经营、机耕机播、肥料供应、技术指导、小麦收割、订单收购"六统一"管理模式,市场化经营,规范化运作,走出了一条"公司+科研+基地,基地联农户,农工商贸一体化"的产业提升路子。

三是粮油供应企业带动型。代表单位金德利集团公司。该公司坚持把为民、便民、利民作为工作的出发点和落脚点,通过建立种植基地,发展配送中心,扩大供应网点,抓定、抓服务、抓规模、抓品牌、抓管理,大力发展城市居民厨房工程。企业从无到有,从小到大,在市场经济条件下逐步发展壮大,2009年金德利集团食品产量达到4.5万吨,实现销售收入2.86亿元。目前金德利网点达到160余家,逐步形成了以金德利集团为龙头、金德利快餐连锁店为网点的城市粮油供应体系。

以上三种类型的龙头企业对于目前山东省粮食产业结构拓展及产业链延伸发挥了重要作用,但龙头企业的组织形式上仍需积极探索和实践,使更多龙头企业与农户真正形成"风险共担、利益共享"的经济共同体。

5.3.3 完善体制机制，抓好粮食龙头企业建设

山东省各地都应该统一认识，理清思路，从战略的高度，把龙头企业的建设放在特殊重要的位置，加大工作力度，坚持高位起步、多元投入、重点扶持、制度创新的思路，加快龙头企业发展步伐。加快企业发展方式转变，形成以粮食产业化企业为龙头、农民专业合作组织为纽带、粮食生产基地为依托的新型粮食经营服务体系。在资金、技术、人才等方面，有目的、有重点地扶持和培育"四个十"工程建设，实行动态管理，做大做强龙头企业，发挥龙头企业对粮食增产、农民增收以及地方经济发展的促进和带动作用。

（1）大力发展粮食订单，整合基地资源。要把粮食订单作为粮食产业提升的突破口来抓，大力推行"龙头企业＋农户""龙头企业＋基地＋农户"等经营模式，组建粮食产业协会，建立优质粮食生产基地，完善订单收购形式和内容，努力实现企业增效、农民增收。同时，完善订单生产和互利互惠机制，广泛推行"优质优价""二次结算""二次分配""工业反哺"的办法，提高订单履约率，与基地农民真正形成"利益共享、风险共担、诚实有信"的利益共同体，形成稳固的产业链条。

（2）培育名优品牌，提升企业核心竞争力。品牌即为市场，品牌即是效益。帮助龙头企业树立品牌意识，通过联合、扶强、贴牌生产等途径，实行品牌整合，提升企业核心竞争力。按照市场经济规律，切实加强产品质量管理，确保每个环节的质量安全。强化企业形象设计，研究制定符合企业和产品特点的商标标识。借助新闻媒体、展销会以及重大节庆活动，加大对品牌的宣传推介力度，拓展国内外市场，努力培育一批在国内外叫得响的山东名优品牌，实现由商品经营向品牌经营的深层次转变，增强企业核心竞争力。

（3）实施科技兴粮战略，提高创新能力。把科技兴粮摆在更加突出的位置，从政策、资金、人力上积极支持粮食科技发展，支持和帮助龙头企业引进先进技术、设备，提高企业技术创新和产品开发能力。支持龙头企业新上一批符合国家产业政策和具有较高科技水平的粮油精深加工及副产品综合利用项目，提高科技含量。引导和促进龙头企业与科研院校（所）联合，在品种开发、技术信息提供、新设备应用等方面形成合力，共同促进粮食行业科技创新体系建设，提高自主创新能力。

（4）加快粮食产业园区建设，促进规模发展。积极实行退城进郊战略，发挥资源和区位优势，在粮食主产区或重要粮食物流节点，以大型龙头企业为依托，

加快建设集加工、配送、质检、信息处理等为一体的现代粮食加工产业园区,促进龙头企业规模发展。

(5)抓好中介组织建设,发挥桥梁作用。要建立健全粮食行业协会体系,发挥协会服务全社会粮食企业,特别是龙头企业的作用。积极探索培育粮食经纪人队伍,为企业、农户提供技术、产销衔接以及品种需求和价格信息服务。鼓励龙头企业以资金、技术入股,农民以土地使用权、劳动力等要素入股,创新产业化经营机制。引导农民创办各种形式的粮食专业合作组织,提高农民组织化程度。

(6)加大政策扶持力度,改善产业发展环境。推进粮食产业结构拓展及产业链延伸离不开政府的政策扶持,要择优筛选一批国有粮食产业化龙头企业,纳入国家重点支持的农业产业化龙头企业范围,加大政策扶持力度,形成合力。一是争取在各级财政预算中每年安排一块专项资金或从农业综合开发资金中安排一块扶持每年评选认定的"十强粮油加工龙头企业"和"十大粮油产业园区"建设,打造一批百亿企业和百亿产业园区;二是为龙头企业争取国债资金和财政技改贷款贴息,农业发展银行每年从信贷总规模中安排一定比例的资金,专项用于扶持龙头企业,农村信用社、其他商业银行也要把扶持粮食产业提升作为信贷支农的重点,在信贷规模上给予倾斜;三是帮助落实龙头企业在财政、税收、信贷方面的扶持政策,减免行政收费,帮助落实《国家粮食局、中国农业发展银行关于支持粮食产业化经营促进社会主义新农村建设》(国粮财(2006)27号)有关扶持政策。粮食产业化企业办理证照、申办绿色食品的环保证明和产品监测费用、标志使用费用,以及缴纳其他规费时,工商、税务等部门要按最低标准收取。

5.4 加快推进现代粮食流通产业,提升粮食产业实力

国内外粮食形势的变化,中国粮食流通管理条例的出台,尤其是粮食市场放开与粮食流通体制改革的突破性进展,使得我国粮食市场化水平迅速提升、粮食产销关系的日益密切,客观上要求粮食流通适应变化、加速现代化。

5.4.1 统筹规划,高点定位,构建新型粮食仓储体系

按照"以市场为导向、以企业为主体、以现代科技为支撑"的原则,采取"财政扶持、地方配套、企业自筹"方式,突出"四散化"储运和科学储粮方向,统筹规划、整合资源、调整结构、完善功能,大力提升粮食仓储流通效能。通过粮食流通基础设施维修改造,扩大粮食收储能力,改善粮食收储条件,提升粮食收储服务功能。根据山东省粮食仓储设施布局现状和发展需求,对中央、省、市、县四级规划进行

有效衔接。重点对收购集中、储存量大和交通便利的区域进行修建改造,尽快实现集中储存管理。鼓励地方储备粮库提升仓储设施现代化水平,推广应用科学储粮新技术,扶持有重要科研意义和推广价值的科学储粮项目研究。引导市县探索吸纳社会资金,走合作建库的路子,充分发挥仓库资产的效益,切实解决有效仓容不足的问题。

5.4.2 搭建平台,构建高效低耗的粮食现代物流体系

构建山东粮食现代物流体系应依托基础设施、港口运输及其他方面的资源优势。根据全省各地区不同特点,建设不同类型和层次的粮食物流节点,系统规划不同功能的粮食物流节点布局和功能,在信息技术平台的支撑下,形成高效低耗的粮食现代物流体系,降低粮食物流费用。

(1)加快区域粮食物流建设步伐。区域粮食物流体系的建设对于全省乃至全国粮食现代物流体系的建设有着非常重要的意义,山东省在环渤海莱州区域粮食物流建设项目上迈出了坚实的步伐。该项目的实施对于山东省粮食现代物流体系的构建起到非常积极的促进作用,有利于突出重点,打破行业和地区分割,逐步推进,整合各类粮食物流资源,提高资源利用效率,保障全省粮食安全。

(2)重点建设主要散粮物流节点。在2007年国家发改委颁布的《粮食现代物流发展规划》中,山东省的济南、德州、潍坊、菏泽、枣庄、聊城、济宁、青岛八个城市,被列为散粮物流节点城市。这八个城市粮食产销、交通、水文地质条件等各不相同,针对各节点城市的特点,有的放矢、扬长避短地进行研究建设,对于完善山东集疏运网络,实现铁路、水路和公路的有效衔接、跨省和省内长短途运输方式的合理转换、提高粮食快速中转能力等具有十分重要的意义。

(3)加强建设粮食物流信息系统。粮食物流的高效运行是以信息及时沟通为前提的,粮食物流主体的正确决策和物流活动的具体组织,都离不开完备的粮食物流信息系统,山东省也建立了山东金粮网信息平台,但粮食物流信息系统建设仍然需要在基础设施和企业的信息化建设方面加大步伐。

(4)着力构建粮食物流供应链。用供应链思想管理粮食物流,粮食物流企业应建立合作伙伴关系集成供应链,同时要积极发展第三方粮食物流。

5.4.3 大力推进粮食加工转化,促进粮食产业提升

以粮食产业园区建设为平台,通过高起点制定规划,多渠道筹措资金,多方面争取支持等,促进粮食加工转化,促进粮食产业提升。引导和鼓励龙头企业发

展粮食精深加工业务,引导粮食企业跨行政区域、跨行业兼并重组,加快淘汰落后产能,促进粮食产业提升。重点扶持龙头企业,发挥它们在开拓市场、引导基地、加工增值、科技创新、标准化生产等方面的带动作用。要在优势农产品集中的地区,积极探索龙头企业与农户建立利益联结的产业化发展新模式,引导大型和特大型龙头企业向粮食优势产业区集聚,强化质量和品牌建设。通过政府调控市场、市场引导企业、企业带动基地、基地连接农民的产业化运行机制,创新粮食产业化组织形式,帮助农民销售粮食,引导农民按照不断变化的市场需求调整生产结构,推进粮食产品的优质化和多样化,以促进农业产业结构调整和农民增收、企业增效,促进粮食产业提升。

5.4.4 推进与现代粮食流通产业发展相适应的科技创新能力建设

以政府引导、企业为主体、院所为依托,大力推动关键领域和环节的自主创新突破,提升粮食流通产业的科技创新能力。针对粮食储藏、物流、加工、质检等关键领域和环节,积极自主开发和推广应用环保、安全、节约、高效的新技术,使粮油科技在高新技术领域取得产业化进展。以信息技术、生物技术指导粮食储藏实践,改善储粮环境,降低储粮成本,促进储粮技术方式由传统型向绿色生态型转变。加快研发以新型散粮装运为主要内容的散粮物流技术和集装化设备,为构建高效快捷的粮食物流体系提供技术和设备支持。在支持高新技术引进消化吸收和集成创新的同时,不断加大对生物工程技术、智能化加工设备制造、精细化工技术等方面自主研发的投入力度,推动粮食传统加工业的技术改造和优化升级。加快研发以应用基础研究和国产仪器为支撑的粮油质量快速检测技术和设备,提高维护粮油质量安全的技术保障能力。

结语

粮食产业结构拓展与产业链延伸是一个系统工程,涉及到产业结构调整、企业重组、信息系统建设、投融资问题的解决等多方制约因素,本篇运用产业结构理论、农业产业链理论,采用规范与实证研究、定性与定量分析相结合的方法全面分析山东省自然资源、粮食产业结构及粮食产业链存在的问题,通过对山东省粮食产业发展的调查分析,运用AHP法建立了粮食产业链竞争力评价体系,并对山东省粮食产业链竞争力进行了定量分析和评价,为山东省粮食产业链延伸提供决策依据。同时,借鉴国外粮食产业结构及产业链发展的经验,全面分析山东省粮食产业结构拓展及产业链延伸的必要性,并提出应对的三大基本原则。在上述研究的基础上,综合山东省粮食产业发展实际,探索性地提出了延伸山东省粮食产业链、推进粮食产业结构转型升级的解决方案及对策建议。

总体来说,粮食产业链的延伸是推动粮食产业转型升级的重要方式,山东省粮食产业链延伸必须立足本省资源优势,坚持不懈地优化粮食产业结构,调优粮食品种,协调产供需关系,用新型工业化的思路来谋划粮食产业,创新产业发展模式,拉伸产业链,促使山东省粮食产业步入良性发展轨道。

受各方面因素的限制,本篇所研究的内容及深度有限,所阐述的观点还需要在实践中做进一步的证实、补充和修正。通过本篇的研究,希望能对延伸山东省粮食产业产业链、推动粮食产业转型升级提供一定的参考。

二、粮食产业融合篇

2016年中央1号文件指出:"大力推进农业现代化,必须着力强化物质装备和技术支撑,着力构建现代农业产业体系、生产体系、经营体系,实施藏粮于地、藏粮于技战略,推动粮经饲统筹、农林牧渔结合、种养加一体、一二三产业融合发展,让农业成为充满希望的朝阳产业。"

国际上对信息产业的产业融合研究已经比较先进,这些成果对产业融合理论和实践的发展起到了积极的促进作用,也是本篇研究的理论基础。当前产业融合已经广泛地存在于农业与高科技产业等领域当中,但是具体到粮食产业与其他产业的融合却很少有研究,而粮食产业作为山东省具有比较优势的产业在发展的过程中有很多亟待解决的问题。

本篇在对产业融合涵义、产业融合机制和粮食产业结构等方面研究的基础上,分析山东省粮食产业与粮食加工业、物流业和现代信息产业等融合发展的现状以及存在的问题。通过构建山东省粮食产业结构评价模型,运用AHP分析法对山东省粮食产业结构影响因素进行客观评价,认为粮食产业化经营是粮食产业结构优化的最重要的因素。从产业融合的视角,本篇提出了以粮食产业化经营作为有效组织形式、以家庭农场为主体的土地适度规模经营、推广种养结合生态农业模式的现代粮食产业体系等观点,并以此作为优化粮食产业结构、推进粮食产业转型升级的重点。最后在产业融合的视角下从区域优势、粮食产业与加工业的融合、粮食产业与电子商务的融合等三方面提出建议,对提高资源利用效率、农业产业竞争力和农民收入,保护生态环境,实现粮食产业结构转型升级,具有重要的理论意义和实际意义。

1. 产业融合与粮食产业结构相关理论研究

1.1 相关概念及理论基础

1.1.1 产业结构的基本概念

在现代产业结构理论中,"产业"是指生产同类可替代产品的生产者即厂商在同一市场上的集合;产业结构是国民经济中各种生产要素在不同部门间的配置比例关系。产业结构往往具有层次性,合理的产业结构是经济增长的关键因素,其实质是探索各种生产要素在各部门间的流动顺序。产业结构的形成源于微观经济主体在比较利益原则下的不同经济抉择。

1.1.2 粮食产业结构的基本概念

在大多数研究成果中,粮食产业是作为农业中一种细分的产业成为被研究对象的,以区别于其他的经济作物产业,关于粮食产业的研究内容也主要集中于粮食流通和粮食安全。但是,随着经济的发展和技术的进步,粮食的生产、加工、流通之间的内部联系及粮食产业与其他产业的融合度愈来愈紧密,割裂地研究其中任何一个环节,已经不足以完整地反映粮食经济的发展态势和存在的问题,从而也无法提出有效的解决措施。因此,本项目的粮食产业是粮食生产者(粮农)和各种粮食产品的生产、流通、加工、购销企业在粮食市场的集合。

在本书中,所谓粮食产业结构是指粮食经济中各种生产要素在粮食基础产业(粮食生产)、粮食主导产业(粮食加工)及粮食服务业间的配置关系,并且包含了粮食基础产业的生产结构,粮食产业结构的优化是粮食经济活动在中观经济层面的反映。

产业结构优化的研究是发展经济学、产业经济学的一个重要组成部分。本项目的粮食产业结构优化主要指在产业融合的背景下,粮食产业结构的合理化和高级化,即提高粮食行业各产业之间及与其他产业间的有机联系和耦合质量,同时解决促使粮食产业结构从低度水平向高度水平,从单一的粮食产业向与第一产业、第二产业和第三产业融合,系统发展的产业结构优化升级的问题。

1.2 理论基础

1.2.1 产业融合理论研究

20世纪70年代，美国的的Negroponte教授用三个叠加的圆圈来描述计算业、印刷业和广播业三者的技术边界，他认为三个圆圈的叠加处将成为发展最快、创新成果最多的领域。20世纪90年代欧洲委员会"绿皮书"定义产业融合为"产业联合和融合、技术网络平台、市场等三个角度的融合"1997年，Yoffie教授将产业融合定义为：采用数字技术后，原本各自独立产品的整合。同年，Greenstein和Khanna认为融合是为适应产业增长而发生的产业边界的收缩或消失。Greenstein和Khanna对产业融合的定义主要针对计算机业、通信业和广播电视业的融合。2001年植草益学者将产业融合定义为：通过技术革新和放宽限制来降低行业间的壁垒、加强行业企业间的竞争合作关系。他从产业融合的原因及结果这一角度明确了产业融合的意义。综上所述，我们认为产业融合是从经济与技术的有机联系出发，通过不同产业边界和叠加处的技术融合，使各产业间的壁垒逐渐弱化，而竞争合作关系不断加强的优化。

综合分析比较上述学者对产业融合概念的界定，概括产业融合的特征，主要有以下三个方面：一是，产业融合源于技术的进步和各产业间壁垒和管制的弱化；二是，产业融合是不同产业边界处的叠加与融合。融合后的产业是在原来产业的基础上进行的改进，同时也不能完全替代原有产业。三是，产业融合通过促进企业间的合作和竞争的方式，能够推进经济的快速发展。企业以并购和重组等方式使相关产业融合，使企业的内部组织结构发生改变。

国内外学者根据研究目的的不同对产业融合进行了分类。2002年我国学者马健从产业融合的程度和市场效果的角度，将产业融合分为产业完全融合、产业部分融合和产业虚假融合；2003年国内学者胡汉辉和邢华从产业融合方式的角度，将产业融合分为产业渗透融合、产业交叉融合和产业重组融合，产业渗透融合是指高新技术产业和传统产业在边界处的融合，产业交叉融合是指通过不同产业间的功能互补和延伸而实现的产业融合，产业重组融合是指在具有紧密联系的某一大类产业内部的各子产业之间进行的融合；2011年我国学者胡金星从制度的视角把产业融合分为微观层次的标准融合和宏观层次的制度融合两大类。

国内外学者关于产业融合的动因研究目前主要有技术进步和管制弱化两种观点。技术进步能促使产业边界趋于模糊，不同产业之间相互利用，这推动了产业融合的产生和形成。技术进步加强了技术的通用性,比如互联网技术,它的发展和信息技术的进步促成了互联网产业与其他产业的融合。同一技术可以运用于不用的产业,于是产业之间的边界不再划分清晰,而是趋于模糊和交叉。技术进步是产业融合的内在驱动原因,是各大产业转型升级和经济发展的新动力。政府管制是政府为维护和达到特定的公共利益而对不同产业发展进行的管理和制约,政府管制的弱化为产业之间的融合提供了自由的市场空间。而不同产业间的融合难以推进的主要原因往往是因为存在着进入壁垒,而政府管制是产生这种壁垒的主要形式。放松和弱化政府管制,实行自由市场运行,能够为相关产业间互相加入、渗透和竞争提供有利条件。此外,还有学者把竞争合作的压力视为产业融合的企业动因。通过产业融合,产业间的条块分割被打破,企业的交易成本和生产成本降低,增强了产业的竞争力,提高了企业的生产率。互联网技术以及工业技术的进步巨大推动了产业融合,"互联网+"的提出使得互联网能够与各大产业进行融合。

2002年我国学者马健认为产业融合能够促进产业创新,有利于产业结构转型升级,提高产业的竞争力。产业融合从微观上改变了产业的生产成本和产业效益,从宏观上改变了一个国家或地区的产业结构水平和经济增长方式。从而能够优化区域产业结构,推动产业结构的转型升级。

1.2.2 产业结构优化理论

传统的产业结构优化理论主要有三种:罗斯托主导产业扩散效应理论、筱原三代平"需求收入弹性基准"和赫希曼产业关联理论。罗斯托的主导产业扩散效应理论认为在工业化的每个阶段总有一个主导产业,它是经济发展的引擎,主导产业能够对其他相关联的产业产生扩散作用,主要包括回顾效应、旁侧效应和前向效应三种效应。选择若干个能够带动一个国家或地区经济全面增长的主导产业是区域产业结构优化的前提;筱原三代平的需求收入弹性基准理论认为考虑产业结构优化问题的两个基准条件是"需求收入弹性基准"和"生产率上升率基准"。生产收入弹性高的产品的产业,人均收入的增加对其需求增加将有较大的影响,所以在产业结构这类产品中能占有更大的市场份额。在经济社会生产和扩大再生产中,生产率增长较快的产业,其受当地自然资源和经济资源的限制也较小。资源的流动性会使该产业在市场经济中占有更大的比重,经过发展这一产业将会逐步成为一个国家或地区社会经济增长的主动力。学者筱原三代平认为产业结构优化应该率先在生产率上升快的主导产业中开展。

赫希曼的产业关联理论则主要从产业关联的角度出发，他认为在不同产业的关联关系中，必然存在一个与其前向产业和后向产业的关联系数最高的产业，这样的产业能够更有力地推动整体产业结构的优化。前向关联效应和后向关联效应越大的产业，越能够影响和带动其相关产业的发展。

具体到粮食产业结构优化的理论比较少，也没有有影响力的理论，所以这里引入国内外学者对农业产业结构优化理论的研究。农业是三大产业中的第一产业，农业产业结构优化是指依照农业系统的内在机制和市场机制，对农业系统内各种生产要素进行合理配置，以提高资源利用效率，实现经济增长和社会进步。农业产业结构优化主要包括农业产业结构合理化和高级化两方面。农业产业结构合理化是指农业内的各个子产业之间交易成本的降低和关联水平的提高。农业产业结构高级化是指该农业产业结构从低级状态向高级状态的发展，农业产业内部资源利用效率得到不断提高。

1.2.3 农业与相关产业融合发展研究

国外学者对于产业融合理论的研究是从计算、信息和传媒开始的，现在也主要集中在信息通信产业领域，涉及到具体的粮食产业与其他相关产业融合的研究则比较少。2004年国内学术界开始关注农业与相关产业融合发展方面的问题。2008年郭铁民提出了产业整合，他认为分工细化、生产专业化和协作化是产业发展规律，是经济增长的源泉，以信息技术为代表的高新技术促进了产业分化和产业整合。通过生物链把种植业、养殖业、畜牧业融合起来形成新业态——生态农业，集农业生产、加工、销售和服务于一体形成农业的产业化经营。然而这些研究仅限于农业内部各子产业的融合，农业与第二产业、第三产业融合的研究则相对较少。

2010年何立胜、李世新提出农业与第二产业和第三产业的融合，他认为我国农业产业化经营以农业合作社或农民协会为组织载体，走的是龙头企业和基地农户的模式，该农业产业化经营过程包括技术进步、体制创新、管制壁垒弱化和产业融合。农业产业化经营实际上就是农业与第二产业和第三产业的融合，农业产业化经营是农业产业融合的前提。

2. 山东省粮食产业与其他产业融合发展的现状

2.1 山东省粮食产业发展的现状特点

2.1.1 自然资源

山东省地处黄海下游,位于中国东部沿海地带。属暖温带季风气候区,气候温和、光照充足,四季分明,适宜多种农作物的生长发育,是我国粮食的主产区。山东省地区内地形以平原和丘陵为主,其中平原、盆地约占全省土地总面积的64%;山地、丘陵约占34.9%;河流、湖泊占1.1%。海岸线全长3244公里,占全国的1/6,海岸线长度居全国第二位。山东省年日照时数为2100－2800小时,日照百分率为55%－67%,太阳年总辐射量在479－551千焦/平方厘米;全省年平均气温在11－14℃,≥0℃的年平均积温在4137－5283℃,≥10℃的年平均积温在3592－4760℃,年平均无霜期为173－250天。山东省粮食种植分为夏季和秋季,夏季主要收的是小麦,秋季收的主要是玉米、花生、地瓜和大豆等,其中小麦和玉米是山东省的两大主要粮食作物。

2.1.2 山东省粮食生产基本情况

山东省人口数量多,粮食生产和粮食消费都位居全国前列。十八大以来,山东省改善粮食生产环境、注重粮食安全、不断推进粮食流通体制改革,粮食生产和粮油加工能力稳步提高,粮食生产超过粮食消费,市场供给日益丰富,库存充裕。

(1)粮食生产面积。山东省粮食生产面积20世纪90年代在1.2亿亩左右,受农业种植业结构调整和城镇化的影响,21世纪以来山东省粮食播种面积出现减少的趋势,2004年全省粮食播种面积最小,仅为0.95亿亩。后来,国家高度重视"三农"工作,并出台了一系列扶持粮食生产的政策措施,山东省粮食播种面积也持续呈现恢复增长的势头。2016年,全省17个市的粮食播种面积均有不同幅度的提高,其中有11个市粮食播种面积在0.05亿亩以上,5个市粮食播种面积超过0.1亿亩。

(2)粮食产量。山东省粮食产量自1986年以来,连续登上了600亿斤、700亿斤、800亿斤三个大的台阶,1996年山东省粮食产量达到了866亿斤的历史最高水平。随着经济的发展和城镇化的开展,山东省粮食播种面积自21世纪以来有所下降,粮食连年减产,由1996年的最高866亿斤降到了2002年的659亿斤,降到近二十年来最低值。国家出台"三农"政策后,从2006年开始山东省粮食产量出现恢复性的增长,全省粮食总产一直高于800亿斤,粮食供给量不断提升。2015年有5个市粮食产量突破100亿斤,其中德州市粮食产量水平最高,每亩粮食产量达到522.9公斤,比全国平均粮食单产水平高出170公斤。2016年山东省粮食总产超过1020亿斤,比2015年增加十几亿斤,山东省粮食总产实现了稳步增长。

(3)粮食品种结构。小麦和玉米是山东省两大主要粮食作物,小麦每年总产400亿斤左右,玉米每年总产300亿斤左右,花生每年总产70亿斤左右。2015年山东省全省粮食总产867.1亿斤,其中小麦404.0亿斤,占粮食总产量的46.59%;玉米379.4亿斤,占全省粮食总产量的43.75%;大豆75.7亿斤,占粮食总产8.73%;其他8.06亿斤,占粮食总产0.93%(见图2-1)。

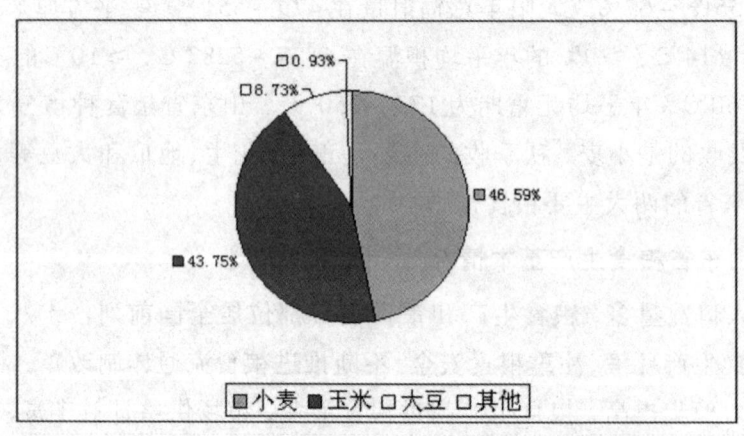

图2-1 2015年山东省粮食品种结构与产量示意图

2.1.3 山东省粮食供需基本情况

从2005年开始,山东省粮食生产量高于粮食消费量,向省外调出量逐年增加。2009年,山东省粮食调进量644万吨,调出量1191万吨,净调出547万吨,不仅做到自给自足,而且为全国的粮食供需平衡有所贡献。根据2009年度社会粮食供需平衡调查数据,山东省社会粮食消费总量4255万吨,其中城镇口粮569万吨,农村口粮1137万吨;工业用粮657万吨,种子用粮113万吨,饲料用粮1444万吨。但是从2012年到2016年,受城镇化和人民生活水平提高的影响,山东省粮食生产量均低于总消费量。

2.2 山东省粮食区域产业结构的现状特点

2.2.1 地区规模比较优势分析法

英国经济学家大卫·李嘉图最早提出了比较优势理论。比较优势理论最早是应用在国际经济与贸易领域中，该理论认为每个国家都应根据区域资源情况，集中生产并出口其具有比较优势的产品，进口其没有比较优势的产品。

以黄小清、姜洁、郭洪海为代表的学者进一步发展了区域比较优势理论，创造了地区规模比较优势系数。本部分的分析即采用了规模比较优势系数来分析山东各地市在粮食产业上的产量规模优势。其计算方法为：

$$SAC_{ij}(规模比较优势指数) = \frac{GS_{ij}/GS_i}{GS_j/GS}$$

其中，GS_{ij} 表示 i 市 j 种粮食作物的播种面积，GS_i 表示 i 市粮食作物的总播种面积；GS_j 表示山东省 j 种粮食作物的播种生产面积，GS 表示山东省粮食作物的总播种生产面积。若 SAC_{ij} 数值大于 1，则表示该市的 j 种粮食作物在全省具有比较优势规模，专业化程度也比较高，反之则表示 j 种粮食作物在全省没有比较优势，专业化程度也不高，若该指标等于 1 则表明处于全省的平均水平。运用大卫·李嘉图的区域比较优势理论，能够分析如何优化山东省在粮食产业的供给结构。

2.2.2 山东省主要粮食作物的区域比较优势

小麦、玉米和地瓜是山东省的三大粮食产物，此外大豆、花生和稻谷也是山东省的主要粮食作物之一，而且它们也是主要的粮油加工企业的加工对象。因此，本部分将选取小麦、玉米、地瓜、大豆、花生和稻谷这 6 种主要的粮食作物作为分析对象。考虑到粮食生产的不稳定性，本部分选取 2010 年至 2015 年这 6 年的相关统计数据，计算这 6 年所需指标的算术平均数作为计算比较优势指数的依据。

查阅 2010 年至 2015 年这 6 年间的《山东省统计年鉴》，经过相关计算得出，6 年间，即 2009 年至 2014 年，山东省粮食作物的总播种面积为 11007181 公顷，冬小麦的全省播种面积平均为 3706747 公顷，玉米的全省播种面积平均为 3093593 公顷，地瓜的全省播种面积平均为 252689 公顷，大豆的全省播种面积平均为 147667 公顷，花生的全省播种面积平均为 767820 公顷，稻谷的全省播种面积平均为 122767 公顷。同样，再计算出全省 17 市的相关平均数据，最终计算出这 6 种粮食作物的规模优势比较指数，如下表 2-2 所示：

表2-2　　　　山东省冬小麦等6种粮食作物的规模优势比较指数

地区	规模优势比较指数					
	冬小麦	玉米	地瓜	大豆	花生	稻谷
济南	0.97	1.08	1.04	0.65	1.05	0.81
青岛	1	1.13	0.80	1.11	1.13	0.05
烟台	0.97	1.1	1.04	1.02	1.01	0.07
威海	1.03	0.94	1.24	0.98	1.01	0.02
潍坊	0.99	1.07	0.88	0.99	0.99	0.07
东营	1.02	0.88	0.31	1.84	0.99	1.92
日照	0.89	0.77	1.92	0.95	1.01	1.73
淄博	0.97	1.14	0.65	0.68	1.00	0.48
泰安	0.90	1.07	1.46	0.83	1.01	0.15
莱芜	0.80	1.16	1.53	0.35	1.01	0
临沂	0.89	0.83	1.72	0.84	1.01	2.07
枣庄	0.95	1.05	1.14	1.01	0.99	0.98
济宁	0.95	0.96	0.99	1.05	1.01	2.11
滨州	1.01	1.06	0.31	1.08	0.93	0.46
德州	1.02	1.09	0.47	0.91	0.90	0.23
聊城	1.05	1.05	0.42	0.96	1.00	0.25
菏泽	1.10	0.90	0.76	1.21	0.97	0.83

资料来源:《山东省统计年鉴》

将鲁东地区、半岛地区、鲁南地区、鲁西地区、鲁北地区和鲁中地区这六大地区的比较优势指数进行汇总,我们可得出以下结论:半岛地区、鲁东沿海地区,包括青岛市、烟台市、威海市、潍坊市和日照市等,这两大区域在玉米、地瓜、花生和大豆这四类粮食作物的种植上有明显的比较优势;鲁南地区,包括菏泽市、临沂市、枣庄市和济宁市等,在地瓜、大豆和稻谷等三种粮食作物的种植上有较明显的比较优势;鲁西地区、鲁北地区,包括聊城市、德州市、滨州市和东营市等,在小麦、玉米和大豆这三种粮食作物的种植上有明显的比较优势,其中东营市的稻谷种植上比较优势最为明显;鲁中地区,包括济南市、淄博市、莱芜市、泰安市等地区,在花生、地瓜和玉米三类粮食作物的种植上具有明显比较优势。

2.2.3 粮食消费的区域优势分析

粮食产品一般很少直接进入消费领域，大都需要通过粮油加工企业的进一步生产加工才能进入消费领域。因此研究各类粮食生产加工企业的区域分布特点也很有必要，因为粮食消费也有很大一部分是在各类粮油加工企业。

作为经济大省和粮食大省，山东省大大小小规模各异的粮食生产加工企业遍布各地，而大型的龙头企业能够更好的体现出粮食消费的区域分布特点。因此，我们选取山东省的西王食品等8家上市粮油加工企业为主要分析对象。

企业名称	所在地区	所需粮食作物	生产产品
西王食品	滨州	玉米、大豆、花生	玉米油、大豆油、花生油
保龄宝生物股份	德州	玉米、小麦	玉米淀粉、麦芽糊精、玉米蛋白粉
山东龙力生物科技	德州	玉米	玉米芯、玉米淀粉
青岛啤酒	青岛	小麦	啤酒
山东登海种业	烟台	玉米	玉米种
烟台双塔食品	烟台	大豆、地瓜	粉丝、粉条
鲁花集团（上市排队申请中）	烟台	花生	花生油
龙大集团	烟台	花生、大豆、地瓜	花生油、大豆油、粉丝、粉条

资料来源：互联网

由上表可以看出：山东半岛地区、鲁东沿海地区的粮食供给与粮食需求的区域优势较均衡，也就是说该地区在玉米、地瓜和花生等粮食作物的播种和生产条件上具有比较优势，同时该地区有与之相匹配的6家粮食生产龙头企业；鲁西地区和鲁北地区具有玉米播种和生产条件的比较优势，同时该地区有3家以玉米为主要生产原料的大型粮油加工企业；而鲁南地区在稻谷的播种和生产条件方面具有比较优势，但是当地却没有以稻谷为主要生产原料的粮食生产龙头企业；小麦、玉米和地瓜是山东省的三大粮食作物，但是小麦和地瓜的利用效率不高。

2.3 山东省粮食产业结构存在的问题

2.3.1 粮食产业链短，需要进一步的扩展和延伸

粮食产业链是由粮食的种植、生产、加工、流通和销售等五个环节构成。虽然粮食产业链条的每一个环节都在运转，但是各个环节之间是分割的，并没有形成一个统一的整体。体现在：一是主要是粮食生产、收购和加工，而集储运、销售和

科研于一体的粮食产业化龙头企业或集团却没有,诸如中粮集团这样的特大型粮食集团,整合了种植、粮食产品初加工、粮食贸易、仓储运输、粮食产品精细加工、包装、配送、终端销售等现代服务业务,是山东省所没有的;二是产业链上的各个环节自身在纵深上也不够拓展,如在粮食的种植和生产环节,存在着成品率低、食用率低,优质粮食品种少的问题,在粮食加工环节上,存在着利用率低、企业效益少的问题,在粮食流通和销售环节上,存在着成本费用高的问题;三是由于粮食产业的信息服务约束、流通服务滞后、技术服务滞后而导致的产业链各环节之间的交易费用较高。

2.3.2 粮食产业缺乏足够的科技创新

目前山东省的粮食企业有着广泛和急迫的通过创新实现发展和升级的需求。山东省的粮油加工企业成品率较低、交易成本较高、效益较低、产业链条短,因此科技创新和产业融合是提升产业实力的必经之路。如江南大学研发的大米蛋白生产技术,与新的生产技术融合,提高粮食加工企业的经济效益。以碎米为原料加工食品级米淀粉和米蛋白,可增值5至8倍。如食品级米蛋白,蛋白含量在80%以上米蛋白价格每吨2.6万至2.9万元,而蛋白含量90%以上米蛋白价格每吨3.2万至3.5万元。放眼世界,欧美等发达国家非常注重粮油加工生物转化技术的进步,利用现代微生物技术、发酵工程技术对粮食加工企业的副产品如豆皮、米渣、植物油提取废渣等废弃物进行利用,提高了产品的附加值。与国外、国内的先进技术相比,我们还存在着很大的差距,产业融合度不够高,科技成果转化度低,资源综合利用率低,粮食产品加工工艺需要进一步创新,粮食加工技术装备水平还需要进一步提升。

2.3.3 粮食种植经营模式需要改变

目前的农村土地经营体制严重制约了粮食种植的规模化经营,农村土地规模种植有待探讨,城镇化的开展将会推进粮食种植经营模式的改变,进而能够达到粮食规模种植和优化粮食产业结构的目的。在山东省的一些农村地区,农户种什么品种,怎么种,什么时候种,以什么方式种,完全是农户自主决定的自由种植行为。虽然也存在着农村生产经营合作社等组织,但落后的自给自足的"小农意识"还广泛存在,农户具有"短视"的特点,即只从自身的利益出发来组织安排粮食的生产与经营,表现在只对近期的市场价格比较敏感,当市场价格不利于自身的利益时就要脱离农村生产经营合作的束缚,单独干,单独出售。这样一来,粮食品种繁杂、农资选用随意、种植管理无序，质量标识、责任追溯等问题就会制约着粮食产业优化路径的开展。因此，就需要通过订单农业等方式来约束农户的这种"短视"行为，将粮食加工企业与农户捆绑成利益共同体，用市场规则来约束农户的行为，同时通过统一粮食种植品种、统一农资联购分供、统一种植技术指导等手段来改善这一问题。

2.3.4 粮食产业与"互联网+"联系不够紧密

"互联网+"是在电子信息技术产业发展的基础上而出现的一种新的经济形态，互联网与各个产业的融合将正成为国民经济的一大新引擎，且预示着"互联网+"的时代背景下必将推进产业间的融合。粮食产业与互联网的融合将为粮食产业结构的优化注入新的力量，然而目前山东省的粮食电子商务的发展仅处于初级阶段，多数大型粮油加工企业也正处在探索时期。

山东省粮油加工企业多数还仅是对粮油的初级加工阶段，产品的附加值较低，而且销售渠道也是以传统的销售渠道为主，利用互联网，实现线上交易的企业数量很少，而涉及跨境电商领域的粮油加工企业更少了。在这个新的时代背景下，山东省粮食产业要积极走出去，与现代的信息产业相融合，这样才能在激烈的市场竞争中不被淘汰。"互联网+"粮食产业将通过"实体+网络"的商业运作模式，降低交易成本，将会提高粮油加工企业的经济效益。

3. 山东省粮食产业结构转型模型构建

在前面我们得出了优化山东省粮食产业结构的相关因素。从中我们可以得出这样一个结论：优化山东省粮食产业结构是一个系统化问题，需要与信息产业、现代服务业等产业相融合推进。为选取出最有影响力的山东省粮食产业结构优化指标要素，我们将对该问题进行分层次研究。

我们将运用AHP层次分析法，从产业融合的角度建立山东省粮食产业结构优化模型，尝试选取影响山东省粮食产业优化的主要因素，然后分层次分因素进行研究，以期找到一个科学合理、适合山东省粮食产业发展实际的运行方案。

3.1 AHP分析法简要介绍

AHP分析法，即层次分析法，是计量经济学中主要的数据分析方法之一，它是把一个复杂的经济问题分为多个层次的目标，从不同的角度提出不同的解决方案,按照重要程度进行两两比较,最后得出一个重要性的排序,按照此排序便可以设计出解决问题的方案和实行的步骤。因此,层次分析法层次分析法本质是一种决策方法,所谓决策是指在面临多种方案时需要依据一定的标准选择某一种方案。

山东省粮食产业结构优化本身就是一个决策的问题。要实现山东省粮食产业结构优化升级,从不同角度看,从不同的实现目标看,可以有多个不同的决策。因此,采用层次分析方法,从产业融合的角度,结合山东省粮食产业的实际状况,构建山东省产业结构优化模型,通过各指标要素的比较,选取出最具影响力的因素。

3.2 产业结构优化模型构建

3.2.1 AHP各目标层的建立

(1)总目标的确定

在产业融合的视角下研究山东省粮食产业结构优化,最根本的目标要推进山东省粮食产业与第二产业和第三产业的融合,提升山东省粮食产业的竞争力。虽然山东省的粮食播种面积和产量连续多年稳步增长,但是就品质、农作物的生产成本和粮油加工企业的效益等方面与国际先进的粮食生产力相比,还存在着一定的差距,与河南省、江苏省等其他粮食生产大省和粮食加工大省相比,也还有一定的差距。因此,优化山东省粮食产业结构就必须把提升粮食产业竞争力设为最重要的总目标。

(2)子目标的确定

提升山东省粮食产业竞争力是一个系统且庞大的问题,我们将把这一问题具体细分为多个子目标。子目标应包括四个方面:规模种植、提高行业效益、粮食产业集群、粮食电子商务。规模种植有助于降低粮食种植成本、抵抗风险、保证充足的粮食来源。提高粮食行业效益,促进粮食产业转型发展、提质增效,需要在提升粮食产品市场竞争力、深化粮食流通体制改革,完善粮食市场运行机制上下功夫,有助于培育一批多元化、个性化、定制化、品牌化的粮食加工企业,进而培育出更多的大型的粮食加工龙头企业,从而提升在粮食市场上的竞争力、影响力和话语权。粮食产业集群,按照地区优势确立不同品种的粮食产业的集中,促进粮食产业特色化、规模化、集群化发展。粮食电子商务,是衡量粮食产品是否具备市场竞争力的关键,也是粮食产业与互联网融合的体现。

(3) 方案层的确定

为了实现上述的目标,需要从各个方面来制定方案。主要的方案和实现途径包括:加大政府的扶持力度、完善粮食产业链、提升产业的科技创新、改革粮食种植的经营模式,以上 4 个方面在本篇的上一部分已经详细分析过,本部分不再赘述。

(4) 目标层次图

各层次目标确定后,就形成了如下的一张错综复杂的层次图(图 3-1 所示),以此进行 AHP 分析,最终确定实现总目标的各个方案的重要程度和运行体系。

3.2.2 构建各层次的判断矩阵

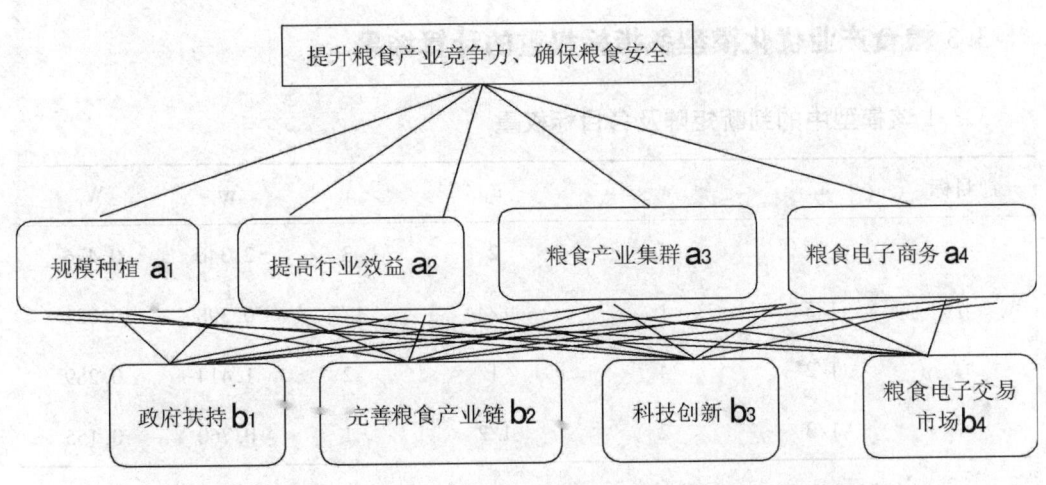

图 3-1 模型的目标层次图

3.2.3 计算元素的相对重要性

判断矩阵的数值的确定,我们采取了德尔菲法,询问了包括粮食企业的管理人员、主管粮食行业的政府工作人员以及研究粮食产业的专家学者,让他们分别对每个子目标进行两两重要性比较,加权平均,最终确定了这 5 个判断矩阵。

用方根法对矩阵进行一个层次排序,计算所有判断矩阵的 λmax,然后计算 $AW = \lambda max W$,其对应的归一化处理后的特征向量 $W = (W_1, W_2, W_3 \cdots W_n)T$,就作为对应评价指标的权重。

3.2.4 判断矩阵的一致性检验

n 为判断矩阵的阶数,计算一致性指标 C.I.。再计算平均随机一致性指标 R.I.。表 3-2 是 1 至 6 维的矩阵重复计算 1000 次的平均随机性指标。

表 3-2

维数	2	3	4	5	6
R.I.	0	0.52	0.89	1.12	1.26

最后计算 CR = C.I./R.I.。当 CR = 0 时,比较判断矩阵具有完全一致性;若 CR < 0.1,比较判断矩阵具有满意一致性,若 CR > 0.1;比较判断矩阵具有非满意一致性,此时判断矩阵要进行调整。

3.3 粮食产业优化模型各指标权重的计算结果

3.3.1 该模型中的判断矩阵及各目标权重

总目标	a_1	a_2	a_3	a_4	$\overline{W}_i$	W_i
a_1	1	5	2	3	2.340	0.476
a_2	1/5	1	1/4	1/2	0.398	0.081
a_3	1/2	4	1	2	1.414	0.289
a_4	1/3	2	1/2	1	0.760	0.155

$\lambda_{max} = 4.021$,C.R. = 0.008 < 0.1,此矩阵具有满意一致性。

3.3.2 方案层针对子目标 a_1:规模种植的判断矩阵及其权重

a_1	b_1	b_2	b_3	b_4	$\overline{W}_i$	W_i
b_1	1	1/3	2	1/5	0.604	0.113
b_2	3	1	4	1/2	1.565	0.294
b_3	1/2	1/4	1	1/6	0.38	0.071
b_4	5	2	6	1	2.783	0.522

$\lambda_{max} = 4.034$,C.R. = 0.014 < 0.1,此矩阵具有满意一致性。

3.3.3 方案层针对子目标 a_2：提高行业效益的判断矩阵和权重

a_2	b_1	b_2	b_3	b_4	$\overline{W}_i$	W_i
b_1	1	1/4	1/3	2	0.639	0.127
b_2	4	1	3	5	2.783	0.552
b_3	3	1/3	1	2	1.189	0.236
b_4	1/2	1/5	1/3	1	0.427	0.085

$\lambda_{max} = 4.056$，C.R. $= 0.016 < 0.1$，此矩阵具有满意一致性。

3.3.4 方案层针对子目标 a_3：粮食产业集群的判断矩阵及其权重

a_3	b_1	b_2	b_3	b_4	$\overline{W}_i$	W_i
b_1	1	1/3	2	3	1.189	0.233
b_2	3	1	4	5	2.783	0.545
b_3	1/2	1/4	1	2	0.707	0.138
b_4	1/3	1/5	1/2	1	0.427	0.084

$\lambda_{max} = 4.068$，C.R. $= 0.019 < 0.1$，此矩阵具有满意一致性。

3.3.5 方案层针对子目标 a_4：高成品率、利用率、食用率的判断矩阵及其权重

a_4	b_1	b_2	b_3	b_4	$\overline{W}_i$	W_i
b_1	1	1/6	1/5	1/4	0.302	0.059
b_2	6	1	2	3	2.450	0.476
b_3	5	1/2	1	2	1.495	0.290
b_4	4	1/3	1/2	1	0.904	0.175

$\lambda_{max} = 4.046$，C.R. $= 0.016 < 0.1$，此矩阵具有满意一致性。

3.3.6 方案层各指标的权重排序

根据刚才得出的五个判断矩阵，下面计算出方案层中所有指标的权重：

b_1 的总权重为 $0.476 \times 0.113 + 0.081 \times 0.127 + 0.289 \times 0.233 + 0.155 \times 0.059 = 0.141$

b_2 的总权重为 $0.476 \times 0.294 + 0.081 \times 0.552 + 0.289 \times 0.545 + 0.155 \times 0.476 = 0.416$

b_3 的总权重为 $0.476 \times 0.071 + 0.081 \times 0.236 + 0.289 \times 0.138 + 0.155 \times 0.290 = 0.138$

b_4 的总权重为 $0.476 \times 0.522 + 0.081 \times 0.085 + 0.289 \times 0.084 + 0.155 \times 0.175 = 0.307$

如下表3-3所示：

表3-3

排序	方案层指标	总权重
1	b_2：完善粮食产业链	0.416
2	b_4：改革粮食种植经营模式	0.307
3	b_1：政府扶持	0.141
4	b_3：科技创新	0.138

3.4 结论

从排列顺序可以看出，优化粮食产业结构的各个实行方案中，排在第一位的是完善粮食产业链，因此在设计优化粮食产业结构的运行体系时，应以完善、延伸粮食产业链为主，其他方面齐头并进的方式来进行。

4. 山东省粮食产业化经营模式分析

山东省是一个农业大省和人口大省，粮食产业是山东省的特色和优势产业，当前正处于由传统生产方式向现代生产方式过渡的大发展时期，为了推进山东省粮食产业的现代化发展，解决山东省粮食产业中存在的农民人均纯收入低、经营规模小、粮油企业经济效益低等问题，结合全球出现的农业与相关产业融合发展的现象和趋势，我们认为应以产业融合为出发点，促进粮食产业化经营发展，对山东省粮食产业转型升级具有重要的意义。

4.1 山东省粮食产业化经营的主要模式

4.1.1 龙头企业带动型

龙头企业带动型是指以加工、营销龙头企业为主体，对外连接市场，对内连接生产基地和农户，通过合同契约或股份制等形式与农户形成互惠互利的经营共同体。企业为农户提供系列服务，农户为企业提供稳定的原料和资源。龙头企业带动型往往围绕某些产品形成"公司+农户""公司+基地+农户"等产业化经营组织形式。如位于山东省莱阳市的山东鲁花集团有限公司，是一家大型的民营企业、农业产业化国家重点龙头企业，该企业采用"公司+基地+农户"产业化经营模式与农户形成经营共同体,在全国各地建设了8个花生油生产基地,带动山东、河北、河南、江苏等地发展花生配套基地900万亩,年收购花生原料230多万吨,为农民直接创造收入50多亿元,可带动900多万农民增收致富。

龙头企业带动型的粮食产业化经营模式是指重点培育山东省内的几家大型粮油加工企业,研发新技术,积极与互联网行业和现代服务业融合,走现代化的企业发展之路,从以加工为主,转变为以生产服务为主。这类龙头企业将通过关联带动效应与前向关联企业和后向关联企业,进而促进全省粮油生产和加工行业经济的全面发展。

4.1.2 合作组织带动型

这里的合作组织是由农户自愿结成的,在产品的产前、产中、产后等环节,实行系列化服务的互利互惠互助的组织。这种模式可以概括为"合作组织+农户"的产业化经营模式。这种模式一般是在合作组织的初级阶段运用的模式。如鱼台县成立凯华谷物种植合作社,现已发展社员500多户,拥有耕地200多公顷,种植小麦、大豆等作物。

合作组织带动型的粮食产业化经营模式,主要立足粮食产业本身,利用区域的自然资源和经济资源优势,进行粮食播种与生产。这种粮食产业化的经营模式从产业融合的角度来看,是与产业内部的自然资源和经济资源进行融合,发挥区域比较优势。合作组织带动型的模式一般是在合作组织的初级阶段运用。

4.1.3 中介组织联动型

通过各种供销社、合作社、农业专业协会等中介组织,把农户与企业联接起来,对内组织农户进行农产品生产,对外与加工和营销企业联接,为农业一体化经营提供全方位服务,使分散的小规模经营者联合形成大规模经营群体,实现规模效益。这种类型的产业化经营模式可以概括为"公司+中介组织+农户"的形式。如山东省广饶县依托汇通公司成立了东营市第一家粮食专业合作社,与县内及周边县市的农户签订小麦订单,粮食企业和农户之间通过该合作社建立起了利益共享、风险共担的联结机制,对合同签订、良种供应、技术指导服务和粮食收购等环节实行统一管理。通过这种"公司+合作社+农户"的经营方式,实现了农民增收、企业增效的双赢目标。

中介组织联动型的粮食产业化经营模式从产业融合的角度来看,主要是粮食产业与第三产业的融合,加入了中介组织,使得生产的交易成本降低。中介组织联动型的粮食产业化经营模式,与第三产业的融合可以更深远。中介组织的行为与互联网行业融合,就会产生粮食电子商务,减少在寻找供给和需求方时候的成本。

4.2 山东省粮食产业化经营有效模式探讨

4.2.1 选择符合山东省粮食产业实际的产业化经营模式的原则

当前,山东省的粮食产业正处于中级发展水平,区域粮食播种和生产已经实现了机械化耕作,大多数粮油加工企业也正加紧新技术新设备的应用。但是山东省内粮食行业与第三产业的融合仍处于低级水平,探索阶段,因此我们在选择有效的产业化经营模式时要结合山东省当前粮食产业结构的现状,另外还要注意考虑其发展的趋势和特点,以便于将来的升级演变符合经济发展规律。

4.2.2 粮食产业化经营模式的特点

龙头企业带动型的粮食产业化经营模式能够发挥龙头企业的带头作用,因此对龙头企业的培育尤为重要,不仅要从理论上给予引导,还要政府的大力支持。龙头带动型模式下,以先进企业带动后进企业,然后推广到全省。但是龙头企业也容易对小规模的粮食生产和加工企业带来压力,甚至影响其生存,所以该种模式下的发展要统筹兼顾。

合作组织带动型模式主要是由农民自发组织,所以合作组织的成立成本比较低,但是由于收到信息的不完全性,对农产品市场的价格不好把控,容易影响整个区域农民的收入。比如,生姜价格的波动,使得这种合作组织带动型的粮食产业化经营模式不够稳固,缺乏科学的市场价格理论知识和科学的种植技术的指导,规避风险的能力较弱。

中介组织联动型模式是最需要与第三产业融合的一种粮食产业化经营模式,该种模式下中介组织前向要与农户联系,后向还要与粮食加工企业进行谈判,信息流是非常重要的。与信息业的融合,将降低中介组织的成本,盘活市场,提高经济效益。另外中介组织与现代服务业融合,推进粮油加工企业的转型升级,其生产不再仅有粮油加工,而是涉及研究、设计、营养知识和营销策划等全方位的粮食服务产品。

5. 基于产业融合的山东省粮食产业结构优化实施建议

随着城市化的开展,传统的粮食产业受到土地数量和质量的影响。在这个信息化迅猛发展的时代,山东省粮食产业要实现新跨越,就必须打破传统组织,走出去,寻求区域的融合、科技的支撑和信息的融合,促进粮食产业结构优化,形成以区域优势明显、高科技含量、高附加值、低成本为特色的新型粮食产业结构。

5.1 重视发挥区域优势,推进粮食产业集群的形成与发展

5.1.1 推进粮食产业集群发展

在第一产业内部进行整合,根据粮食生产与粮食供给的区域比较优势分析,按照产业集群的形成与发展规律,形成3个至4个比较大的粮食产业集群,具体设想如下。

山东省东部地区主要集中种植小麦、玉米、地瓜等三种粮食作物,在鲁东地区应该发挥种植的规模效应,建立区域小麦产业集群、区域玉米产业集群和区域地瓜产业集群,深度开发小麦、玉米、地瓜等的生产加工工艺,扶持以这三种粮食作物为主要生产原料的相关企业,同时提高这三种粮食作物种植与生产加工的能力。

山东省南部地区主要集中种植大豆和稻谷这两种粮食作物,建立这两种粮食作物的大规模集聚型的生产基地,发挥种植的规模效应,建立这两种粮食作物的产业集群,研究与大豆和稻谷相关的食品加工工艺,扶持当地的龙头企业,以带动区域粮食作物的生产、加工和销售。

鲁西、鲁北地区集中种植冬小麦、玉米这两种粮食作物,尤其是冬小麦的种植,发挥种植的规模效应,建立这两种粮食作物的产业集群,深度开发冬小麦的生产加工工艺,扶持相关的企业大力发展。

山东省中部地区连接了鲁东、鲁南、鲁西与鲁北,具有交叉重合的地理位置优势,具有花生、地瓜、玉米和小麦等多种粮食作物的生产和种植耕作优势,根据当地的经济发展状况,结合当地粮食加工的大型龙头企业,有选择性地建立花生产业集群、地瓜产业集群、玉米产业集群和小麦产业集群,发挥种植的规模效应,同时也为当地的粮食加工企业提供原料保障。

5.1.2 加强政府部门的支持力度

山东省作为粮食大省,政府部门历来十分重视粮食产业的发展,但是要想提升粮食产业的竞争力,按照我们所提供的路径进行产业结构的优化,则需要加强以下两个方面的支持力度。

(1)牵头进行粮食产业结构的重新规划。按照各地区的粮食种植比较优势,由政府牵头对各地的粮食种植品种进行整合、规划,做好每个地区农户的工作,

发挥农村合作组织、村干部在联结农户与粮食加工企业之间的桥梁作用，发展订单农业，建立粮食生产基地，促进粮食产业集群的形成。加大对粮食产业基地的投入，特别是在农业基础设施和技术指导方面给予农户扶持，建立优质的粮食基地，为区域粮食加工企业供应原料。针对各地的比较优势，主推2至3个优质品种，实行一村一镇一品种种植，集中连片，最终形成粮食规模种植的优质粮食生产基地。

（2）打造粮食精品品牌，培育龙头企业。以区域大型龙头粮食加工企业为中心，充分发挥行业企业的集聚效应和扩散效应，整合资源，提升品牌的质量和品牌影响力、提高产品质量，与中小企业合作，打造强势地区粮食加工的知名度。打破地域限制和地方保护主义的束缚，力推各地同类的优质粮食加工企业的战略性充足，同时积极需求战略合作伙伴，引进国际或国内的知名企业，壮大企业的规模和势力。与国际食品安全标准对接，积极开展绿色食品认证和ISO9000食品质量标准认证，建立高标准的食品质量标准体系和食品安全体系，采用优良操作规程（GMP）、关键危害点控制（HACCP）和卓越绩效模式等国际通行的管理标准，提高企业质量管理水平。发挥区域中心龙头粮食加工企业的带动作用，提高企业和产品的品牌影响力，提高市场份额，提升地区粮食加工企业的核心竞争力。

5.2 加快与科学技术的融合，转变粮食增长方式，提高区域粮食生产的效益

5.2.1 粮食加工企业发展精深加工

粮食加工企业本身就是连接第一产业农业和第三产业服务业的一个特殊的行业，第一产业、第二产业和第三产业融合发展将推进食品加工技术的应用，为企业发展精深加工，降低生产成本和提高企业收益创造了条件。

粮食加工企业是粮食产业结构优化升级的重要推动力，山东省的粮食产业结构升级必须要与第二产业工业技术紧密融合，粮食加工企业要积极运用新技术，努力进行粮食精深加工。当前粮食加工行业发展不尽如人意，基础比较好的企业要进一步延伸产业链，发展新的精深加工项目，有些粮油加工企业在某些项目上具有独特的优势，这就需要与高等院校科研机构和研究院等部门合作，引进高科技人才，运用他们的研究理论成果，进一步开发新产品。

5.2.2 加快新品种、新技术研发

深入实施国家粮食丰产科技工程，围绕制约粮食生产关键技术瓶颈，尽快研

发集成一系列高产高效栽培技术。坚持科技创新,加强小麦、玉米种子等的科研和培育,建立培育、繁殖、实施和销售一体化的企业经营机制。

5.2.3 加快关键技术推广,开展科技服务

在山东省范围内遴选发布本年度粮食生产主导品种和主推技术,扩大省财政支持重大农业技术推广专项实施规模。小麦要重点抓好冬春控旺防冻、氮肥后移和一次喷药防病、防虫、防干热风的"一喷三防"等技术措施;粮食作物重点推广播种和收获的现代化农作物机器设备的应用,搞好病虫草害预警和综合防治。加快粮食种植业和农机新技术的融合,大力推广小麦、玉米、地瓜、花生和大豆生产全程机械化和深耕深松技术。

在农作物的播种和收获季节,邀请专家和科技人员亲临农作物生产基地,向农民传授科学种田的知识,不断提高农民科学种粮水平,同时积累实践经验,为开发新品种和新的农耕机械设备积累材料。

5.3 强化粮食产业与信息产业融合

5.3.1 基于"互联网+",构建山东省粮食电子商务平台

构建以粮食电子交易市场为主要形式的粮食电子商务平台,把粮食生产者、供应商、加工企业、经销商、消费者连接起来,实现产、供、销各环节的信息资源共享,物流一体化运作,减少中间环节,降低企业运营成本。创新性地构建粮食销售环节中小企业融资平台,这能够解决企业短期流动资金需求的为难题。另一个创新点则是学校与企业深度融合,优势互补,共谋发展。

5.3.2 构建山东粮食电子交易市场

山东粮食电子交易市场建设可以以山东粮油交易中心网站(http://www.sdgrainmarket.com.cn)为基础,对某些功能进行补充开发或重新设计。山东省粮油交易中心(济南国家粮食交易中心)隶属山东省粮食局,属国家粮食局重点联系市场,是山东省人民政府重点扶持的大型区域性现代化粮食综合交易市场,辖山东省粮油信息中心和山东谷丰粮食储备库,主要从事政府储备粮、最低收购价粮、陈化粮等竞价交易业务。目前中心有正式员工20名,其中国家级竞价交易师三名。拥有300平方米的电子交易大厅,设有200个席位,配备国内较先进的主机房和150台电脑,具备完善的粮食交易、信息服务、电子商务、履约协调、资金结算、客户服务等多项功能,是山东境内最大的国有粮食交易市场。

5.3.3 网络推广策略

第一，搜索引擎推广。搜索引擎推广是市场营销的一个重要工具，它是在互联网的背景下，指利用搜索引擎工具的搜索功能在各大网站进行搜索信息的方法。首先建设具备特色的企业网站，提高网站的访问量；其次设定关键词，以便于在百度、搜狗等搜索引擎工具的搜索结果里能够排名靠前，并对关键词进行动态的优化。建议各大粮食加工企业，甚至粮食生产基地与互联网相结合，积极推进企业或基地网站建设，优化搜索引擎，实现山东省粮食产品快速走出省门，开拓全国范围乃至世界的大市场。搜索引擎推广的方式成本较低，但是推广范围大，山东省粮食产业必须与现代信息产业紧密结合才能降低生产成本、打开市场。

第二，网络广告推广。网络广告推广是在互联网发展的背景下而形成的一种广告推广方式，它是企业利用网页、网站等中介媒体向网上的目标群体进行有目的的宣传和推销自己企业产品的活动。粮食产业的网络广告推广是在互联网+的时代背景下，粮食产业与现代信息产业融合的体现。传统的粮食产品很容易形成区域性，比如青食集团的产品，在山东省的市场占有量很大，但是在其他区域的市场空间却很小，通过网络广告推广的方式，能够更有效、低成本地宣传企业的粮食产品。

三、粮食产业集群篇

粮食产业集群通过发挥其集聚效应、竞争效应、协作效应、创新效应和品牌效应,可有效地提升区域内粮食产业竞争力。在山东半岛蓝色经济区和黄河三角洲生态经济区(简称:蓝黄经济区)两大国家战略推出的背景下,山东省粮食产业集群以蓝黄经济区经济建设为依托,加快粮食产业集群的升级与发展,以增强山东省粮食产业的竞争力,进而促进粮食产业转型升级。

本篇借鉴国内外成熟产业集群发展的成功经验,结合山东省粮食产业发展的现状进行分析,指出山东省粮食产业集群存在的五个主要问题。通过构建集群竞争力评价的 GEM 模型,得出山东省粮食产业集群的集中度和竞争优势。然后,指出蓝黄经济区建设背景下山东省粮食产业集群的发展目标、模式和基本途径。最后,从粮食产业集群构成的角度为山东省粮食产业集群的发展提出四大方面的政策建议,以加快实现粮食产业转型升级。

1. 粮食产业集群研究的理论综述

在全球化的背景下,产业集群的发展已经成为提升国家竞争力的一个重要途径。产业集群是国际经济的一种重要发展模式,对各国经济发展的贡献发挥着越来越大的作用。产业集群理论是区域经济学的一个重要分支,许多学者从不同的角度对其进行了相关研究,但是由于粮食产业自身的特性等原因,目前对粮食产业集群的研究相对较少。

1.1 国内外产业集群的理论研究

1.1.1 国外产业集群理论回顾

国外对产业集群的研究源远流长,具体表现在以下几个方面。

(1)产业集群的概念与识别

迈克·E.波特(1998)把产业集群定义为:在某一特定领域,在地理位置上集中且相互联系的公司和机构的有机整体。J. A. Theo、Rolelandt 和 Pim den Hertog (1998)认为,产业集群是为了获得新的互补技术,从互补资产和知识联盟中获得收益,加快学习过程,降低交易成本,克服或构筑市场壁垒,取得协同经济效益,分散创新风险和相互依赖性很强的企业(包括专业供应商)、知识生产机构(大学、研究机构和工程设计公司)、中介机构(经纪人和咨询顾问)和客户通过增值链相互联系形成的网络。Anderson(2001)认为集群是一群公司或企业以地理位置接近性为必要条件依赖彼此互动的关系来增进各自的生产效率或竞争能力。Van den Berg 等(2001)认为,产业集群是通过商品、服务或者知识的交换将企业的生产过程紧密联系在一起的专业化组织形成的地方网络。

为了识别产业集群,判断其集群的特点、性质、结构、产业间的联系和所处的发展阶段,需要建立产业集群的识别标准并设计其识别方法。Mitra(2004)提出了不同类型的产业集群的判断标准:地理范围、跨度(全球、国家、区域、当地)、企业数量、水平关联度、垂直关联度、价值增值活动、发展阶段、创新环境、竞争力、技术、创新能力和产权结构。目前,识别产业集群的定量方法主要有 GEM 模型法、投入产出分析法、图论分析法和多元聚类分析法。

(2)产业集群的形成和发展演化

产业集群的形成有其特定的条件,其必要条件包括生产过程的可分性和产品或服务的可运输性,充分条件是独特竞争力的价值链、创新网络和市场的多变性。产业集群作为一个经济组织,其生产和发展需要经历不同的阶段。Engelstoft 等(2006)通过对丹麦产业集群的理论和实证研究,认为集群内的企业在共同奋斗目标下能够实现风险共担、互相支撑,这种竞争与合作使企业间的相互学习和创新力更加便利,有利于集群及其企业获得比较竞争优势和占据市场垄断地位。产业集群的竞争力体现在不同方面,Staner(2003)将其划分为微观、中观、宏观和兆观四个方面。其中,微观是指企业层面,中观是指集群层面,宏观是指区域或国家层面,兆观是指集群应对全球竞争层面。

在产业集群竞争力评价方面,Padmore 等(1998)在其构建的 GEM 模型中,确定了影响产业集群竞争力的因素:资源、设施、供应商和相关辅助产业,企业的结构、战略和竞争,本地市场,外部市场。该模型强调产业集群的基础条件、企业联系和外部市场,比钻石模型更加注重集群企业的联系和内外部环境条件。Feser(2001)则提出从时间(集群所处的生命周期)、地理(资源、交通、竞争等)、关联(投入与产出、创新关系等)三个方面对集群竞争力进行评价。此外,有部分学者以虚拟产业集群、创新集群、中小企业集群、区域产业集群为对象进行了理论与实证研究;也有部分学者对产业集群与科技园区、产业集群的生态系统等内容进行了研究;还有学者设计了基于不同研究视角(如产业集群的绩效)的产业集群统计、分析、测度和评价方法。

(3)产业集群与经济增长关系的研究

在 Krugman 的新经济地理理论和 Romer 的内生增长理论的基础上,Philippe Martin 和 Gianmarco I. P. Ottaviano(2001)证明了由于创新成本的降低,区域经济活动刺激了经济的增长,从而建立了经济活动的空间集聚和经济增长之间的自我强化模型。Catherine Beaudry 和 Peter Swann(2001)以雇员数量作为衡量产业集群强度的指标,对英国几十个不同的产业进行了实证分析。他们的研究表明,产业集群对不同的产业具有不同的正向效应和负向效应,其中产业集群的强度对汽车、航空、计算机以及通信设备制造业有比较强的正效应。Lura Paija(2001)从产业政策的角度论述了芬兰 ICI 产业的形成和发展,并通过实证分析表明 ICT 产业的集群促进了芬兰的产业结构的升级,增强了芬兰的国家竞争优势,是芬兰的经济快速增长的发动机。

1.1.2 国内产业集群理论回顾

我国关于产业集群的研究始于 20 世纪 90 年代,主要从以下三个层面展开。

(1)产业集群的形成机制

孟庆民、杨开忠(2001)认为,经济集聚本质上是规模经济、范围经济和外部经济共同作用的过程。王缉慈(2003)认为,产业集群的核心是企业间以及企业与其他机构之间的联系和互补性,这种产业集群内部的共生机制不仅有利于获得规模经济,而且还有利于互动式学习和技术扩散,并且比垂直一体化的大型企业具有更大的灵活性。仇保兴(1999)、朱康对(1999)、李永刚、祝青(2000)等则从生态学的角度来研究中小企业集群的形成和发展。他们认为,民间商业传统、古典心态和东方式人文环境,以血缘、亲缘和地缘为纽带的人文网络以及"宁做鸡头、不做凤尾"的心态使得中小企业集群迅速形成。徐康宁(2001)认为,中国产业集群的形成和开放经济有着内在的逻辑关系。慕继丰、冯宗宪、李国平(2001)认为,企业网络是许多相互关联的公司、企业以及各类机构为解决共同的问题通过持续的互动而形成的发展共同体。司徒达贤(1993)认为,企业为降低交易成本、交换资源、降低环境不确定性等原因而形成生产、销售、研发甚至财务等方面的网络分工关系,寻求共同利益最大化。慕继丰等(2003)认为中小企业间的协作网络关系的基础是成员之间的互信,而这种互信关系需要依靠企业主之间的社会关系来建立,所以,企业主之间的社会关系是维持网络安定的主要力量。徐华(2001)主张构建创新网络是重振工业衰退地区竞争力的重要出路。李新春(2002)强调企业家创新精神在集群发展中的重要作用。朱华晟(2003)认为社会网络、地方企业家和地方政府三者之间的互动关系是产业集群形成和发展的内在机制。吴义杰,何健(2010)在综述产业集群经济理论的基础上,对产业集群的演化阶段进行了细分,探讨了不同演化阶段影响产业集群的关键因素和形成机制,据此总结出我国产业集群的几种主要模式。

(2)产业集群的类型

费洪平(1998)根据集聚区企业间的关联性,把企业集聚分为四种类型:第一种是企业由于区位指向性而形成的一种在空间上相关的集聚区;第二种是因企业间的功能联系而形成的集聚区;第三种是企业在空间和功能上皆相关而形成的集聚区;第四种是企业在空间和功能上皆不相关形成的集聚区。李新春(2000)将企业集群划分为历史形成的企业集群和创新网络企业集群。王缉慈(2001)把产业集群分为以下五类:沿海外向型出口加工基地;智力密集地区;条件比较优越的开发区;乡镇企业集聚的地区;以国有大中型企业为核心的企业网络。陈雪梅、赵科(2001)认为,中小企业集群的类型有三:其一是根据区域的地理环境、要素禀赋和历史文化因素而形成的企业集群;其二是由大企业改造、分拆而形成的企业集群;其三是由跨国公司对外投资而形成的企业集群。林金忠(2001)把产业集群分为以下几类:第一类,多层次产业群体聚集即企业间横向联系的系统;第二类,因企业间纵向关联而形成的聚集;第三类,因区位优势指向而形成的中小企业聚集。王瑶(2002)把集群经济分为专业市场型、纵向配套型和合作扩展型产业集群。

(3)产业集群理论的实践应用

王辑慈(2001)对我国产业集群的形成与发展进行了多角度考察,既分析了我国诸如河北清河羊绒业等传统产业的集聚,也分析了诸如北京中关村高新技术产业的集聚;既分析了诸如浙江"块状经济自发形成的产业集群,又分析了政府主导下的开发区建设。金祥荣和朱希伟研究了浙江专业化产业区的起源与演进,认为专业化产业区起源有三个历史条件:产业特定性知识、技术工匠和特质劳动力以及产业氛围。徐维祥用聚类分析的统计方法将浙江"块状经济"分为平原区位型、"温州模式"型、浙中瓮地资源匮乏开拓型以及浙江西南部地方资源开发型。魏守华和石碧华阐述了集聚的竞争优势:生产成本优势、基于质量的产品差异化优势、区域营销优势以及市场竞争优势。蔡宁和吴结兵认为集群的优势源于要素禀赋及资源整合能力。朱华晟(2003)认为社会网络、地方企业家和地方政府三者之间的互动是浙江产业群发展的内在机制。魏江(2003)通过实证考察绍兴、温州、黄岩、温岭等地的产业集群,提出了具体的集群发展行动战略和对策建议。吴德进(2006)实证分析了中国原生型产业集群的经济机理和中国嵌入型产业集群发展的决定因素,并提出了中国区域产业集群培育发展的基本思路、方式以及有关政策措施。张玲玲(2013)围绕文化产业集群与区域发展之间的关系,阐述了在发展文化产业集群发展方面,天津市滨海新区应如何利用自身优势和条件制定合理的发展规划。

1.1.3 对现有研究的评价

上述现有的研究,成果很丰富,也比较系统,不仅具有理论研究,也包括一些实证分析。其中,国外的研究包括了对产业集群的概念与识别、产业集群的形成和发展演化、产业集群技术创新的要素、条件和方式、产业集群的竞争力和政策研究,并分析了产业集群和经济增长之间的关系。国内的研究包括了产业集群的类型和形成机制,并进行了与产业集群相关的实践研究。这些成果对产业集群理论和实践的发展起到了积极的促进作用,也是我们研究的理论基础。但是,现有的产业集群理论研究中,很少涉及粮食产业集群研究。而粮食产业集群研究正是解决山东省粮食产业中存在的农民人均纯收入低,经营规模小,种植效益低,农村剩余劳动力转移不彻底等问题的关键。所以,我们在对粮食产业集群的概念、特征以及发展阶段等研究的基础上,分析了山东省粮食产业集群发展的现状以及存在的问题,提出了山东省粮食产业集群发展的主要政策建议,并分析了与蓝黄经济区区域经济协调发展的效果,为更好地促进山东省粮食产业的发展提供了思路。

1.2 粮食产业集群研究的理论基础

在国内外相关研究的基础上,首先根据产业集群的概念和粮食产业自身的特点,明确了粮食产业集群的概念,并在此基础上分析了粮食产业集群的相关构成,包括粮食产业集群的主体和相关性产业。然后分析了粮食产业集群的特征,从而为粮食产业集群的识别提供了判断标准。最后,从发展的动力机制和每个阶段的特点两个方面分析了粮食产业演化过程中的初步形成阶段、快速成长阶段、繁荣阶段和稳定阶段。从而为第四部分山东省粮食产业集群的相关分析奠定了理论基础。

1.2.1 粮食产业集群的概念与构成

目前关于粮食产业集群的概念,学术界还没有一个相关的定义。我们参考赵予新教授提出的粮食产业集群的概念,将粮食产业集群描述为:在粮食产业生产具有比较优势的地区,以粮食种植业为基点,从农用生产资料(化肥、农药和农业机械等)、粮食育种等产前服务到粮食种植,再从粮食的种植后向延伸到粮食的加工与销售等关联产业以及为粮食产业提供相关配套的关联机构相互集聚而形成的集群现象。简而言之,粮食产业集群就是指粮食种植业、粮食关联企业以及关联机构在特定地域的集聚。

通过粮食产业集群的概念可知粮食产业集群的构成。粮食产业集群的构成是指以种粮农户、粮食基地和粮食加工企业为相关主体,密切联系与粮食有关的服务商、供应商和专门机构,在共同享有信息、所需要素、先进技术和顾客的过程中,把和粮食产业有前向联系和后向联系的各个部分整合为一个有机整体。在这个有机整体中,各个不同的部分根据比较优势原则进行专业化分工,各司其职,形成相互联系和互相支撑的网络结构。

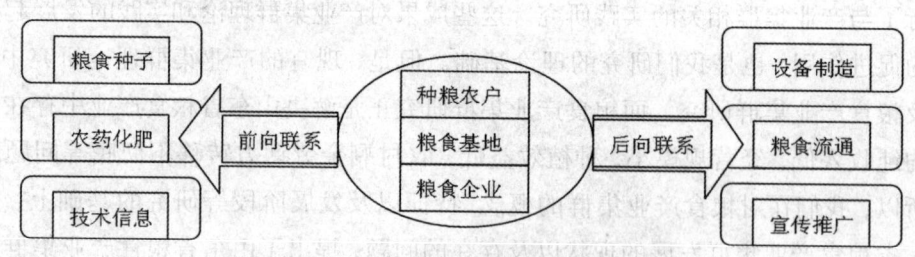

图 1-1 粮食产业集群的构成

如图 1-1 所示,种粮农户、粮食基地和粮食加工与流通企业是粮食产业集群的中枢;粮种、化肥和为粮食产业提供支撑的相关技术和信息服务是粮食产业的前向联系产业,而粮食加工的相关设备加工、宣传和流通企业等等是粮食产业的后向联系产业，这些产业增加了粮食产业的附加值并且拉长了粮食产业的价值链；研究院所、农业院校和金融组织等是与粮食产业发展相关联的支持性机构，为粮食产业集群的发展提供了支撑。粮食产业集群发展到一定程度的时候，其与核心企业的粮食产品形成的粮食产业集群具有明显的地域性特点。对于一些非特色的粮食产品，尽管其种植对地理气候条件要求不高，但在某一特定的地域内具有长久的种植传统和技术，并且形成了区域品牌。在这一区域范围内种植这种粮食产品和发展粮食产业集群具有比较优势。

1.2.2 粮食产业集群的特征

粮食产业集群是粮食产业化发展到一定阶段的产物，它在产品种类、主体行为以及产业链的各个环节等方面与其他产业集群具有明显不同的特征，这主要表现以下三个方面。

(1) 粮食产业集群是传统的产业集群

传统的产业集群是以传统的手工业或劳动密集型的传统工业部门为主，大量的中小企业在地域空间上相互集群，形成一个有机联系的市场空间组织网络群体。粮食产业集群是以劳动密集型的传统部门为主的，不管是粮食的种植业、粮食加工业还是粮食销售部门，都需要大量的手工劳作，对劳动力有很大的需求。具体主要表现在：田地的管理、粮食的收割、粮农对粮食的初加工、企业对粮食的深加工以及对粮食的销售等，都需要大量的相关人员。因此，粮食产业属于传统的产业集群类型。

(2) 农户是粮食产业集群的基础

粮农处于粮食产业集群产业链的最前端，作为粮食集群基础层主体，是粮食生产的第一车间，为粮食关联企业提供生产原料。粮食种植农户生产能力的大小以及提供粮食质量的高低，直接决定着粮食加工企业及其他粮食关联企业的发展趋势和经济效益。可以说，粮食种植农户的行为、观念、技术不仅影响着企业最终产品的质量，也影响着粮食产业集群的发展。粮食加工农户和加工、销售企业是核心层次的主体。在市场经济中，形成产业集群的核心主体是企业，其中不仅包括制造商和垂直联系的上下游企业之间形成的供应商和顾客的竞争和合作关系，还包括既竞争又合作的水平联系的企业。它们是粮食产业集群竞争优势的主要创造层，粮食加工业加工的深度决定着集群粮食产业链的深度。

产业集群的辅助层次是支撑体系，在粮食产业集群中辅助层次的各类行为主体内，政府部门和集群利益的代表扮演着重要的角色。政府部门是可控环境因素重要的供给者。政府通过规定各种制度、颁布各种政策直接创建了制度环境与政策环境;通过对教育科研、基础设施等的投资,培育教育科研环境以及各类基础设施环境。集群利益代表同样可以在环境供给方面扮演重要的角色。集群利益代表,代表集群利益的若干主要企业或农户形成的机构,能够为集群的发展提供积极活动的行为主体。首先,集群利益代表可以通过游说政府部门,为集群制定有利的政策或提供必要的补助。其次,集群利益代表可以直接投资与环境,尤其是与集群产业相关的教育培训机构、科研机构和基础设施。

(3)产加销一体化程度日益提高

粮食产业集群的一个重要特征就是具有跨第一、第二和第三产业的性质。粮食产业集群包括了粮食种植业、粮食加工业、粮食销售业以及其他的配套服务机构。粮食产业集群内大多数是横向和纵向的相互关联的农户、企业和机构。随着粮食产业的不断发展,这些经济主体把越来越多的目光投向了粮食的产加销一体化的发展方向,以此来提高市场竞争力,发挥比较优势。

1.2.3 粮食产业集群的发展阶段

粮食产业集群的中枢是粮食种植基地。因为各个地方在粮食产业发展的过程中拥有不同的自然资源、文化传统、人力资本、相关政策以及经济基础和社会现状,所以不同地区的粮食产业集群的发展具有不同的相关特点和发展模式。虽然具有很大的不同但是还是能结合国内外研究粮食产业集群的相关理论,把各区域的粮食产业集群划分为不同的阶段。我们根据粮食种植基地的发展现状、种粮农户的相关技能以及专业合作组织的发育程度等情况将粮食产业集群划分为四个阶段,即粮食产业集群的初步形成时期、快速成长时期、高度繁荣时期和逐渐稳定时期,其中稳定阶段是分消亡和稳定繁荣两个方向,这是因为与粮食产业相关要素投入的成本将随着粮食产业集群的繁荣阶段的到来而有所增加,并且大量的粮食企业的涌现会形成激烈的竞争,最终使得市场的相关主体所获得的利润减少到市场达到均衡,既没有企业进入也没有企业退出市场,粮食产业集群的发展将从两个方向达到稳定的状态。

2. 山东省粮食产业集群发展的现状和问题

2.1 山东省自然资源及粮食产业发展现状

2.1.1 自然资源

山东省位于中国东部沿海，地处黄海下游，属暖温带季风气候区，气候温和，光照充足，适宜多种农作物的生长发育，是我国主要的粮食产区之一。境内地形以平原、丘陵为主，平原、盆地约占全省总面积的64%；山地、丘陵约占34.9%；河流、湖泊占1.1%。海岸线全长3244公里，占全国的1/6，居第二位。全省年日照时数为2200－2900小时，日照百分率为50%－65%，太阳年总辐射量在481－540千焦/平方厘米；全省年平均气温在11℃－14℃，≥0℃的年平均积温在4137℃－5283℃，≥10℃的年平均积温在3592℃－4760℃，年平均无霜期为173－250天。全省粮食种植分夏、秋两季，夏粮主要是冬小麦，秋粮主要是玉米、地瓜、大豆、水稻等，其中小麦、玉米是山东省的两大主要粮食作物。

2.1.2 山东省粮食生产基本情况

山东省是一个典型的人口大省、粮食生产大省和消费大省，近年来，近年来，山东省不断推进粮食流通体制改革，积极完善粮食储备体系建设，粮食综合生产能力稳步提高，粮食产需平衡有余，粮食市场供给日益丰富，粮食库存充裕。

（1）粮食播种面积。山东省粮食播种面积上世纪90年代基本保持在1.2亿亩左右，进入21世纪，受农业种植业结构调整的影响，自2000年开始山东省粮食面积先减后增，在2004年播种面积最小，仅为9470.81万亩。随后国家高度重视"三农"工作，出台了一系列扶持粮食生产的政策措施，粮食播种面积持续呈现恢复增长的势头。2012年，在全省17个市中，有11个市粮食播种面积在500万亩以上，其中有5个市超过1000万亩。

（2）粮食产量。山东省粮食产量自十一届三中全会以来，连续登上了600亿斤、700亿斤、800亿斤三个大的台阶，1996年达到了866亿斤的历史最高水平。进入21世纪，随着粮食播种面积的下降，粮食连年减产，由1996年的最高866.6亿斤降到2002年的659亿斤，减少了208亿斤，降到近二十年来最低水平。自2004年开始出现恢复性增长，从2006年开始，全省粮食总产一直保持在800亿斤以上，粮食供求不平衡的局面得到彻底扭转。2012年有4个市产量突破100亿斤,合计产量占到全省的半壁江山。德州市单产水平最高,亩均达到522.9公斤;单产水平最低的威海市,亩均也超过了400公斤,比全国平均单产水平还高出近50公斤。2014年全省粮食总产超过920亿斤,比2013年增加十几亿斤,实现全年粮食总产"十二连增"。

(3)粮食品种结构。随着山东省粮食种植结构的不断调整,小麦、玉米是两大主要粮食作物,常年小麦总产400亿斤左右,玉米总产300亿斤左右,花生70亿斤。2010年全省粮食总产867.14亿斤,其中小麦411.72亿斤,占粮食总产47.48%;玉米386.54亿斤,占粮食总产44.58%;大豆77.12亿斤,占粮食总产8.9%;其他8.24亿斤,占粮食总产0.95%(见图2-1)。

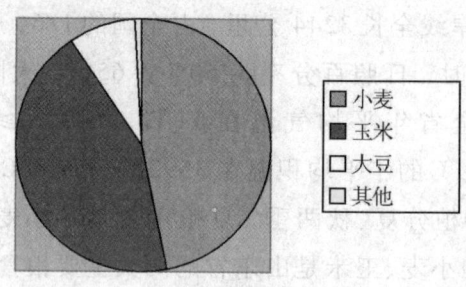

图2-1 山东省粮食品种产量结构示意图

2.1.3 山东省粮食供需基本情况

自2010年到2014年的5年间,山东省粮食生产量均低于总消费量。从2005年开始,山东省粮食开始自给有余,向省外调出量逐年增加。2009年,全省粮食调进量644万吨,调出量1191万吨,净调出547万吨,对全国的粮食供需平衡做出了贡献。根据2009年度社会粮食供需平衡调查,全省社会粮食消费总量4255万吨,其中城镇口粮569万吨,农村口粮1137万吨;工业用粮657万吨,种子用粮113万吨,饲料用粮1444万吨。

2.2 山东省粮食产业集群的现状特点分析

2.2.1 粮食品种的集群种植已形成,但生产仍以小农经济为主

根据耕地的比较优势,粮食品种的集群种植基本上形成,以小麦、玉米、地瓜和花生为主。同时,生产方式仍是单个家庭的小农经济:规模小,实力弱,处于分散经营状态。因此在种植技术方面,无条件更新加工设备,改进加工工艺,研究开发新产品,

技术难以升级。达不到规模经营,就形不成规模效益。总体上还没有改变低层次、高消耗、低效率的发展方式。

2.2.2 粮食加工企业形成,但大多规模小

山东省粮食加工企业的竞争优势大多建立在低成本、低价格,特别是劳动力成本低廉的基础上,个体、家庭企业小生产管理方式占有相当大的比重。这些粮食加工企业中的小型企业,人才缺乏,自身效益低,更带动不了全省粮食产业的发展。

2.2.3 粮食基地已经出现,但建设不够稳固

由于许多家庭经营的小农经济规模偏小,缺乏资金、人力、技术。只有一小部分农业生产基地已经形成,他们靠"订单农业"或者通过先期投入的方式,主要是通过企业为农户免费提供粮种、化肥等农资来强化与农户之间的联系。但由于农业生产的高风险以及企业面临的市场风险,使得这种联系经常发生断裂,农户与企业都难以获得稳定的预期收入。

根据粮食种植基地的发展现状、种粮农户的相关技能以及专业合作组织的发育程度等情况将粮食产业集群划分为四个阶段,即粮食产业集群的初步形成时期、快速成长时期、高度繁荣时期和逐渐稳定时期。结合山东省粮食产业发展的现状特点,我们认为山东省粮食产业集群已经初步形成,正处在快速的成长时期。

2.3 山东省粮食产业集群发展中存在问题

当前山东省粮食产业总体上还没有改变低层次、高消耗、低效率的发展方式,突出表现在以下五个方面。

2.3.1 粮食基地建设不够稳固

生产仍以小农经济为主,由于许多企业规模偏小,缺乏资金、人力、技术的投入来建设稳固的产品原料基地。只有部分企业依靠"订单农业"或者通过先期投入的方式,主要是为农户免费提供粮种、化肥等农资来强化与农户之间的联系。但由于农业生产的高风险以及企业面临的市场风险,使得这种联系经常发生断裂,农户与企业都难以获得稳定的预期收入。

2.3.2 粮食现代物流发展滞后

当前山东省粮食现代物流体系建设存在的问题比较多:粮食主要通过传统的包装运输,效率低、费用高;仓储设施陈旧且不配套,保管费用高;装卸方式落后,工人成本高;因受陆路运输的制约,粮食流向不合理,运输环节多,损失损耗高等。

粮食企业在观念上没有接受粮食现代物流理念,将粮食物流概念局限于粮食仓储、运输和装卸等,而没有把粮食物流扩大到粮食生产布局、种植结构调整、粮

食加工增值和信息交流等环节。在粮食运输环节，也只是从本企业的角度衡量运输的合理性，不顾及宏观上的资源利用，致使粮食物流中存在大量的迂回运输、重复运输。

2.3.3 集群企业大多规模小，带动作用不明显

山东省粮食加工产业集群企业大多规模小、实力弱，处于分散经营状态，加工企业的集约化程度低。集群企业的竞争优势大多建立在低成本、低价格，特别是劳动力成本低廉的基础上，个体、家庭企业小生产管理方式占有相当大的比重。这些集群中的小型企业，人才缺乏，技术落后，达不到规模经营，形不成规模效益。一些企业无条件更新加工设备，改进加工工艺，研究开发新产品，技术难以升级，只能生产粮食转化的低档产品，难以形成带动区域粮食生产和流通的龙头。

2.3.4 自主创新能力弱

目前，山东省粮食行业除了莱阳鲁花等少数企业外，大部分企业不具备科技研发能力，没有自己的产品研发机构，与科研单位合作不够紧密，许多科研成果难以应用转化为经济效益。大多数企业，同类产品低水平重复，科技含量低，附加值不高。全省规模以上粮食加工企业几乎都有自己的品牌，但是大部分品牌只在省内或当地有影响，在省外市场缺乏竞争力，同时也因为品牌太多太杂，增加了企业进入市场的机会成本。

2.3.5 产业链未能充分延伸

目前山东省粮食加工产品多数仍以米、面、油、饲料、淀粉等初级加工产品为主，产品品种单一，结构雷同，附加值低。小杂粮出口也多以原粮出口为主。由于产业链短，使许多地区在粮食加工产业的发展中，普遍存在企业同构现象严重、缺乏分工和协作，企业之间业务关联性和技术关联性差等问题，中小企业陷入过度竞争状态，具体表现在企业在同一层次上抢原料、争市场，很多企业为了生存，不得不以低质低价作为竞争手段，最后必然会影响集群竞争力的提升。

产业集聚作为一种跨越式的发展模式，农业产业集群通过发挥其集聚效应、竞争效应、协作效应、创新效应和品牌效应，可有效地提升区域内产业竞争力，为有效解决"三农"问题提供了坚实的理论和实践支撑。在工业反哺农业、城市支持农村的农业发展新阶段，农业产业集群的功能将会得到充分释放，成为推动现代农业发展的重要途径和载体。

3. 山东省粮食产业集群竞争力评价模型构建

我们以山东省粮食产业集群为例,利用区域产业竞争力分析模型——GEM模型,从资源、设施、供应商与相关辅助行业、企业的结构和战略、本地市场和外部市场等六个层面建立粮食产业集群竞争力评价指标体系,对山东省粮食产业集群竞争力进行了系统的综合分析,以期对山东省粮食产业集群的持续健康发展、粮食产业转型升级提供建议及对策。

3.1 GEM 模型概述

GEM 模型源自迈克尔·波特提出的钻石模型。两位加拿大学者 Tim Padmore 和 Henrey Gibson 在总结多年研究企业集群经验的基础上,对钻石模型进行了改进和完善,提出了一种分析产业集群竞争力的模型——"基础—企业—市场"模型(简称 GEM 模型)。

GEM 模型确定了影响产业集群的竞争力的 3 个因素对——基础、企业和市场,每个因素对又包含两个因素。具体来说,"资源"和"设施"合称为"因素对 I"——基础(Groundings);"供应商和相关辅助行业"和"企业的结构、战略和竞争"合称为"因素对 II"——企业(Enterprises);"本地市场"和"外地市场"被称为"因素对 III"——市场(Markets)。GEM 模型正是这三个"因素对"英文名称第一字母的缩写,因而得名。三个因素对中的 6 大因素被称为一级指标,6 大因素下的子因素被称为二级指标。

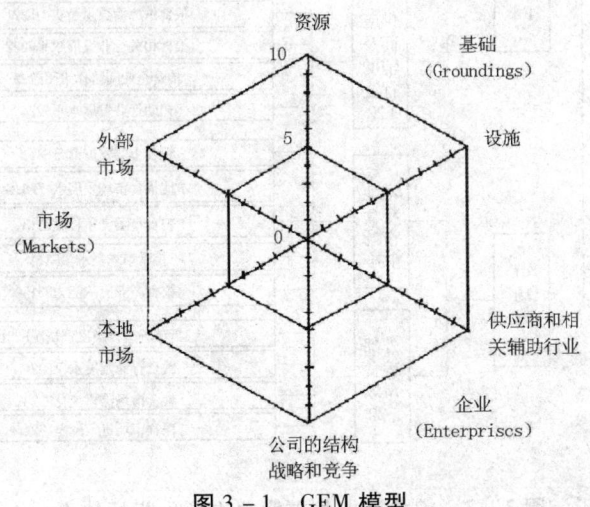

图 3-1 GEM 模型

GEM 模型对影响集群竞争力的各个因素进行了量化，不仅能够清晰地了解一个产业集群的竞争力，还可以在相似产业集群中进行比较研究。

3.2 粮食产业集群竞争力评价指标体系

根据 GEM 模型，将影响产业集群竞争力的三个因素对（基础、企业和市场），六个因素（资源、设施、供应商和相关辅助行业、粮食类企业的结构、战略和竞争、本地粮食市场、外部粮食市场）以及 29 个三级指标，建立粮食产业集群竞争力评价指标体系，如图 3 - 2 所示。

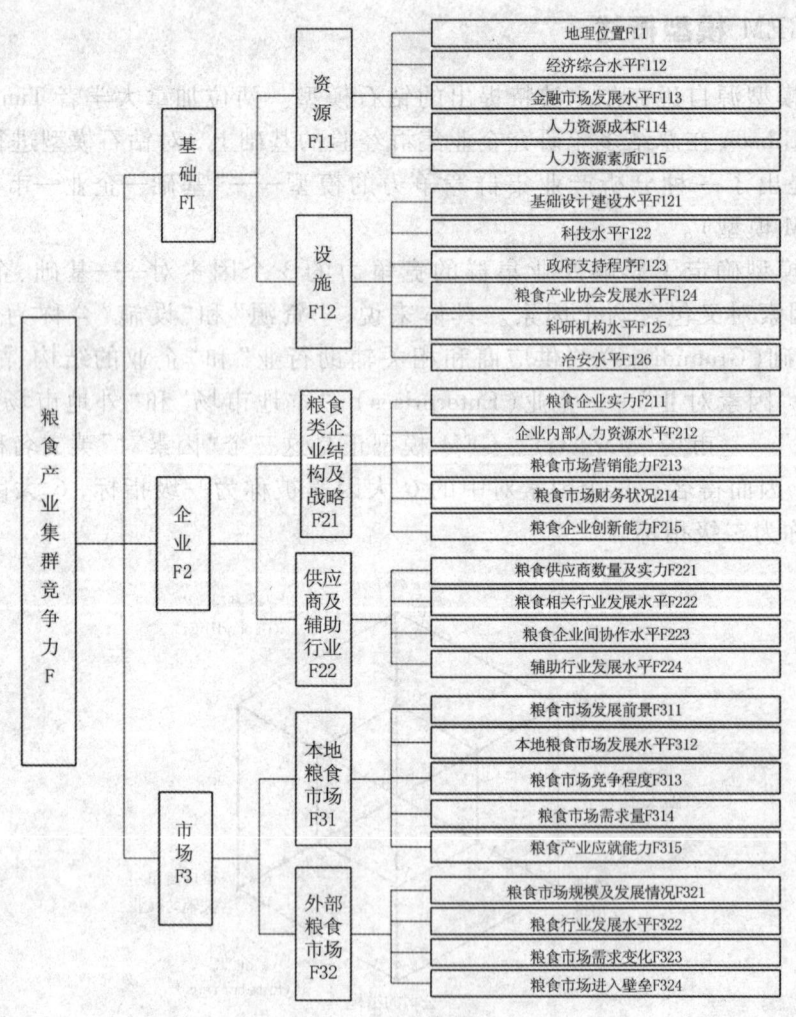

图 3 - 2 粮食产业集群竞争力评价指标体系

3.3 山东省粮食产业集群竞争力 GEM 得分

在二级指标资源 F_{11} 影响因素中,从 F_{111} 到 F_{115} 的专家给分平均为:8.8,8.7,8.5,8.3,7.4,经过公式 $a_{ij} = \begin{cases} a_i - a_j + 1, & \text{如果 } a_i \geq a_j \\ \dfrac{1}{a_i - a_j + 1}, & \text{如果 } a_i < a_j \end{cases}$ 计算,得到的判断矩阵如表 3-1 所示。

表 3-1 资源 F_{11} 影响因素判断矩阵

F_{11}	F_{111}	F_{112}	F_{113}	F_{114}	F_{115}
F_{111}	1	1.1	1.3	1.5	2.4
F_{112}	0.909091	1	1.2	1.4	2.3
F_{113}	0.769231	0.833333	1	1.2	2.1
F_{114}	0.666667	0.714286	0.833333	1	1.9
F_{115}	0.416667	0.434783	0.47619	0.526316	1

用 yaahp 软件计算矩阵特征向量及特征根结果如表 3-2 所示。

表 3-2 资源 F11 影响因素判断矩阵计算结果

F_{11}	F_{111}	F_{112}	F_{113}	F_{114}	F_{115}	W_i
F_{111}	1.0000	1.1000	1.3000	1.5000	2.4000	0.2639
F_{112}	0.9091	1.0000	1.2000	1.4000	2.3000	0.2445
F_{113}	0.7692	0.8333	1.0000	1.2000	2.1000	0.2093
F_{114}	0.6667	0.7143	0.8333	1.0000	1.9000	0.1797
F_{115}	0.4167	0.4348	0.4762	0.5263	1.0000	0.1025

$CR = \dfrac{CI}{RI} = 0.0008 < 0.10$;对总目标的权重:0.1667;$\lambda_{\max} = 5.0035$。

在二级指标设施 F_{12} 影响因素中,从 F_{121} 到 F_{126} 的专家给分平均为:7.2,8.5,6.5,7.1,8.2,6.3。经过计算,得到的判断矩阵为表 3-3。

表 3-3 设施 F_{12} 影响因素判断矩阵

F_{12}	F_{121}	F_{122}	F_{123}	F_{124}	F_{125}	F_{126}
F_{121}	1	0.434783	1.7	1.1	0.5	1.9
F_{122}	2.3	1	3	2.4	1.3	3.2
F_{123}	0.588235	0.333333	1	0.625	0.37037	1.2
F_{124}	0.909091	0.416667	1.6	1	0.47619	1.8
F_{125}	2	0.769231	2.7	2.1	1	2.9
F_{126}	0.526316	0.3125	0.833333	0.555556	0.344828	1

用 yaahp 软件计算矩阵特征向量及特征根结果如表 3-4 所示。

表 3-4　设施 F12 影响因素判断矩阵计算结果

F_{12}	F_{121}	F_{122}	F_{123}	F_{124}	F_{125}	F_{126}	W_i
F_{121}	1.0000	0.6703	1.4918	1.2214	0.8187	1.8221	0.1723
F_{122}	1.4918	1.0000	2.2255	1.8221	1.4918	2.7183	0.2658
F_{123}	0.6703	0.4493	1.0000	0.8187	0.4493	1.2214	0.1117
F_{124}	0.8187	0.5488	1.2214	1.0000	0.6703	1.4918	0.1411
F_{125}	1.2214	0.6703	2.2255	1.4918	1.0000	2.7183	0.2176
F_{126}	0.5488	0.3679	0.8187	0.6703	0.3679	1.0000	0.0915

$CR = \dfrac{CI}{RI} = 0.0025 < 0.10$；对总目标的权重：0.1667；$\lambda_{max} = 6.0156$。

在二级指标粮食企业机构及战略 F_{21} 中，从 F_{211} 到 F_{215} 的专家给分平均为：7.2，7.9，7.5，6.9，8.2。经过计算得到的判断矩阵为表 3-5。

表 3-5　粮食企业机构及战略 F_{21} 影响因素判断矩阵

F_{21}	F_{211}	F_{212}	F_{213}	F_{214}	F_{215}
F_{211}	1	0.588235	0.769231	1.3	0.5
F_{212}	1.7	1	1.4	2	0.769231
F_{213}	1.3	0.714286	1	1.6	0.588235
F_{214}	0.769231	0.5	0.625	1	0.434783
F_{215}	2	1.3	1.7	2.3	1

用 yaahp 软件计算矩阵特征向量及特征根结果如表 3-6 所示：

表 3-6　粮食企业机构及战略 F21 影响因素判断矩阵计算结果

F_{21}	F_{211}	F_{212}	F_{213}	F_{214}	F_{215}	W_i
F_{211}	1.0000	0.6703	0.8187	1.2214	0.5488	0.1583
F_{212}	1.4918	1.0000	1.2214	1.4918	0.8187	0.2269
F_{213}	1.2214	0.8187	1.0000	1.2214	0.6703	0.1858
F_{214}	0.8187	0.6703	0.8187	1.0000	0.4493	0.1404
F_{215}	1.8221	1.2214	1.4918	2.2255	1.0000	0.2885

$CR = \dfrac{CI}{RI} = 0.0014 < 0.10$；对总目标的权重：0.1667；$\lambda_{max} = 5.0064$。

在二级指标供应商及辅助行业 F_{22} 中，从 F_{221} 到 F_{225} 的专家给分平均为：6.7，5.6，7.2，7.5。经过计算得到的判断矩阵为表 3-7。

表3-7 供应商及辅助行业F_{22}影响因素判断矩阵

F_{22}	F_{221}	F_{222}	F_{223}	F_{224}
F_{221}	1	2.1	0.666667	0.555556
F_{222}	0.47619	1	0.384615	0.344828
F_{223}	1.5	2.6	1	0.769231
F_{224}	1.8	2.9	1.3	1

用 yaahp 软件计算矩阵特征向量及特征根结果如表3-8所示。

表3-8 供应商及辅助行业F_{22}影响因素判断矩阵计算结果

F_{22}	F_{221}	F_{222}	F_{223}	F_{224}	W_i
F_{221}	1.0000	1.8221	0.6703	0.5488	0.2101
F_{222}	0.5488	1.0000	0.4493	0.3679	0.1275
F_{223}	1.4918	2.2255	1.0000	0.8187	0.2982
F_{224}	1.8221	2.7183	1.2214	1.0000	0.3642

$CR = \dfrac{CI}{RI} = 0.0019 < 0.10$；对总目标的权重：0.1667；$\lambda_{max} = 4.0050$。

在二级指标本地粮食市场F_{31}中，从F_{311}到F_{315}的专家给分平均为：6.4，7.2，7.4，8.1，6.8。经过计算得到的判断矩阵为表3-9。

表3-9 本地粮食市场F_{31}影响因素判断矩阵

F_{31}	F_{311}	F_{312}	F_{313}	F_{314}	F_{315}
F_{311}	1	0.555556	0.5	0.37037	0.714286
F_{312}	1.8	1	0.833333	0.526316	1.4
F_{313}	2	1.2	1	0.588235	1.6
F_{314}	2.7	1.9	1.7	1	2.3
F_{315}	1.4	0.714286	0.625	0.434783	1

用 yaahp 软件计算矩阵特征向量及特征根结果如表3-10所示。

表 3-10　本地粮食市场 F_{31} 影响因素判断矩阵计算结果

F_{31}	F_{311}	F_{312}	F_{313}	F_{314}	F_{315}	W_i
F_{311}	1.0000	0.5488	0.4493	0.3012	0.8187	0.1043
F_{312}	1.8221	1.0000	0.8187	0.5488	1.4918	0.1900
F_{313}	2.2255	1.2214	1.0000	0.6703	1.8221	0.2321
F_{314}	3.3201	1.8221	1.4918	1.0000	2.7183	0.3462
F_{315}	1.2214	0.6703	0.5488	0.3679	1.0000	0.1274

$CR = \dfrac{CI}{RI} = 0.0000 < 0.10$；对总目标的权重：0.1667。

在二级指标外部粮食市场 F_{32} 中，从 F_{321} 到 F_{324} 的专家给分平均为：6.4，7.3，7.6，6.8。经过计算得到的判断矩阵为表 3-11。

表 3-11　外部粮食市场 F_{32} 影响因素判断矩阵

F_{32}	F_{321}	F_{322}	F_{323}	F_{324}
F_{321}	1	0.526316	0.454545	0.714286
F_{322}	1.9	1	0.769231	1.5
F_{323}	2.2	1.3	1	1.8
F_{324}	1.4	0.666667	0.555556	1

用 yaahp 软件计算矩阵特征向量及特征根结果如表 3-12 所示。

表 3-12　外部粮食市场 F_{32} 影响因素判断矩阵计算结果

F_{32}	F_{321}	F_{322}	F_{323}	F_{324}	W_i
F_{321}	1.0000	0.5488	0.4493	0.8187	0.1595
F_{322}	1.8221	1.0000	0.8187	1.4918	0.2907
F_{323}	2.2255	1.2214	1.0000	1.8221	0.3550
F_{324}	1.2214	0.6703	0.5488	1.0000	0.1948

$CR = \dfrac{CI}{RI} = 0.0000 < 0.10$；对总目标的权重：0.1667；$\lambda_{max} = 4.0000$。

通过以上计算，判断矩阵一致性比例 CR 都符合一致性，证明调查数据合理。

我们从 2014 年 8 月份开始对山东省的粮食企业进行调查，历时 3 个多月。在当地政府和粮食协会的大力帮助下，对当地粮食加工、销售、物流等粮食及相关企业进行问卷调查，共发放问卷 110 份，其中回收 89 份，回收率达 80.9%。其中加工企业 10 家，销售类企业 23 家，物流及其他企业 16 家。所调查企业主要为山东省粮食行业的支柱企业，比较具有代表性。通过调查问卷，经过专家打分，整理出各个指标权重，数据处理结果如表 3-13 所示。

表3-13　　　　　　　　山东省粮食产业集群 GEM 得分

			评价指标	指标样本均值	指标权重	得分
粮食产业集群竞	基础 F_1	资源 F_{11}	地理位置 F_{111}	8.8345	0.2639	8.5060
			经济综合水平 F_{112}	8.7346	0.2445	
			金融市场发展水平 F_{113}	8.4768	0.2093	
			人力资源成本 F_{114}	8.3562	0.1797	
			人力资源素质 F_{115}	7.4454	0.1025	
		设施 F_{12}	基础设施建设水平 F_{121}	8.5231	0.1723	7.8499
			科技水平 F_{122}	7.5345	0.2658	
			政府支持程度 F_{123}	8.8433	0.1117	
			粮食产业协会发展水平 F_{124}	7.1442	0.1411	
			科研机构水平 F_{125}	7.2685	0.2176	
			治安水平 F_{126}	8.7566	0.0915	
	企业 F_2	粮食类企业结构及战略 F_{21}	粮食企业实力 F_{211}	8.5453	0.1583	7.7518
			企业内部人力资源水平 F_{212}	8.2356	0.2269	
			粮食市场营销能力 $F213$	8.4779	0.1858	
			粮食企业财务状况 $F214$	8.2294	0.1404	
			粮食企业创新能力 $F215$	6.23864	0.2885	
		供应商及辅助行业 F_{22}	粮食供应商数量及实力 $F221$	8.2598	0.2101	7.0082
			粮食相关行业发展水平 $F222$	7.8123	0.1275	
			粮食企业间协作水平 $F223$	6.3345	0.2982	
			辅助行业发展水平 $F224$	6.5562	0.3642	
	市场 F_3	本地粮食市场 F_{31}	粮食市场发展前景 $F311$	8.5346	0.1043	8.1983
			本地粮食市场发展水平 $F312$	8.6621	0.19	
			粮食市场竞争程度 $F313$	8.4622	0.2321	
			粮食市场需求量 $F314$	8.1551	0.3462	
			粮食产业应变能力 $F315$	6.8322	0.1274	
		外部粮食市场 F_{32}	粮食市场规模及发展情况 $F321$	7.8345	0.1595	7.4322
			粮食行业发展水平 $F322$	7.3123	0.2907	
			粮食市场需求变化 $F323$	7.6657	0.355	
			粮食市场进入壁垒 $F324$	6.8562	0.1948	

下面根据 GEM 模型，对"因素对"进行计算，其得分为：

基础 $F_1 = \dfrac{F_{11} + F_{12}}{2} = \dfrac{8.5060 + 7.8499}{2} = 8.1779$

基础 $F_2 = \dfrac{F_{21} + F_{22}}{2} = \dfrac{7.7518 + 7.0082}{2} = 7.3800$

市场 $F_3 = \dfrac{F_{31} + F_{32}}{2} = \dfrac{8.1938 + 7.4322}{2} = 7.8130$

$GEM = 2.5 \times [(F_{11}+F_{12}) \times (F_{21}+F_{22}) \times (F_{31}+F_{32})]^{\frac{2}{3}} = 605.8214$

3.4 结论和启示

通过对山东省粮食产业集群竞争力分析，从最后计算的结果来看，605.8214 的得分说明山东省粮食产业集群的竞争力在整个蓝黄经济区地区来说属于竞争力上等水平，具有绝对的优势，这基本符合现实情况。从 GEM 得分情况来看，人力资源素质、粮食企业创新能力、粮食企业间协作水平、粮食产业应变能力等几个指标得分不是很高，因此山东省粮食产业集聚竞争力的发展应该从这几个方面进行提高，从而实现山东省粮食产业在全国范围内的核心竞争力。

4. 蓝黄经济区建设背景下山东省粮食产业集群发展的模式选择

4.1 蓝黄经济区建设背景

4.1.1 蓝黄经济区的规划范围

《黄河三角洲高效生态经济区发展规划》与《山东半岛蓝色经济区发展规划》是两大国家级战略，对山东省今后经济的发展有着深远影响，黄河三角洲高效生态经济区和山东半岛蓝色经济区将成为"十二五"规划期间全省经济发展的重要引擎。山东半岛蓝色经济区规划主体区范围包括山东全部海域和青岛、东营、烟台、潍坊、威海、日照 6 市及滨州市的无棣、沾化 2 个沿海县所属陆域，海域面积 15.95 万平方公里，陆域面积 6.4 万平方公里。黄河三角洲高效生态经济区规划的范围包括山东省的东营市、滨州市，潍坊市的寒亭区、寿光市、昌邑市，德州市的乐陵市、庆云县，淄博市的高青县和烟台市的莱州市，共 19 个县(市、区)，陆地面积 2.65 万平方公里。

4.1.2 蓝黄经济区经济发展面临的机遇

当前,蓝黄经济区经济发展面临着良好机遇。黄河三角洲高效生态经济区土地资源优势突出。土地后备资源得天独厚,2012年区内拥有未利用地近800万亩,人均未利用地0.81亩,比我国东部沿海地区平均水平高近45%。未利用地集中连片分布,其中盐碱地270万亩,荒草地148万亩,滩涂212万亩,另有浅海面积近1500万亩,黄河冲积年均造地1.5万亩,随着沿海风暴潮防护体系的建设和完善,土地后备资源还将逐步增加,具有吸引要素集聚、发展高效生态经济的独特优势。按照高效、生态、创新的原则,大力发展现代农业和节水农业,建设全国重要的高效生态农业示范区。到2015年,粮食总产量达到700万吨。

山东半岛蓝色经济区和黄河三角洲高效生态经济区是山东半岛蓝色经济区的重要增长极。加快培育壮大这两个经济增长极,对于促进山东省粮食产业的发展,提升山东省区域整体实力具有重要作用。在山东省蓝黄两大国家战略发展的大背景下,促进粮食产业集群发展成为调整优化粮食产业结构、建设现代粮食产业体系进而推动全省经济强劲、可持续、平衡发展的有力抓手。同时,山东省粮食产业集群的发展也将对蓝黄经济区区域经济的整体发展起到促进作用。

4.2 山东省粮食产业集群发展的主要模式

山东省粮食产业集群的发展相对较晚并且不是很成熟。粮食产业是山东省的特色和优势产业,当前正处于由传统生产方式向现代生产方式过渡的大发展时期。在对山东省粮食产业集群GEM模型的构建与研究的基础上,总结出目前山东省粮食产业集群的几种发展模式,具体类型如下。

4.2.1 合作组织带动型

根据《中华人民共和国农民专业合作社法》第二条的规定,"农民专业合作社是在农村家庭承包经营基础上,同类农产品的生产经营者或者同类农业生产经营服务的提供者、利用者,自愿联合、民主管理的互助性经济组织。"山东省鱼台县近几年在有关科研院校的协助下,进行了以"农民合作"为核心的新组织和制度创新,涌现了多个专业合作社:鱼台县凯华谷物种植合作社成立于2008年,现已发展社员500余户,拥有耕地3000多亩,多种植小麦、大豆等作物。同年成立的还有鱼台栋梁蔬菜种植合作社。这种合作组织带动型的粮食产业集群发展模式可以概括为"粮食合作社(专业协会)+农户"的形式。这种粮食产业集群的模式主要以市场导向和相关的科技服务为中心,由种粮农户成立合作社，在合作社发展壮大后成立实体加工并销售由种粮农户生产出来的粮食。在这里，合作组织包括种粮农民的专业协会、供销合作社和社区合作经济组织。合作组织带动型的粮食产业集群式通过紧密连接经济实体、销售服务和科研的开发、推广等利益主体，促进科技与经济的结合，从而带动种粮农户进行专业化的粮食生产，实现粮食的产、供、销一体化经营。

与之同时进行的还有农村土地流转合作社。农村土地流转合作社是指在家庭承包经营的基础上，由享有农村土地承包经营权（或林地经营权）的农户和从事农业生产经营的组织，为解决家庭承包经营土地零星分散、效益不高、市场信息不灵等问题，自愿联合、民主管理，把家庭承包土地（或林地）的经营权采取入股、委托代耕和其他流转方式进行集中统一规划、统一经营的农村互助性合作经济组织。2014年10月山东省日照市东港区前高庄土地流转合作社在区工商局登记注册并正式成立，成为具有法人资格的农村土地流转合作社。到2014年10月东港区共有农民专业合作社560户，出资总额4.45亿元，成员总数达4369人。

4.2.2 龙头企业带动型

山东是我国主要的粮食加工基地，其中的龙头企业——鲁花集团，采取"公司+基地+农户"的经营模式，与生产基地或农户进行紧密联系，其花生种植基地已经覆盖山东全省以及河南、安徽、陕西等周边省份，成为一个覆盖面极广的粮食产业集群的支柱产业。这种龙头企业带动型的粮食产业集群发展模式可以概括为"公司+基地+农户"或"公司+农户"的形式。这种模式的粮食产业集群，通常是以具有比较强大的经济能力和辐射带动能力的龙头企业为主体。龙头企业与种粮农户通过合同契约或股份合作制等利益联动机制与农户形成松散的或紧密的经营共同体，并共享利润、共担风险。其中，在整个集群的产业链中处于支配和主导地位的龙头企业带动种粮农户进行粮食的专业化生产，并最终将粮食的生产、加工、销售有机地结合在一起，实行粮食的一体化经营。在龙头企业带动型的粮食产业集群发展模式中，处于核心的龙头企业带动农户和粮食关联产业的发展，形成利益共同体。龙头企业、农户相互制约、共同发展。

4.2.3 区域经济增长极带动型

区域经济增长极带动型的发展模式是一种以点带面，以增长极为示范，同时辐射带动周边地区的发展。在山东省，黄河三角洲开发迎来重大的历史机遇。整个黄河三角洲地区拥有未利用地800多万亩，约占全省的32%，其中国家鼓励开发的盐碱地

276万亩、荒草地151万亩、滩涂210万亩，另有浅海面积近1500万亩。随着防潮体系的建设完善，还将增加150万亩的土地。黄河入海口，每年新增土地3万–5万亩。丰富的土地资源是黄河三角洲吸引要素聚集、发展高效生态经济的核心优势，也是全省经济社会发展的重要潜力所在。黄河三角洲区位优势明显：面向渤海湾，北邻京津冀，东连胶东半岛，南靠济南城市圈。如今，在天津滨海新区迅速崛起、胶东半岛制造业基地不断发展壮大的形势下，这里理应得到更好的辐射和带动，从而成为推动山东省区域经济协调发展的重要增长极。因此利用丰富的土地资源，搞好生态农业，大有可为。条件齐备，只欠东风。

4.3 山东省粮食产业集群与蓝黄经济区区域经济协调发展的基本途径

4.3.1 以农民专业合作社和农村土地流转合作社为平台来促进粮食产业集群的发展

2011年7月成立的安岳县鑫粮仓粮食专业合作社按照党的十八大精神，大胆改革和探索农村土地经营方式，大力发展农村粮食专业合作社、家庭农场等生产形式，组织广大农民在粮食生产经营，取得了引人注目的社会效益和经济效益。以农民专业合作社和农村土地流转合作社为平台来促进粮食产业集群的发展是山东省粮食产业集群形成和发展的一个重要经验，应该作为培育和发展山东省粮食产业集群的一个重要途径。

从山东省现状来看，粮食产业集群早已经具有一定的雏形，但农民专业合作社和农村土地流转合作社发育不足，只是在近几年才有所真正的落实，严重滞后于粮食产业集群的发展。由于缺乏政府政策以及合作社的支撑，粮食产业集群的发展受到了一定的影响。因此，必须高度重视合作社的建设和发展。具体应该做到：大胆探索，创新联合社经营机制；科技领先，开展全程机械化种植。一是广泛宣传，印制各类宣传资料，发到广大农户手中，介绍优良品种，先进的种植技术和防病治虫办法，使农户了解先进种植技术和科技知识的好处及具体操作规程。二是校社合作。三是示范带动。联合社将流转的土地用于实施粮食种植直播新技术示范，用实实在在的示范，让农户看到采用先进技术既节省劳动力投入，产量又高于传统种植的好处，从而引导农户使用先进的种植技术。四是统一机耕、机种、机收。

4.3.2 以蓝黄经济区为依托来加快粮食产业集群升级

以黄河三角洲生态经济区为代表的经济区域，是山东省粮食产业集群发展最为有利条件的地区,也是资本、技术、管理和人才等集群发展所需生产要素的集聚中心。在这里发展粮食产业集群有良好的要素条件和产业基础。各种要素能够通过黄河三角洲生态经济区进行有效的资源整合和产业集群,从而为经济的发展提供持续的动力。不仅如此,经济区在集聚各种资源,提升和强化各种服务功能的同时,还会向周围地区和中小城市提供更多的要素和资源,而且其强大的服务功能和因此形成的创新能力,会使经济区成为辐射周围城市和整合区域内产业体系的"龙头",对产业组织和经营管理方式创新等方面起先导和带动作用,成为该区域内粮食产业集群发展的加速器。黄河三角洲生态经济区是国家"十二五"重要规划之一,具有良好的机遇。因此,为了充分发挥作为增长极的带动作用,促进山东省粮食产业集群的发展要高度重视培育以蓝黄经济区为核心的中心城市的商贸、金融和研发等配套服务的发展,为粮食产业集群的发展和升级体统强有力的技术和要素支持。

5. 山东省粮食产业集群发展的对策建议

中国作为一个农业大国和人口大国,经济的可持续发展离不开农业的发展,而山东省作为一个农业大省和人口大省,对粮食产业集群的研究更具有现实意义。粮食产业是山东省的特色和优势产业,当前正处于由传统生产方式向现代生产方式过渡的大发展时期,但是还存在发育程度低、关联程度差以及创新能力差等问题。因而,为了推进山东省粮食产业的现代化发展进而带动农村经济的发展和区域竞争力的提高,采用新的产业发展模式——粮食产业集群就显得十分必要。

5.1 粮食产业集群的中枢方面的政策

5.1.1 大力培育和发展优势粮食加工企业,加速粮食产业集群的发展

按照市场规律选择优势粮食储备、购销和加工企业,通过整合资源,扩大规模,快速实现资本集聚和扩张,形成若干技术装备水平高、市场竞争实力强的大型骨干龙头企业。

5.1.2 加强粮食基地建设,推动规模化经营

生产规模狭小是造成山东省粮食生产比较效益偏低的主要原因。当前,山东省每个农村从业人员负担的耕地面积只有6亩多一点,其中粮田面积则只有4亩左右,与人均耕种几百亩、甚至上千亩的发达国家相比,劳动生产率低是必然的、

难以逾越的。这也是以往我们的粮食安全很大程度上要靠"不计工本"的兼业化和妇孺老幼来保障的重要原因,是我们未来保障粮食安全所必须解决的突出问题。要解决粮食经营的规模化问题,建议从以下五个方面入手。

第一,要在做好农村土地经营权确权颁证的基础上,鼓励承包经营权向专业大户、家庭农场、农民合作社、农业企业流转,以发展多种形式的规模化经营。

第二,要大力培育新型粮食生产经营主体。种粮大户、家庭农场、农民专业合作社是与发展粮食生产规模化经营相适应的新型经营主体,代表了现阶段农村先进生产力的发展方向,要加大政策扶持力度,使之成为带动粮食生产乃至整个农村经济发展的龙头。

第三,要着力提高农业机械化水平。实现粮食规模化经营的前提是生产作业的机械化,要加快新型粮食生产机械和植保机械的研发,大力推广耕作、播种、施肥、喷药、收获等粮食作业新机具,提高大型动力机械、联合作业机械和新型植保机械等先进农机装备率和配套水平。同时,要加快排灌机械、抗旱机械、节水灌溉设备的研发与推广,全方位提高农业机械作业能力。

第四,要着力培育和造就适应规模化、现代化农业发展要求的新型农民。要结合新型粮食生产经营主体的培育,加紧培育新一代知识化、现代化、职业化农民,全面提高农业经营者的素质。具体操作中:一方面要通过提高粮食比较效益来吸引和留住优秀人才;另一方面,要借鉴发达国家的做法,逐步提高粮食特别是规模化粮食生产经营的进入门坎,鼓励低素质农民经培训转行就业。

第五,要建立完善企业增效农民增收,企业与农户利益共享机制。充分调动农民参与产业化的积极性,营建良好的农企关系。加快建立粮食产业社会化服务体系,对农民给予从种子的选择到产前产中的技术指导,从价格信息的提供到市场开拓的服务等等,企业更是要拿出具体措施,产后要及时履行订单协议,倡导诚信经营风尚,提高企业和农户履行订单合同的自觉性。促进初级要素结构的升级并加快培育高级要素的形成,以市场需求为导向以提高技术创新和粮食产业组织之间的协调程度和加快相关制度建设来完善公共服务。

5.2 粮食产业群关联产业的促进政策

5.2.1 政策环境

加强农村服务体系建设，促进形成联结粮食生产与社会化大市场的纽带和桥梁。要紧紧围绕粮食生产的稳定增长和供需衔接，按照多元化主体、专业化服务、市场化运作的要求，着力构建和完善与现代粮食生产与经营相适应的农村社会化服务体系：一是搞活公益性生产服务组织。此类组织要体现公益性和市场性双重属性，重在提高服务质量、增强发展活力，以公益性惠及农民，以市场性搞活运营。二是做强农机、供销等行业部门向农村延伸的服务组织。要充分利用已经形成的农村社会化服务的主体地位，尽快剥离行业部门的行政化特点，走市场化的发展路子。

5.2.2 技术环境

基于现代信息技术的公共平台建设，提高互联网的覆盖率，协助企业建立自己的网站，提高企业与外界沟通、开展电子商务的便捷性。

5.2.3 管理环境

建立健全技术中介机构、技术服务中心，完善粮食行业协会的服务职能，充分发挥这些机构组织在推进集群技术学习和扩散等方面的作用。

5.3 粮食产业集群与区域经济协调促进政策

打破自我封闭，从而在开放的环境中促进粮食产业集群的发展，发展区域市场以加强粮食产业集群和区域经济的联系，深入分析粮食产业集群风险并构建风险防范和分散机制。粮食产业集群发展的最终目的在于促进山东省的经济发展。只有山东省经济大力发展，拥有具有一定规模的市场，粮食产业集群的发展才是可持续的。可以从加强粮食产业集群的开放程度，强化粮食产业集群与地方经济发展的联系，以及创建区域性集群风险防范和分散机制三个方面来探讨如何利用政策手段来提高山东省粮食产业集群对当地经济的带动作用和创新机制问题。

5.3.1 在开放的环境中促进粮食产业集群的发展

粮食产业集群各个组成部分的开放度，决定了粮食产业集群发展的速度和方向。第一，打破行政区划，合理布局，整合区域企业资源，拉长粮食产业链条；第二，促进县级粮食产业园区的专业化，多数县级粮食园区影集中力量发展一个集群,提高竞争力。第三,在发展粮食产业集中区的同时,鼓励城镇与粮食产业经济关联的市场中介组织的发展,增强粮食园区与区域经济的联系。第四,积极推进城镇的发展,尤其是注重城镇在技术创新、劳动力供应和金融服务等方面对粮食产业集群的支持。

5.3.2 发展区域市场以加强集群和区域经济的联系

一般来说,区域市场规模的大小、体系的完善和运转效率的高低对粮食产业集群的经济效率有着很大的影响。因此,区域市场是粮食产业集群发展的基础,加强粮食产业集群与当地市场的联系是增强粮食产业集群根植性的基本措施。可以从以下几个方面发展区域市场,从而促进粮食产业集群的发展。首先,采取切实措施,提高居民的消费水平。这些措施主要包括:增加就业机会,提高居民的收入水平;健全社会保障体系,解除农民的后顾之忧;运用财政转移等政策手段,扩大中低收入者的收入,鼓励其消费。其次,完善市场体系的建设,培育新的消费增长点。应该采取的措施主要包括:在要素市场上,以新农村建设为契机,积极探索土地流转的机制,鼓励土地的适度规模经营以及农村剩余劳动力的跨区域流动;在商品市场上,加快农村市场的建设,鼓励农民扩大消费,同时,加快建设覆盖山东省的区域性商贸网络,以各个交通干线为联络点,以蓝黄经济区为区域性商贸中心,加快建设各地的商贸批发交易市场。

5.3.3 深入分析集群风险并构建风险防范和分散机制

无论在现有的集群理论还是实践中,对集群存续期间所需面对的风险因素的研究都还处于起步阶段。风险是市场主体在市场活动中面对损失的可能性,有市场就有不确定性,因而就有风险的存在。粮食产业集群作为现代经济运行模式下出现的新兴产业组织形式,在其内部及边界都存在着风险,而目前在产业集群的理论和实践方面,对集群的风险因素的研究还处于起步阶段。在应对粮食产业集群存续期间的风险时,必须坚持以下原则:整体性原则,即粮食产业集群风险的防范一定要针对集群整体所面临的风险,而不仅仅是一家或几家所面临的风险;触发原则,即当粮食产业集群面临的风险达到一定的等级时,集群治理结构要有一定的授权以采取必要的措施应对可能发生的情况;损失最小化原则,即由于粮食产业集群风险防范机制所要应对的是风险,所以损失最小化是其应该遵守的原则。

5.4 构建以粮食电子交易市场为主要形式的粮食电子商务平台

构建以粮食电子交易市场为主要形式的粮食电子商务平台,把粮食生产者、供应商、加工企业、经销商、消费者连接起来,实现产、供、销各环节的信息资源共享,物流一体化运作,减少中间环节,促进物流、资金流和信息流的和谐统一。作为创新点之一的粮食销售环节中小企业融资平台构建,能够及时解决企业短期流动资金需求。另一个创新点则是学校与企业深度融合,优势互补,共谋发展。

5.4.1 我国粮食电子商务交易模式及其发展

(1)静态方面

我国目前粮食的交易方式主要有7种:一是传统交易模式,即人际交流面对面的粮食贸易;二是粮食批发市场的场内现货挂牌洽商、现货挂牌撮合、局域网和在线专场、竞价拍卖、竞价招投标等多种灵活的交易模式;三是个体与企业建立的网上粮食商城;四是粮油期货交易;五是在"准粮油商品交易所"里专业从事大宗粮食的电子买卖、交易及套保模式;六是26个国家粮油交易中心为主的粮食网络交易模式;七是大型批发市场的场际间网络交易。

初步调研资料证明,粮食网络交易不论从品种上还是从数量上都已成为占绝对优势的交易模式。由山东商务职业学院与山东省粮食局合作,构建并完善适应山东半岛蓝色经济区经济发展要求的粮食电子交易市场,无论对于政府主管部门提高粮食监管水平还是对于改善学校实验实训条件都是非常必要的。

(2)动态方面

回顾历程,以我国粮食体制改革开放初期的1993年推出粮食期货交易至今,粮食网络交易大体经历了五种交易模式(见图5-1)。表明粮食电子化交易由专业向综合,由区域分隔到全国一体化方向发展。

一是,以市场信息共享为基础的政府服务业务协同。党的十八大以来,打造服务型政府,提高市场在资源配置中的地位已成为大势所趋。对于粮食行政机构而言,信息公开是关键,粮食政策与收购销售有关的信息必须通过平台最大可能在第一时间发布,真正实现国有粮食企业与中小粮食企业交易的公平公正公开。

二是，商业银行的粮食供应链的金融业务拓展。粮食供应链的金融业务是站在整条粮食供应链的高度来管理链条上的中小粮食企业的。它围绕粮食供应链的核心企业，针对粮食供应链上下游中小企业的融资需求，设计出一系列完整的贯通粮食供应链全流程的融资方案和金融服务。

山东是一个经济大省，也是粮食主销区。就初步调研资料观察，粮食供应链上的企业大多规模小、实力弱，且采取传统经营方式，信息化水平低。因此，选择具有物流金融运作经验和完善信息系统的第三方物流企业作为粮食物流业与金融业合作的中介，有利于稳定金融机构及中小粮食企业的关系。

（2）网络架构

第一，模型设计——粮食电子交易协同商务平台。粮食电子交易运作是通过架构粮食电子交易平台来完成的，它必须以完善的粮食物流信息系统为基础。其最终目标是在粮食交易及结算相关的物流与金融领域实现信息的电子化、数字化，并进行粮食交易在物流、结算、融资等方面网络信息的自动采集、处理、存储、传输和交换，最终实现粮食电子交易相关资源的充分开发和普遍共享，从而破解中小粮食企业的融资困境，降低电子交易市场门槛，促进粮食电子交易业务的繁荣发展。粮食电子交易协同商务平台，对粮食电子交易中产生的信息进行集中式存储和管理，为金融机构、粮食企业、粮食物流服务提供商以及粮食行政管理协调机构提供数据共享服务的枢纽。

基于协同商务的粮食电子交易平台分为四层：

最高层是协同主体层，为粮食物流金融运作中的成员企业提供入口，使他们得以通过互联网访问协同商务平台，对所需信息进行查询。

第三层是应用服务层，为协同商务平台用户提供金融服务、在线交易、智能配送、货物跟踪、系统管理、专业咨询、信息发布、客户服务、合同管理、数据交换等功能服务。

第二层是数据库服务层，对粮食生产者、粮食经销者、粮食消费者、粮食物流服务提供商、金融机构的数据库进行整合，存储相关信息。

网络层为基础层，它的主要对象为检验检疫、监督机构、海关、税务等政府相关部门。

第二，框架搭建。交易系统由广域网络系统和软件系统组成。网络系统是整个业务系统的基础，通过广域网络，实现粮食购销企业、市、县粮食、发改委、财政和农发行等部门的信息互联互通。软件系统主要包括电子商务、政府粮食监控和安全设计三部分。

网络由管理子网和业务子网构成,传输数据包括管理数据和业务数据。其中管理子网以粮食局为中心,向粮食系统联网单位传输各类政策、法规、批文、报表及办公自动化信息,其数据传输时间不确定,具有内部共享特征。业务子网以粮食交易市场作为整个网络的广域网中心,各市、县粮食局、仓库形成分层、分级互联互通的多层网络。其数据主要包括各类粮食价格、需求、买卖、交易、查询等业务信息。一方面是粮食供应链的大型仓储企业将粮食供求、价格信息汇总至粮食交易市场,另一方面交易市场提供各地、各类联网用户的粮食信息查询服务。业务子网具有网络传输数据量大、传输实时性高、联网通讯连续性、持续性较长等特点。上述两个逻辑子网只是网络传输数据类型不同,联网单位完全一样,采用同一套物理网络链路实现各自的业务数据流传输。

(3)建立网站并组建运营团队

山东粮食电子交易市场建设可以以山东粮油交易中心网站(http://www.sdgrainmarket.com.cn)为基础,对某些功能进行补充开发或重新设计。山东省粮油交易中心(济南国家粮食交易中心)隶属山东省粮食局,属国家粮食局重点联系市场,是山东省人民政府重点扶持的大型区域性现代化粮食综合交易市场,辖山东省粮油信息中心和山东谷丰粮食储备库。主要从事政府储备粮、最低收购价粮、陈化粮等竞价交易业务。目前中心有正式员工20名,其中国家级竞价交易师三名。拥有300平方米的电子交易大厅,设有200个席位,配备国内较先进的主机房和150台电脑,具备完善的粮食交易、信息服务、电子商务、履约协调、资金结算、客户服务等多项功能,是山东境内最大的国有粮食交易市场。

(4)网络推广策略

第一,网络营销策划及传播。

初步设想网站可采用以下两种推广方法:

搜索引擎推广。搜索引擎推广是指利用搜索引擎等具有在线检索信息功能的网络工具进行网站推广的方法。企业网站建设后在各大搜索引擎进行注册有助于客户能够方便地找到企业网站。目前,国内外已有各大搜索引擎,如雅虎、搜狐、谷歌、百度、新浪、网易等。如何提高企业网站在搜索引擎排名,提高网站访问量,这便涉及到搜索引擎的优化。

网络广告推广。网络广告是通过互联网来发布和传播的广告,是广告主为了推销自己的产品和服务在网上向目标受众进行有偿的信息传达,从而引起受众和广告主之间信息交流的活动。

第二，线下营销传播。

初步的线下传播方式是通过设计精美的宣传材料、个别访问和发放调查问卷等方法发动全体员工进行企业信息传播。

结语

山东省在粮食产业的生产要素、需求条件、相关产业和支撑产业、生产组织结构态势、机遇和政府的支持方面具有良好的条件。此外，通过GEM模型对山东省粮食产业集群竞争力分析，从最后计算的结果来看，605.8214的得分说明山东省粮食产业集群的竞争力在整个地区来说属于竞争力上等水平，具有绝对的优势。这为山东省粮食产业集群的发展提供了有力的数据支持。

但是，目前山东省粮食产业集群的发育水平还比较低；粮食基地规模小；粮食物流领域发展缓慢；粮食产业集群内的企业的自主创新能力较差；粮食产业集群内的企业的品牌战略不明确。这些问题严重阻碍了山东省粮食产业转型升级。

为了克服目前山东省粮食产业集群发展中存在的这些问题，实现山东省粮食产业转型升级，在蓝黄两大国家战略推出的背景下，山东省粮食产业集群的发展应该坚持基地支持、龙头带动、流通服务、特色高效的基本原则，遵循合作组织带动型、龙头企业带动型、专业批发市场带动型、高科技产业带动型的发展模式，采取以蓝黄经济区为依托来加快粮食产业集群升级，以中小企业为主体来壮大粮食产业集群的微观基础和以科技创新为动力来提高粮食产业集群的竞争力等措施，并且制定出一套促进山东省粮食产业集群发展的政策支持体系，包括粮食产业集群外部环境促进政策、粮食产集群内部协同促进政策和粮食产业集群与区域经济协调促进政策的政策支持体系来促进山东省粮食产业集群的发展。为解决粮食物流领域存在的问题，在政策建议项目中重点提出了建立山东省粮食电子交易市场的对策，并全方位地进行了策划和评价。

四、现代粮食物流篇

2006年，我国粮食物流发展进入有史以来的第一个五年规划，也是我国粮食物流从无序竞争到有序发展的开端。2007年8月，国家发展和改革委员会会同国家粮食局根据《国民经济和社会发展第十一个五年规划纲要》和《国务院关于完善粮食流通体制改革政策措施的意见》，编制了我国第一个粮食现代物流发展规划，成为指导我国粮食物流业今后十年发展的专项规划。从2006年起，山东省正式启动粮食产业化发展工程，该工程的基本思路是：全面贯彻和落实科学发展观，坚持以科技进步为先导，全力建设和发展龙头企业，逐步构建以龙头企业为核心，以原粮购销为基础，以园区经济为载体，以现代物流为纽带，以城乡连锁为网络的粮食产业化经济新格局。2006年8月，山东省粮食物流"十一五"总体规划的首推实施项目——山东省环渤海莱州区域粮食物流建设项目在莱州市中海港务海庙港区正式启动，标志着山东省环渤海莱州区域粮食物流建设系统的开始。

粮食是关系国计民生的重要战略商品，粮食供求平衡关系到国家改革发展和社会稳定。粮食物流是粮食收获后经收购、集并、运输、储存、中转、配送直至消费全过程中的粮食实物的流动。粮食现代物流是采用现代供应链管理和信息技术，将粮食收购、中转、储藏、运输、配送等功能有机结合，进行资源整合和一体化运作，通过计划、控制和系统化管理，满足用户要求的全过程。

山东省是粮食大省，粮食物流现代化既是来自市场的需求，又是国家宏观调控和确保国家粮食安全的基本需要，也是山东省发展粮食经济的第一要务。本篇根据山东粮食物流的现状，分析目前存在的主要问题，提出建设山东粮食物流体系的对策建议，以期能够更合理的组织山东粮食物流，加强粮食物流科学规划和合理布局，形成山东较为完善的现代粮食物流体系，提高粮食物流效率。同时，配合国家跨省"北粮南运"粮食物流通道建设，提高山东粮食物流接卸和转运能力,使其成为国家"北粮南运"粮食物流通道的重要物流节点和本省粮食公共设施服务平台,具有十分重要的意义。

1. 粮食物流理论研究综述

1.1 粮食物流的相关概念

粮食物流,狭义地讲,就是根据不同需求,选择最佳运输路线、最廉价运输工具而进行的粮食实物移动的活动,以达到最佳经济和社会效益。广义地讲,粮食物流是指粮食从生产布局到收购、储存、运输、加工到销售整个过程中的商品实体运动,以及在流通环节的一切增值活动。它涵盖粮食运输、仓储、装卸、包装、配送、加工和信息应用,是一条完整环节链。在国际上,粮食流通常有包装(90kg/袋)、散装、集装箱、集装袋四种模式。粮食物流具有实效性、流向性、相对独立性、使用价值的特殊性、政策性、人才专业性。

粮食物流的特征主要表现在以下几方面:(1)粮食生产、库存分布不平衡,使粮食物流成为国家粮食安全的重要组成部分;(2)全国还没有完全建立统一开放、竞争有序的粮食市场,多种因素影响粮食物流的顺畅;(3)粮食商品季节性生产,储量多,储藏技术性强;(4)粮食流通的分散性强,粮食消费流向面广。

我国在政府的大力推动下,正在兴起和规划散装流通方式。从狭义的角度讲,目前的粮食物流主要是指散粮物流,即"四散"(散装、散卸、散运、散储)的粮食物流。

现代粮食物流体系是由完善配套的粮食流通基础设施、高效合理的运作方式、科学规范的管理方法和及时准确的信息服务所组成。粮食物流体系的建设是实现粮食物流安全、经济、高效、合理、运作的基础。

1.2 区域粮食物流的研究动态

有关区域粮食物流研究主要是按照粮食产销格局来划分区域,而且由于粮食主产区粮食物流量较为集中、品种相对单一、物流系统较为简单,国内对粮食主产区区域粮食物流的研究相对较多。但这种研究也仅仅局限于区域实证研究,并未从理论上归纳总结出区域粮食物流的发展方法。张满兴、王留声(2005)对长江中下游六省一市发展粮食物流的优劣势进行了分析,并提出长江中下游地区发展粮食物流业的运营载体是构建区域性粮食物流中心。丁贤玉等(2005)探讨了黄淮海地区发展散粮集装箱和汽车为主的综合性、可行性,以及在大型粮食物流集团运输中的作用。李玉玺(2005)分析了东北经济区基础和优势,结合现代物流的要求,设计了粮食物流体系框架和粮食物流支撑工程项目,认为按照全球化、系统化、网络化、信息化和社会化的现代物流模式改造东北地区传统的交易方式是必由之路;高源(2004)分析了东北粮食主产区进行统一物流规划的必要性及环境背景进行分析,提出东北地区粮食物流系统的基本模式与空间布局。

此外,慕艳芬等(2007)根据福建省各地区不同特点,充分利用资源优势,建设粮食物流网络。将现代科学技术和管理方法应用到粮食物流节点布局和线路优化中,使粮食物流沿着合理流向,用最少的费用实现从产区向销区的移动。避免对流、倒流、迂回等不合理运输,形成完整的覆盖不同地区、纵横相联、高效低耗的粮食物流网络体系,从而降低粮食物流成本;王淑珍等(2008)针对甘肃省粮食物流的现状及存在问题,运用现代物流理论探讨了建设甘肃省粮食物流新模式的构想;卢春荣等(2009)分析了黑龙江粮食物流的现状及发展中的一些问题,提出了黑龙江省粮食物流发展的对策建议;孟玲等(2009)以苏州市为研究案例,从分析苏州粮食物流现状与特征着手,建立评价指标体系,探讨了苏州粮食物流节点的功能定位,对提高粮食物流的运行效率和保障粮食的安全供给具有一定的现实意义。

2. 山东粮食物流发展的现状特点

山东省粮食流通体制经过长期的探索、改革和完善,基本实现了粮食购销市场化的目标,形成了粮食购销多主体、粮食流通多渠道、粮食企业多成分、粮食经营多形式的新格局。山东粮食物流项目自 2003 年的粮食批发市场起步,发展至今,一批依托原有传统运输、仓储和粮食零售企业进行改造和重组的高起点、现代化粮食物流配送中心正在形成,第三方物流崭露头角。在国家发改委颁布的《粮食现代物流发展规划》中,山东与河北、河南及安徽北部地区被列入黄淮海地区小麦流出通道:输出的小麦主要通过铁路运往周边省份和华东、华南、西南、西北省区,部分通过公路运往周边省市。正常情况下,该通道粮食流出量占国内跨省市总流出量的 20% 左右。

2.1 粮食生产及消费

山东是我国产粮大省,山东2006年、2007年连续两年实现粮食总产超400亿公斤,2007年粮食总产达410.55亿公斤,单产406.6公斤。目前,山东人均占有粮食420公斤,比全国平均水平高47.5公斤。2008年,山东基本农田保持在8000万亩以上,总产在350亿公斤以上,播种面积保持在1亿亩以上。2008年全省小麦收获面积达到5050万亩,比上年新增70万亩,占全国新增面积的78%,玉米收获面积达到4000万亩以上。在粮源方面,山东是全国粮食主产区和重要的商品粮基地,粮食种植面积、产量均居全国第二。

2.2 地域优势及运输能力

山东省位于黄河下游,东临渤海、黄海;山东半岛与辽东半岛相对,环抱着渤海湾,海岸线长3024公里;西北与河北省接壤,西南与河南省交界,南与安徽、江苏毗邻。地缘优势得天独厚。山东的交通运输业发展迅速,全省交通已形成空中、海上、公路、铁路相互衔接的网络,且发展势头迅猛。预计到2010年,全省公路通车里程可达90000公里,其中高速公路5000公里,一级公路6000公里,二级公路27000公里,公路密度达到每百平方公里57.7公里,平均好路率为80%,基本建成"五纵连四横、一环绕山东"的高速公路网和布局合理、结构优化、畅安舒美的公路网络。预计2010年底,山东铁路营业里程将达到4670公里,复线率达到52%,电气化率达到40%;铁路主干线建设基本形成南北中、东中西"三纵三横"的大通道骨架。水运方面,山东沿海现有港口26处,港口密度居全国之首;有泊位243个,其中深水泊位65个,全省年吞吐能力1.39亿吨,10万吨级以上的泊位43个,山东省所有的港口均对外开放,同100多个国家的300多个港121通航。另外,"十一五"期间,山东将投资20亿元,打造京杭运河山东段"黄金水道",到2010年整治航道2341.1公里,通航总里程2024.4公里,港口吞吐能力3279万吨,全省内河营运船舶达到580万净载重吨。

2.3 仓储设施

仓储设施方面,经过近十年的国家及省、市、县(区)各级储备库的建设和设施的完善,山东的仓储条件大为改善,利用原有的粮食储备库、粮食批发市场和粮食物流企业改扩建成为现代粮食物流中心,有非常良好的基础设施条件。山东省的地方粮食储备制度是1992年开始建立的，当时的储备规模为20亿斤，此后，为增强调控能力，省、市两级政府不断增加储备规模，截至2004年底，全省地方储备粮规模达到67.38亿斤。2007年，山东省政府决定建立食用油储备，核定全省地方储备油规模为3万吨。

3. 山东粮食物流存在的主要问题分析

粮食物流现代化既是来自市场的需求，又是国家宏观调控和确保国家粮食安全的基本需要，也是山东省发展粮食经济的第一要务。因此，分析山东粮食物流当前存在的问题，加强粮食物流科学规划和合理布局，对于形成山东较为完善的现代粮食物流体系，提高粮食物流效率，配合国家跨省"北粮南运"粮食物流通道建设，提高山东粮食物流接卸和转运能力，使其成为国家"北粮南运"粮食物流通道的重要物流节点和本省粮食公共设施服务平台，具有十分重要的意义。

3.1 粮食物流体系建设与市场化运作之间存在较大差距

粮食的市场化经营要求具有与之相适应的、功能完善的物流体系和科学、高效的粮食物流管理办法，而现行的粮食物流体系和物流管理办法缺乏市场化机制，制约了粮食流通的发展。表现在：物流规划不完整，未能依据市场经济运行规律对过于分散的、不合理的粮食网点布局进行必要的撤并和组合；没有按照"四散"化运作要求，改造粮食储运和中转设施；没有根据市场消费需要开发粮食产品和组织粮食深度加工；没有根据市场行情变化进行必要的信息沟通和提供信息服务，使粮食物流仍在过于分散的网点间、落后的方式下低效率的运行。

3.2 粮食物流体系建设与现行的物流运行缺乏必要的集中统一

山东粮食物流的特点是量大、点多、面广、时间性强，粮食物流牵涉的部门、人员也多，涉及到综合计划部门、业务主管部门、铁路、交通部门，又涉及到发运、中转、接收地政府部门和粮食企业，管理比较困难。

目前粮食物流体系建设和物流系统运行缺少统一协调性，粮食流通的市场化运作，使许多人片面地认为企业是市场主体，粮食交易完全建立在买卖双方利益平衡的基础上，只要买卖双方认为有利可图就是一笔双赢的生意，粮食物流怎么组织是企业自己的事，物流体系如何建设由市场去左右。一些政府部门也认为粮食经营既然已经放开,政府就不应管得太多。不管是粮食企业,还是交通运输部门只要他们认为有钱赚就行了。正是这些认识,导致了物流运作和管理各行其是,铁路、交通部门执行自己的规则,粮食企业仍实行自己的办法,遇到问题相互扯皮。再者,由于物流运作缺乏必要的统一协调,各企业、各部门分散组织粮食物流,虽然保证了自己的局部利益,但从整体上却造成运输、仓储和加工能力的浪费。

3.3 粮食物流体系规划决策缺乏科学的依据

科学制订粮食物流体系规划与粮食物流的组织是否合理、有效密切相关。目前的粮食流通运行中,一些地区、企业不顾客观条件,盲目争要建库指标,但由于决策的失误和管理措施乏力,使有的地区花巨资建了仓库后才发现本地并没有那么多粮食可存,有的还建起与本地自然条件不相匹配的仓型,为了使已建的粮仓用起来,不惜投资增加仓内配套设施,既造成严重浪费,又造成仓房闲置。另外,多头隶属使中央确定的储备粮垂直管理体制变得模糊不清,导致储备粮的调控市场余缺功能不能正常发挥作用。因此,粮食物流体系建设决策缺乏科学性造成粮食流通责权分离,使管理者没有积极性,执行者缺乏自觉性。

4. 建设山东现代粮食物流体系,推进粮食产业结构转型

构建山东粮食物流体系应依托山东省基础设施、港口运输及其他方面的资源优势。根据山东省各地区不同特点,建设不同类型和层次的粮食物流节点,系统规划不同功能的粮食物流节点布局和功能,在信息技术平台的支撑下,形成高效低耗的现代粮食物流体系,降低粮食物流费用。

4.1 加快区域粮食物流建设步伐

区域粮食物流体系的建设对于全省乃至全国粮食现代物流体系的建设有着非常重要的意义,山东在环渤海莱州区域粮食物流建设项目上迈出了坚实的步伐。2007年1月17日,一艘装载1600吨小麦的货船在莱州海庙港起锚驶往深圳,这标志着山东省"十一五"粮食物流总体规划的首推实施项目——山东省环渤海莱州区域粮食物流建设项目一期工程正式建成投入运营,项目总投资5249.18万

元。山东省环渤海莱州区域粮食物流建设系统,是黄淮海小麦重要的输出通道之一,覆盖范围包括烟台、青岛、潍坊、淄博、滨州、东营6市的17个县(市区)。扩建后的散粮疏运能力将由14万吨提高到40万吨,粮食装卸输送设计规模为每小时100吨,既可与隔渤海海峡相望的大连北良港对接,接卸东北玉米、大豆,又可面向南方大型粮食中转码头,满足南方区域型消费需要。

莱州作为小麦的主产区和主销区,拥有成熟的粮食物流业基础。为增加粮食物流量,节约降低物流成本,充分发挥近海靠港优势,莱州在全省开创了"四散运输"的先河——在海庙港建设了10座总容量1.2万吨的粮食立筒转运库,在全市19个收储站配套了散装车辆和设备,实现了"散装、散卸、散运、散存",大大降低了粮食流通成本。两年来,莱州共向国内各大中城市销售优质小麦30多万吨,节省开支近1000万元。

项目的实施对于山东现代粮食物流体系的构建起到非常积极的促进作用,有利于突出重点,打破行业和地区分割,逐步推进,整合各类粮食物流资源,提高资源利用效率,保障全省粮食安全、带动农民增收,促进新农村建设。

4.2 重点建设主要散粮物流节点

在2007年国家发改委颁布的《粮食现代物流发展规划》中,山东省的济南、德州、潍坊、菏泽、枣庄、聊城、济宁、青岛八个城市,被列为散粮物流节点城市。这八个散粮物流节点城市粮食产销、交通、水文地质条件等各不相同,针对各节点城市的特点,有的放矢、扬长避短地进行研究建设,对于完善山东集疏运网络,实现铁路、水路和公路的有效衔接,跨省和省内长短途运输方式的合理转换,提高粮食快速中转能力等,具有十分重要的意义。按照规划要求,七个内陆城市物流节点的标准为年跨省粮食中转量200万吨以上(包括中转库、储备库、内河港口库和粮食码头、加工配送中心、批发市场等设施的跨省粮食中转量),一个沿海城市散粮物流节点的标准是该城市港口中转库及码头年中转量在200万吨以上。

4.2.1 济南市

济南市发展粮食现代物流业的有利条件在于其区位优势。济南位于环渤海、长江三角洲和黄河三角洲三大经济圈交汇处,山东半岛城市群的中心端的城市。只有凭借济南的物流枢纽功能,山东半岛才能与华北、西北和中南地区联接在一起。此区域内传统的国际物流通道就是以济南为中心,货物经青岛、烟台、日照等港口城市进出,通过省会济南联接起华北、西北等地。除地理位置优势外,济南还是山东省的政治、经济、文化、科技、教育和区域性金融中心,也是高新技术研发扩散中心。一直以来,济南就是山东建设区域性物流中心的重点城市,其城市配套设施完善。目前已有全国性大型的茶叶、海鲜等物流基地,从粮食流通情况看,济南不但是山东省的粮食主产区,更是重要的销区城市。最近几年,济南市加大了粮食仓储设施建设力度。拥有完整的粮食铁路专用线和铁路散粮接收设施,具备扩建现代化粮食物流中心的有利条件。

4.2.2 德州市

德州市北依北京、天津,南邻省会济南,东连胶东半岛沿海开放城市,西接山西能源基地,处在华北、华东两大经济区连结带和环渤海经济圈、黄河三角洲以及"京九"经济开发带之中,具有沿海、内陆双重优势。自古以来就是全国著名的粮仓,是国家重要的农副产品基地。辖区内4县市被确定为全国粮食大县(市)。在商贸流通方面,德州历史上就是鲁西北、冀东南商品物资集散中心,是晋煤东运、东北木材南下的中转站。市区内有27条铁路专用线,各类仓储设施255万平方米,特别经过近几年的发展,德州市已成为煤炭、木材、建材、粮食、蔬菜、黄牛、布匹、服装、调料等重要商品的区域集散中心。该市还具有粮食仓储设施点多面广的特点,便于粮食的中转调拨和储备,已初步形成的德州粮油物流网为德州粮食物流的发展打下了坚实的基础。

4.2.3 潍坊市

潍坊市位于山东半岛中部,东临青岛和烟台,西与淄博、东营两市接壤,南与日照、临沂两市相连,北濒渤海莱州湾,是黄淮海地区重要的交通枢纽城市。铁路运输,境内有胶济、胶新、益羊、青临等多条铁路,胶济铁路贯穿山东半岛;公路运输,国道及城乡公路四通八达,济青高速公路横贯,连接5条国道把铁路、水路、航空等几种运输方式衔接起来,形成了横贯山东省东西的综合运输大通道,把华东、华北、中原地区甚至沿黄流域、西北内陆与沿海大港——青岛港联系起来,使众多内陆省区有了比较畅通的出海口。北部沿海已建有港口3处,22个泊位,万吨级码头正在筹建中,可直通大连、天津及东部沿海各地。潍坊是一个农业大市,山东农副产品集中产区之一,也是重要的粮食消费和调出城市。另外,山东是全国工业用粮最发达地区,而潍坊是山东工业用粮大户,拥有多个大规模的饲料、药业、畜禽、食品、淀粉企业。潍坊市粮食经营企业较多,有一定的储粮设施和管理技术水平,现已形成了区域性粮食流通网络。

4.2.4 菏泽市

菏泽位于山东西南部，处于京九铁路和亚欧大陆桥新石铁路交汇点，是连接苏、豫、皖三省的重要通道，数十条国道、省道、高速公路在此交汇。菏泽大运河水运码头的建设，为该区域粮油商品集散提供了一条黄金水道，完备的海关、商检系统，可以方便外贸商品直通青岛口岸。菏泽是农业大市，是全国重要的产粮区、优质小麦基地和商品粮基地，粮食资源颇为丰富。近十年，菏泽市完善了各级储备库建设和仓储设施的完备，粮食收储库点和收储量居全省前列。菏泽市的粮食企业管理水平不断提高并逐步规范化、现代化，粮食企业建立了信息中心，行管部门建立了政务网站，拥有企业信息搜集、整理、发布的平台，很多硬、软件条件稍做完善即可作为现代粮食物流资源。

4.2.5 枣庄市

枣庄市位于苏鲁豫皖交界和淮海经济区中心，代表中国商业文明的京杭大运河流经此地，是我国东部地区的南北过渡地带，又是沿海地区与西部内陆地区的重要结合部。明显具有"联系东西、两利兼收"的开放开发优势。境内除由航空、铁路、公路等组成的综合运输网络，举世闻名的京杭大运河穿过市区南部，与冀、苏、浙、沪等省市相通，是京杭大运河南北航运的枢纽，可通行千吨级船舶，建有两座国家二级标准船闸。枣庄市粮食资源丰富，粮食流通量大，境内各县区的仓储设施齐全，具备完善的粮食铁路专用线、专用码头等全国粮食物流节点城市基础条件。

4.2.6 聊城市

聊城市地处山东西部，与河南、河北接壤毗邻，位于华东、华北、华中三大行政区域交界处。其地理位置决定该市的西进东出、南下北上极为便利。京九铁路纵贯南北、邯济铁路横穿东西，交汇于此，形成黄金十字架。各级公路在境内如织似网，形成了三纵、三横、三环十二条干线、十四大出口的交通框架。聊城是农业大市，盛产的小麦、玉米质地优良，是山东农副产品集中产区，也是重要的粮食消费和调出城市。还是"西粮东调，南粮北调"的重要粮食集散地，上连京、津，下接广、沪，中连晋、冀、鲁、豫。聊城市的粮食收储点面广量多，各级仓储设施正在加紧建设和完善中。

4.2.7 济宁市

济宁位于鲁、苏、皖四省结合部，是全国的交通枢纽，在全国生产力布局中具有承东接西、沟通南北、双向开放、梯度推进的独特区位优势。在山东省规划重点发展的三大区域经济中心城市(济南、青岛、济宁)和山东省政府重点规划建设的三个特大型城市中,济宁是连接华东与华北、沿海与内陆的重要通道。济宁市的铁路、公路密集度在淮海经济区和鲁南经济带中最高。此外,济宁作为京杭运河山东段沿岸最大的港城,是大运河中段的交通枢纽、南北物资运输的水运重镇,千吨级船队可直达长江,内河航运能力占全省的80%以上。济宁也是山东粮食主产区之一,粮食产量占全省的十分之一,全国的百分之一。其小麦具有量高质优的特点,所辖县(市、区)中有多个小麦商品粮基地县。济宁市内燃料乙醇、谷氨酸、油脂、面粉等粮食加工转化企业多,规模大。近几年,济宁市加大了各级粮食仓储设施的建设力度,拥有完整的粮食铁路专用线和铁路散粮接收中转设施。

4.2.8 青岛市

青岛市地处山东半岛南部,东、南濒临黄海,东北与烟台市毗邻,西与潍坊市相连,西南与日照市接壤。青岛是是整个沿黄流域最主要的出海口,青岛港是著名的天然良港,是中国沿黄流域和环太平洋西岸重要的国际贸易口岸和海上运输枢纽,拥有集装箱、矿石、原油和煤炭码头,有通往450多个港口的97条国际航线,每月有419个国际航班发往世界各地。2008年,青岛港全年吞吐量突破3亿吨大关,达到30029万吨,同比增长13.31%。集装箱吞吐量达1037万标箱,列世界集装箱大港第10位,增长10.3%。公路通车里程达到14632公里,其中,高速公路里程达到702公里。青岛市也是粮食消费大市,2006年末青岛市粮食总产量为303.9万吨,年消费量约为340万吨,年缺口量为40万~50万吨。近年来,随着青岛经济社会的发展和工业化、城市化进程的加快,青岛市粮食产需缺口日益加大。为此,青岛市不断完善市区两级粮食储备体系,加快粮食物流基础设施的建设步伐,于2009年规划在青岛第三粮库的基础上创建青岛市粮食物流园区。物流园区建成后,年粮食流通量将达到100万吨以上、年交易额达到16亿元。规划中的青岛市粮食物流园区主要由市场交易区、粮食中转区、粮食加工区、粮食仓储区、粮食分拨区、办公生活区等六个功能区域组成。

4.3 加强建设粮食物流信息系统

信息系统是物流系统的中枢神经,如果信息系统发生故障,整个物流活动将陷入瘫痪。粮食物流的高效运行是以信息及时沟通为前提的,粮食物流主体的正确决策和物流活动的具体组织,都离不开完备的粮食物流信息系统,随着我国大力推行电子政务工程,各级粮食管理机构和相关部门信息技术得到了一定发展,出现了以中华粮网为代表的一批粮食行业的专业信息服务商。山东也建立了山东金粮网信息平台,但山东粮食物流信息系统建设仍然需要在基础设施和企业的信息化建设方面加大步伐。

4.3.1 信息平台建设

粮食物流信息系统是沟通粮食生产、采购、加工、政策法规等环节的信息平台,该平台以互联网技术为支撑,将信息服务商、粮食物流企业和政府部门联结起来,达到资源共享、信息互通,拓展功能还可以进行网上电子商务。粮食物流信息的有效传递需要建立粮食物流信息系统和还供需双方相连的信息平台,通过粮食信息平台,实现对粮源收购、物流加工、库存和运输优化等物流环节的有效控制和全程管理,对关键业务信息如计划信息、库存信息、运输信息、订单与销售信息、业务结算信息、市场情报、资金收支等,进行集成管理和科学调度,形成粮食物流的全程规范化管理。管理信息应该和企业内部信息系统以及其他信息系统进行有效对接,实现数据的自动采集和交换,达到信息共享。粮食物流信息系统还需要财政、交通、工商行政管理、质量技术监督、通信等部门的积极配合,才能形成一个反馈灵敏、体系完整、运行高效的物流信息网络,实现粮食物流、资金流、信息流的无缝连接。目前,粮食物流信息系统建设仍然处于低级阶段,政府应该采取切实措施,一方面加强对粮食物流信息化建设的示范和引导,在粮食物流信息的标准化方面,应给予科技经费支持,重点支持大型公益性(EDI)数据库和电子信息网络;另一方面引导粮食企业充分利用信息平台,参与电子商务活动,开展网上期货交易,从而降低实物交易的成本和风险。

4.3.2 粮食物流企业信息化建设

粮食物流企业的信息化是建立粮食物流信息平台的前提,企业信息化建设可以从硬件基础设施和软件技术两个方面进行加强。粮食物流企业硬件基础设施建设包括仓储设施、检测化验设备、中转运输工具、粮食加工设备、粮食产品配送设备、计量设备、粮情监测、谷物冷却、环流熏蒸、机械通风设备和计算机网络设备。应该建设粮食物流的"四散"配套设施,增加粮食自动接卸、计重设备和专用运输工具,适度提高集装箱运粮的比重。粮食加工环节应重组资产,淘汰落后的、高能耗的生产设备,研制和引进先进的设备,为粮食深加工、精加工和综合利用创造条件。软件技术包括粮食仓储设备的自动化技术、运输定位 GPS,运输路线优化技术、粮食深加工无污染技术、射频标签、数据库技术、网络技术、粮食预测技术等。粮食企业可以采用企业管理信息系统(MIS)和粮食信息平台建立连接,从而及时采集信息并反馈到信息平台中,便于通过计算机联网使各级部门及时掌握粮食相关信息,从而对粮源收购、组配加工、库存和运输优化等各环节的有效控制和全程管理,使粮食物流各环节的工作效益达到最优化。

4.4 着力构建粮食物流供应链

4.4.1 用供应链思想管理粮食物流

山东许多粮食企业在物流的运作模式和管理理念上仍沿用传统的一套做法,注重硬件设施的改善,关注新建高等级的库房或购置高水平的设备设施,对于提高管理水平,提高粮食物流的服务水平、以最小的成本来满足客户的需则重视不够。面对当前商品品种的多样化,以及终端客户要求的提高,粮食物流企业单单依靠企业自身力量与对手竞争,已经远远不能满足客户需求,只有通过贸易伙伴间的密切合作,减少供应链的不确定性和风险,进而影响库存水平、生产过程,以最低的成本提供最大的价值和最好的服务,才能领先于对手,立于不败之地。

(1)粮食物流企业应该首先从客户价值提升粮食物流管理水平,从客户价值的角度考虑问题,它要求企业了解客户购买、继续购买或不购买某企业产品的原因;要了解客户偏好和需求什么,企业必须正确确定客户价值,以利由此做出的权衡是正确的。

(2)粮食物流企业应建立合作伙伴关系集成供应链。一方面要在原有上游供应商和下游分销商中进行筛选,寻找核心企业,建立战略联盟,同其建立优势互补、利益共享的共生关系;另一方面要进行横向联盟,即与其他物流企业联盟,将各自独特的企业资源整合为一体,实现服务的综合化、经营的规模化,从而进一步降低运作成本,从总体上提高粮食物流企业管理水平。

(3)粮食物流企业要积极发挥粮食信息中心作用,采用信息网络技术和粮食物流信息管理系统,逐步构筑覆盖全省的现代粮食物流信息平台,提高粮食市场信息服务水平,并与全国粮食信息系统对接,形成一个联接政府、粮食交易市场、粮食购销企业的物流信息平台。

4.4.2 积极发展第三方粮食物流

粮食第三方物流是粮食现代物流的主要内容之一,它是指粮食生产经营企业为集中精力搞好主业,把原来属于自己处理的物流活动,以合同方式委托给专业的粮食物流服务企业,同时通过信息系统与物流服务企业保持密切联系,以达到对粮食物流全程的管理和控制的一种物流运作与管理方式。

第三方物流能促进粮食物流的有效竞争格局的形成,促进粮食物流"四散"化。在山东粮食企业内部,在建设粮食物流体系的基础上谈及第三方物流,应注意到非粮食物流企业的物流业务外包给第三方物流公司、粮食物流企业外包物流业务等两种情况,后者是建设粮食物流体系时应该着重考虑的问题。粮食是笨重物资,储运量大;粮食又有多个品种,双向或多向运量大。因此,粮食物流企业外包物流业务,必须以做好行业内部物流业务为主,以此形成较大的粮食运营规模,建立有效的地区覆盖网络。但粮食是季节性产品,运输上忙闲不均;粮食又是余缺调剂产品,主产区非主产区的物流量不一。因此,从建设山东物流体系起,就要考虑接纳业内非粮食物流企业的物流业务,同时也可接受社会上的其他物流业务,包括市内配送、单纯仓储等等。

5. 基于协同商务的山东粮食电子交易市场建设研究报告

我们在对粮食流通市场进行调研的基础上,根据山东省粮食电子交易市场现状,提出构建基于协同商务的、服务于中小粮食企业的粮食电子交易平台的构想,并进一步说明需要解决的两个关键问题。

5.1 粮食电子交易市场成立的背景与协同商务

5.1.1 粮食电子交易市场成立的背景

世界主要粮食生产国和贸易国均高度重视并不断提升农产品仓储物流在电子商务中的地位和作用,同时电子商务对该产业的发展也提出了诸如信息化、自动化、网络化、智能化等等的更高要求。目前制约国内粮食产业发展的一个重要因素就是:商品流转方式落后,电子商务没能适时跟进,现代物流功能的发挥受到极大限制,从而导致产区流通成本增加、经营效率低下。

山东省在传统现货交易模式的基础上,结合新形势下我国农产品流通的新变化和新特点,利用现代电子商务模式,构筑粮食网上挂牌交易系统,打造现代粮食物流、商流、信息流相结合为特征的第三方交易平台,建立新型粮食现货交易市场,实现粮食现货电子交易和全程粮食物流配送服务。

5.1.2 协同商务

协同商务是在经济全球化环境下产生的一种新型商务模式。它以互联网为技术手段,在供应链内部及供应链之间实现协作,以达到资源充分利用。在运作层面上,协同商务包括企业内协同商务和企业间协同商务。

企业间协同,是指通过统一计划、数据共享,将供应链上的企业及客户进行连接与协同,形成动态联盟。在协同商务中,供应链各企业互相合作,共同面对市场的竞争,以实现共赢为目标。

协同商务的核心,是要求各参与企业在业务、信息方面实现共享,这是通过搭建协同商务平台实现商务资源共享。协同商务平台包含数据集成的后台处理系统和前台的用户界面,是提供个性化服务的应用门户。协同商务平台不仅是电子商务的综合实现,又是一个基于Web的应用系统,是电子商务与企业管理信息系统的重要结合。

现代企业的竞争是供应链之间的竞争,粮食企业要想在激烈的市场竞争中站住脚跟,必须在协同商务理论指导下进行资源的整合与优化。从系统的观点看,粮食流通是由相互关联、相互作用的粮食供应链诸要素构成的有机整体。见图5-1。

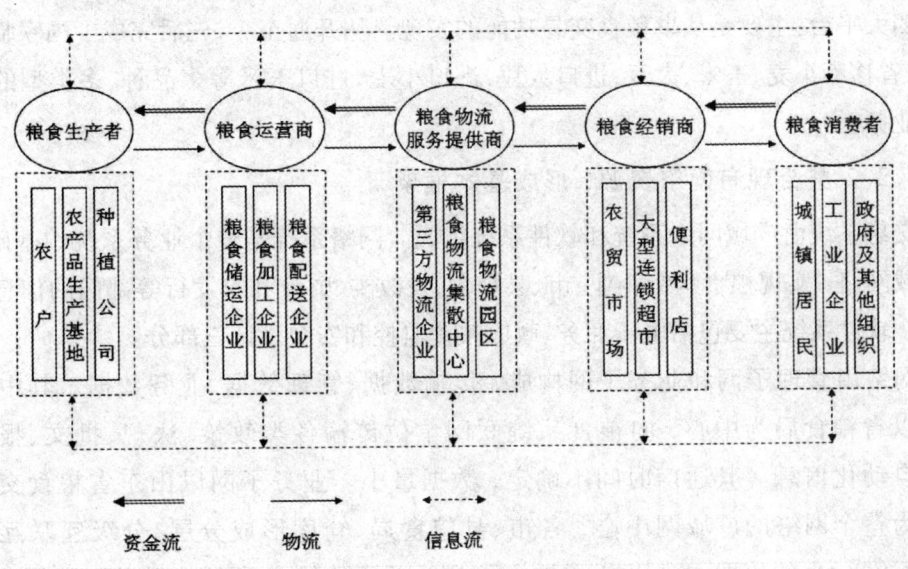

图5-1 粮食流通体系图

由上图可见，粮食由生产者向消费者流通的过程中，必须经过若干形形色色的货币交换过程，通过交易过程的管理，可以将这些企业联系在一起，协同商务才能得以实现。也就是说，建立粮食交易市场是实现协同商务的具体形式。

在基于协同商务的粮食电子交易运作模式中，需要把粮食企业甚至是粮食行政管理部门、物流服务提供商和金融机构的信息系统对接，形成粮食供应链协同商务平台，对信息和服务进行集成，从而更好的促进粮食电子交易的运作和发展。

5.2 建设山东粮食电子交易市场的实施步骤

通过调查与分析，我们认为，建设符合蓝色经济区发展需要的基于协同商务的粮食电子商务平台——山东粮食电子交易市场是可行的，其具体步骤如下。

5.2.1 山东省粮油交易中心现在资源情况概述

山东省粮油交易中心现主要拥有两大网站，四大交易平台。两大网站："金粮网"和"山东省粮油交易中心网站"；四大平台：一是国家政策性粮食交易平台；二是商品粮场际交易平台；三是地方储备粮交易平台；四是信息采集发布平台。

两大网站实现了国家粮油政策、竞价交易信息、粮油行情信息、国际、国内经济信息、粮油交易平台登录、交易市场动态、会员企业推介等发布和登录功能。

四大平台：主要是从事粮食交易功能的实现。从开通至今，先后完成了国家临储小麦，跨省移库小麦、玉米、大豆，进口大豆，进口小麦，进口玉米等多品种、多类型的竞价交易业务。

5.2.2 整合现有网络资源，形成基本框架

交易系统由广域网络系统和软件系统组成。网络系统是整个业务系统的基础，通过广域网络，实现粮食购销企业、市、县粮食、发改委、财政和农发行等部门的信息互联互通。软件系统主要包括电子商务、政府粮食监控和安全设计三部分。

网络由管理子网和业务子网构成，传输数据、管理数据、业务数据。其中管理子网以省粮食局为中心，向粮食系统联网单位传输各类政策、法规、批文、报表及办公自动化信息。其通信时间不确定，数据量小。业务子网以山东省粮食交易中心作为整个网络的广域网中心，各市、县粮食局、仓库形成分层、分级互联互通的多层网络。业务数据主要以各类粮食信息为主，传输各类粮食价格、需求、买卖、交易、查询等业务信息。各地粮食仓库将粮食供求、价格信息汇总至粮食交易市场，另一方面交易市场接受各地、各类联网用户的粮食信息查询请求。业务子网

具有网络传输数据量大、传输实时性高,联网通讯连续性、持续性较长等特点。上述两个逻辑子网只是网络传输数据类型不同,联网单位完全一样,采用同一套物理网络链路实现各自的业务数据流传输。

5.2.3 设计建设完善的电子交易市场平台

本着高起点、高标准的基本原则,打造功能强大、符合粮商需求的交易平台,建设山东粮食电子交易平台,提出以基本要求。

一是强调安全性。以会员制为基石,引入和运用 CA 数字证书技术,确保网上交易双方身份真实,具有法律约束力。并采用中介人模式,代结算机制进行支付结算,降低网上交易风险。同时,构造了科学的信用评价体系,以提高用户选择交易伙伴的可信度、安全度。

二是突出专业性。不论是商品、企业的分类,还是信息、商务类型格式的设置,以及提供填写商品质量用的国家粮食质量标准、洽谈用的商务工具等,都完全按照粮食行业的特点,专为粮食商务设计。进入网站,就如同步入现实的粮食大市场。

三是讲究完整性。平台贯穿从信息交换到商品交换的全过程。从发布(搜索)商务信息、商务洽谈、在线签约到履行合约、支付款项、最终结算,整个商务过程都能在网上实现全程动态管理。

四是力求先进性。系统推出的比价搜索、供需配对、协商交易等功能,较好地解决了长期困扰网络用户的因信息不对称造成的资源浪费、查找信息如大海捞针等问题;将视频洽谈与网上签约完善结合,实现边洽谈边签约。

五是易学易用。网站为用户提供了一个互动性很强的虚拟商务办公室,网上交易所需的所有功能都可在其中实现,用户一学即会,极易上手。

为了实现上述目标,系统设计应包含六个方面。

其一,电子商务核心业务系统。包括交易平台管理、进场凭证式交易、在线交易履约监控、支付与结算系统。

其二,电子商务交易监控与信息发布系统。包括交易监控、交易分析、交易信息发布、信息查询服务系统。

其三,物流服务系统。包括地理信息和物流配送、在途管理系统。

其四,会员服务系统。实行会员制管理,不同类别的会员享有和承担不同的权利与义务。会员功能分为:普通会员、信息会员和交易会员。交易会员属性分为:个体会员、协会会员和企业会员。交易会员信用等级分为:一般会员、银级会员、金级会员、VIP会员。

其五,政府监管系统。包括政策信息发布和政府粮食监管系统。

其六,安全系统。包括网络安全、应用安全和信息安全系统。

系统详细设计框架如表5-1所示。

表5-1 电子商务交易及服务平台项目内容

电子商务交易平台	交易平台管理	交易中心管理		①交易中心增加/取消/修改;②交易许可粮食品种设置;③交易许可模拟设置;④增加/注销交易操作员;⑤交易操作员权限管理;⑥交易类型的设置
		交易模式设置	进场凭证交易参数设置	①进场竞买/竞卖模式;②进场一次性竞买/竞卖模式;③进场协商式交易模式;④进场集合采购/销售交易模式;⑤进场即时交易模式;⑥进场拍卖交易模式;⑦进场反向拍卖交易模式;⑧进场撮合交易模式;⑨进场挂牌交易模式
			在线交易参数设置	①在线竞买/竞卖模式;②在线一次性竞买/竞卖模式;③在线协商式交易模式;④在线集合采购/销售交易模式;⑤在线撮合交易模式;⑥在线挂牌交易模式
	进场凭证式交易平台			①卖方/买方交易;②申请管理;③交易管理
	在线交易平台			①卖方/买方交易;②申请管理;③交易管理
	履约平台			①履约参数设置;②合同管理;③发货/收货管理;④合同履约完成/违约管理/终止管理
	支付与结算平台			①资金账户管理;②交易货款、保证金、手续费管理;③履约保证金管理;④资金结算管理;⑤企业融资管理
电子商务物流服务平台	地理信息系统(CIS)服务			①地图操作;②区域查询;③快速查询;④货物在途查询
	物流配送服务			①运力信息服务;②空车配货服务;③运输价格查询服务
电子商务会员服务平台	呼叫中心服务(电话查询服务)			①粮食政策查询;②市场信息查询;③电话委托交易;④物流跟踪信息查询;⑤资金信息查询;⑥交易状态查询;⑦市场分析查询
	粮食交易信息移动电子商务平台			①粮食政策信息移动查询;②市场行情交易状态信息移动查询;③资金信息移动查询;④物流跟踪信息的移动查询;⑤重要粮食现货信息技术服务;⑥重要粮食期货信息技术服务;⑦重要粮食交易状态信息技术服务;⑧交易状况领导查询

续表

电子商务交易监控与分析平台	电子商务交易监控平台	①交易追踪系统;②超期/恶意交易监控;③不良交易历史管理;④会员信用控制;⑤交易状态实时管理;⑥交易监控信息发布
	电子商务交易分析系统	①按总成交量与成交额分析;②按区域成交量与成交额分析;③按会员成交量与成交额分析;④按粮库成交量与成交额分析;⑤按粮食品种成交量与成交额分析;⑥按产地成交量与成交额分析;⑦按质量进行成交量与成交额分析;⑧交叉综合交易分析;⑨ABC 分析;⑩经济分析
电子商务信息发布平台	交易信息发布系统	①发布信息控制系统;②区域交易市场发布管理;③DLP 大屏幕显示系统;④交易信息 Internet 发布系统;⑤发布到其他交易系统;⑥价格信息采集发布系统
电子商务信息服务平台	交易大厅信息服务系统	①大屏幕信息显示系统;②信息查询终端系统;③现场视频实时传输系统;④交易大厅客户入场登记和排号系统
	Internet 发布系统	①门户网站;②手机短信;③市场微信平台;④市场 QQ 群平台;⑤电子邮箱

5.2.4 建立网站并组建运营团队

山东省粮油交易中心(济南国家粮食交易中心)隶属山东省粮食局,属国家粮食局重点联系市场,是山东省人民政府重点扶持的大型区域性现代化粮食综合交易市场,辖山东省粮油信息中心和山东谷丰粮食储备库。主要从事政府储备粮、最低收购价粮、陈化粮等竞价交易业务。目前中心有正式员工 20 名,其中国家级竞价交易师 3 名。拥有 300 平方米的电子交易大厅,设有 200 个席位,配备国内较先进的主机房和 150 台电脑,开设了"金粮网"和"山东省粮油交易中心交易网"两个专业网站。具备完善的粮食交易、信息服务、电子商务、履约协调、资金结算、客户服务等多项功能,是山东境内最大的国有粮食交易市场。运营团队主要由交易中心人员和产品研发人员组成,由粮食行政管理部门、粮食经营企业、相关银行人员为辅共同推进。

(1) 团队组织

组　长:×××

副组长:各相关省份交易市场分管领导

成　员：各相关市场负责交易、结算、编程的部分负责人

主要职责：

第一，研究和审定项目实施的可行性及安排相关工作人员；

第二，统一领导、协调和部署有关股份制公司的成立和平台研发及投入使用工作；

第三，对成立公司和项目研发的重大事项进行研究和决策；

第四，审定项目推进中的主要业绩考核指标及达成情况。

（2）领导小组下设项目研发管理部

主　任：×××

副主任：（×××）、（×××）、（×××）

成　员：全体项目参与人员名单

项目研发管理部办公室设在山东省粮油交易中心，负责公司的组建、电子交易平台的研发和投入使用等日常工作。

主要职责：

第一，研究和贯彻落实国家关于电子交易等方面的法律法规及政策；

第二，负责项目各小组间业务衔接，收集、整理、汇总项目实施过程中的相关资料；

第三，负责组织制定项目实施所需的规章制度和标准，构建和完善股份公司和项目实施的指标体系、监测体系和考核体系；

第四，负责编制项目实施及公司成立后的年度工作计划，分解各项工作指标，制定相关措施保证各类指标完成；

第五，负责股份公司成立及相关投资项目的技术方案确认，负责组织固定资产投资项目（新建、扩建、改建）评价和评估的支持，并参与项目竣工验收；

第六，建立工作信息统计制度和工作例会制度，并组织实施；负责项目实施过程中，各类统计报表的汇总、分析、上报及管理工作；

第七，对各项目小组的各项工作进行监督、指导，负责定期组织对项目实施目标完成情况的检查和验证。

项目研发管理部下设专业组。

①交易交割组

组　长：×××

技术支持：提供专业支持

成员：交易方面的人才

职责：

第一，负责交易业务需求和实施方案的提供；

第二，整合各模块管理人员及工作分工；

第三，完善交易细则和电子交易平台、网站的管理制度；

第四，制定电子综合平台的日常操作方法和操作标准；

第五，负责本小组所管理工作的检查、统计及分析；

第六，负责小组各项工作的推进情况总结，定期向项目推进事务部进行汇报。

②程序开发组

组长：×××

技术支持：×××

成员：各市场编程技术人员

职责：

第一，负责软件的编制、电子平台的运行达成；

第二，负责健全各模块的技术开发管理人员，制定岗位责任；

第三，制定各模块的开发和研制；

第四，负责日常开发系统的编程数数据检查、统计及分析；

第五，负责各模块软件开发和推进情况总结，定期向项目推进事务部进行汇报；

第六，负责各模块的整合及技术匹配；

第七，加强同交易、财务专业组的日常沟通和交流，对各专业组所提项目实施规划和需求，进行分析和软件技术对应。

③财务结算组

组长：×××

成员：各市场财务方面的人才

职责：

第一，负责财务业务需求和实施方案的提供；

第二，整合管理各模块管理人员及工作分工；

第三，完善财务管理办法和电子交易平台、网站中的财务管理制度和结算方法；

第四，制定电子综合平台的财务操作方法和操作标准；

第五,负责本小组所管理工作的检查、统计及分析;

第六,负责小组各项工作的推进情况总结。

5.3 山东省粮食电子交易市场的建设规划

根据国家有关要求和省局提出的坚持"分步实施、稳健发展"的原则,交易中心将稳步实施"边发展、边建设"的路子,逐步完善交易中心功能,努力建设国家一流粮油交易市场。总体规划分为三个阶段。

第一阶段:计划用一年时间,实现交易中心软、硬件改造升级;第二阶段:计划用两年时间,建立粮食市场调控网络;第三阶段:计划用三年左右时间,完善"十大功能",形成全省统一开放、竞争有序的粮食市场新框架。

根据功能需要,电子交易平台建设以山东粮油交易中心网站(http://www.sdgrainmarket.com.cn/)和正在使用的国家政策性粮食交易平台、商品粮场际交易平台、地方储备粮交易平台为基础,进行功能设计与完善,对某些功能进行补充开发或重新设计。网站设计具体分为主页与会员专区两个功能模块,如表5-2、表5-3。

表5-2 门户网站主页导航

首页	新闻快讯	市场公告	信息区	交易区	服务区	企业名录	粮食学院	关于……
会员专区	焦点新闻 行业新闻 政策法规 机构报告	市场公告	供求信息检索 供求信息发布 提供新闻线索 操作指南	履约反馈 网上交易 成功案例	质检服务中心 金融服务中心		无公害农作物 种植技术 运输技术 储藏技术 行业术语下载 质量标准及其他	市场简介 最新动态 组织机构 联系

表5-4 门户网站主页会员专区导航

会员专区	信息自助管理	新闻快讯	信息区	交易区	服务区	粮食学院	最新通知	关于……
基础信息维护 信用查询 信用日志查询	焦点新闻 行业新闻 政策法规 机构报告	需求信息检索 需求信息发布 供货信息检索 供货信息发布 提供新闻线索 操作指南 口岸信息	交易申请单查询 合同查询 发货登记 发货登记查询 到货登记 到货登记查询 履约情况查询 交易委托书查询	交易保证金查询 履约保证金查询 手续费查询 会费情况查询 账户余额 资金往来记录 样品查询	绿色农作物种植技术 运输技术 储藏技术 行业术语下载 质量标准及其他	最新公告 成交公告 资金到帐通知 货物发出通知 到货通知 保证金清退通知 会费催缴通知	市场简介 最新动态 组织机构 联系

5.4 需要解决的两个关键问题

5.4.1 网络品牌营销

好酒也怕巷子深，在网站功能逐步完善的前提下，大力进行网络推广也是非常必要的。山东商务职业学院有能力承担网站营销功能，学校不仅在软件设计、网站维护等专业知识方面具有优势，同时也在网络营销方面具有较雄厚的技术力量。特别是正在进行的省级特色名校建设过程中，深入校企合作是学校大力推行的项目之一。具体操作可分为两个方面。

一是，网络营销策划及传播。初步设想网站可采用以下推广方法。

（1）搜索引擎推广

搜索引擎推广是指利用搜索引擎等具有在线检索信息功能的网络工具进行网站推广的方法。企业网站建设后，在各大搜索引擎进行注册有助于客户能够方便地找到企业网站。目前,国内外已有各大搜索引擎,如 Yahoo,Sohu,Google,baidu,新浪,网易等。如何提高企业网站在搜索引擎排名,提高网站访问量,这便涉及到搜索引擎的优化。

(2)网络广告推广

网络广告是通过互联网来发布和传播的广告,是广告主为了推销自己的产品和服务在网上向目标受众进行有偿的信息传达,从而引起受众和广告主之间信息交流的活动。目前主要有以下几种流行的网络广告形式。

第一是网页广告。当用户打开网页进行浏览时,网页广告便会自动地显示在屏幕上。

第二是搜索引擎广告。搜索引擎广告通过关键词搜索和数据库技术把用户输入的关键词和商家的广告信息进行匹配,进而将广告显示在用户搜索结果页面的一侧或搜索结果中。

第三是软件、在线游戏广告。该种方式广告者把广告植入至游戏和软件中。

(3)电子邮件推广

历年互联网的应用调查结果显示,电子邮件是网络用户的首要应用项目,各类专业的邮件营销服务商的服务已深入至千家万户,企业若能好好把握邮件营销服务商拥有的上百万许可营销用户机会,则企业网站广告信息可直达用户视野。

(4)交换链接推广

目前许多网站都有宣传的积极性,因此大多数站点都愿意与别人的主页做友情链接。目前常见的主要有两种方式。

其一是加入广告交换网。

其二是与其他网站建立友情连接。

二是,线下营销传播

山东商务职业学院的前身是山东烟台粮食学校,不仅有省级特色专业粮食工程专业,还开设食品营养与检测、粮油储藏等传统专业,另外还有物流、营销等相关专业,毕业生遍布全省粮食大中小企业,具有信息优势,通过在校生及毕业校友完成粮食交易市场的网络宣传具有渠道优势。另外,在筹备的 2015 年建校 40 周年校庆活动中,也可以加入网络宣传的内容。

初步的线下传播方式是通过设计精美的宣传材料、个别访问和发放调查问卷等方法发动全校师生员工进行企业信息传播。见图 5-2 所示。

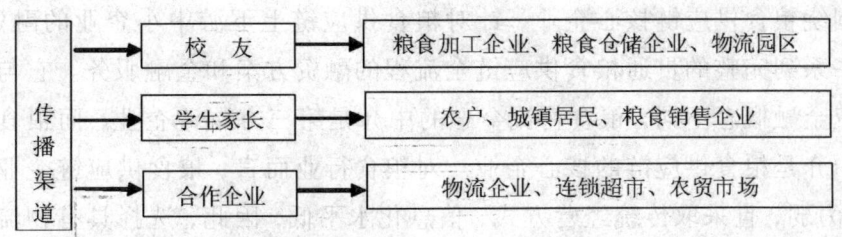

图 5-2 线下传播方式

5.4.2 粮食供应链金融创新

粮食交易数量巨大，占用资金量大。运作成功的粮食交易市场经验证明，中小企业的融资问题始终是制约这些企业进入市场进行电子交易的重要因素，所以，打通融资环节，进行协同商务理念下的金融创新是粮食电子交易市场做大做强的关键。现实的选择是，作为平台的粮食交易中心，应当在充分保证交易会员单位信用的前提下，与金融机构协商，根据交易模式，创新一种或多种融资模式。由此可见，提出粮食供应链金融概念是非常必要的。

粮食供应链金融是银行以粮食供应链中的核心粮食企业为中心和出发点，将资金有效注入到链条中有资金需求的企业，特别是注入到处于相对弱势的上、下游配套中小企业，以"激活"整条供应链，提高粮食供应链资金运转效率的运作模式。见图 5-3 所示。

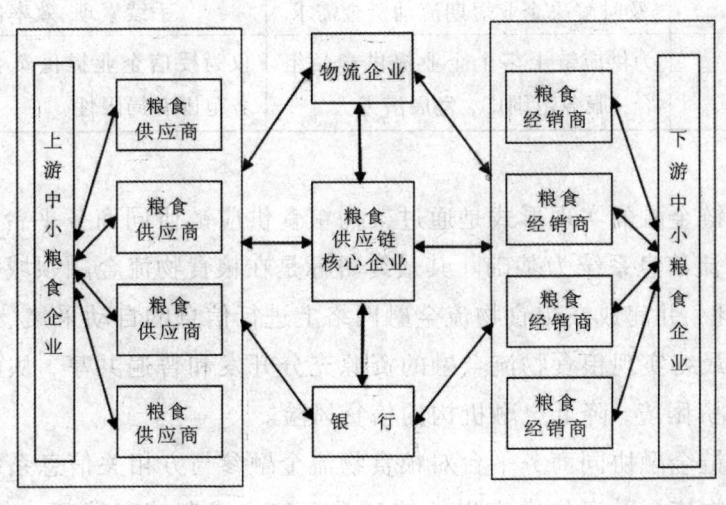

图 5-3

粮食供应链金融是站在整条粮食供应链的高度来管理链条上的中小粮食企业

的。它围绕粮食供应链核心企业,针对粮食供应链上下游中小企业的融资需求,设计出一系列完整的贯通粮食供应链全流程的融资方案和金融服务。它与传统的粮食物流金融概念不同,粮食物流金融的中介是第三方物流企业,而粮食供应链金融的中介是粮食供应链的核心企业。对粮食行业而言,粮食供应链企业大多规模小、实力弱,且采取传统经营方式,信息化水平低,因此,选择具有物流金融运作经验和完善信息系统的第三方物流企业作为粮食物流业与金融业合作的中介,有利于稳定金融机构及中小粮食企业的关系。

表5-7 粮食供应链金融与传统融资模式比较

对比项目	粮食供应链金融融资模式	传统融资模式
参与方	融资粮食企业、银行、物流企业	融资粮食企业、银行
风险评估范围	融资粮食企业及整个供应链	融资粮食企业
第一还款来源	融资项下的资产	融资粮食企业资产
融资期限	短期	短期、中期、长期
主要服务对象	粮食供应链上的中小粮食企业	有实力的大型粮食企业
银行参与	动态跟踪企业经营过程	静态关注企业本身
授信条件	仓单、存货质押均可	核心资产抵押,第三方担保
银行承担风险	较小	较大
服务效率	及时解决企业短期流动资金需求	手续繁琐、效率低下
发展前景	为供应链上多个企业提供产品组合,服务范围广,发展潜力大	仅为授信企业提供资金融资,业务范围有局限性

粮食供应链金融的实现形式是通过架构粮食供应链协同商务平台,它必须以完善的粮食物流信息系统为基础。其最终目标是在粮食物流金融领域实现信息的电子化、数字化,并完成在粮食物流金融网络上进行信息的自动采集、处理、存储、传输和交换,最终实现粮食物流金融的资源充分开发和普遍共享,从而破解中小粮食企业的融资困境,降低金融机构的信贷风险。

粮食供应链金融协同商务平台对粮食物流金融参与方相关信息系统进行无缝集成,对粮食物流金融运作中产生的信息进行集中式存储和管理,为金融机构、粮食企业、粮食物流服务提供商以及粮食物流金融管理协调机构提供数据共享服务的枢纽。在形式上,它不是一个独立的系统,而是通过粮食电子交易平台进行功能集成。

5.5 基于协同商务的粮食电子商务交易平台的构成

融资功能集成后的基于协同商务的粮食电子商务交易平台分为四层：

最高层协同主体层是为粮食物流金融运作中的成员企业提供入口，使他们得以通过互联网访问协同商务平台，对所需信息进行查询。

第三层是应用服务层，为协同商务平台用户提供金融服务、在线交易、智能配送、货物跟踪、系统管理、专业咨询、信息发布、客户服务、合同管理、数据交换等功能服务。

第二层是数据库服务层，对粮食生产者、粮食经销者、粮食消费者、粮食物流服务提供商、金融机构的数据库进行整合，存储相关信息。

网络层的主要对象为检验检疫、监督机构、海关、税务等政府相关部门。见图5-4。

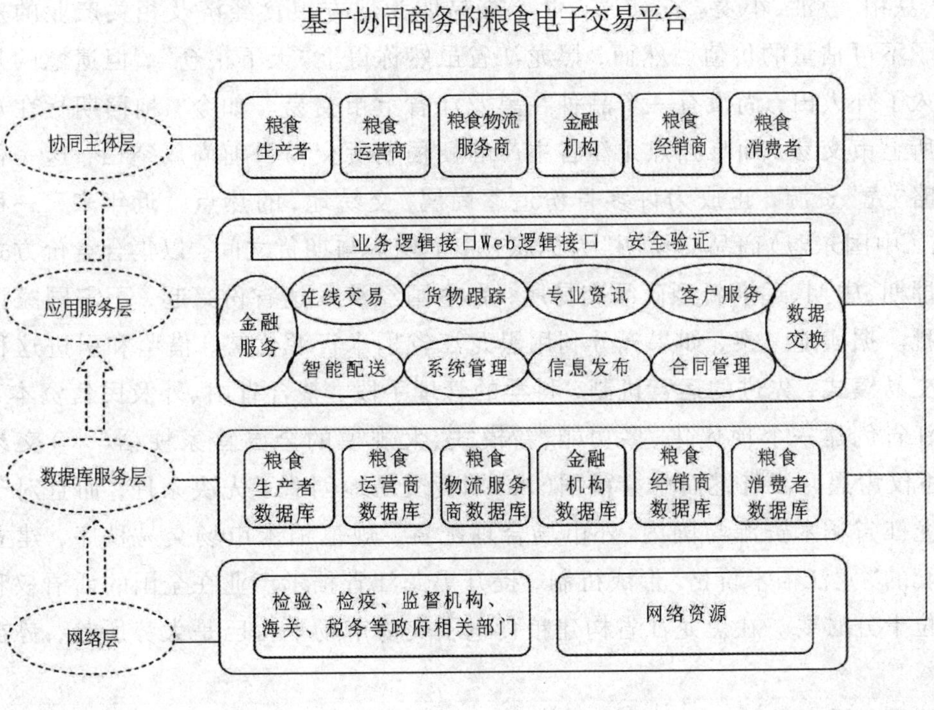

图5-4 基于协同商务的粮食电子交易平台

附件：

粮食交易市场实证研究
——北大荒粮食电子交易市场公司

一、发展历程

北大荒粮食电子交易市场公司以破解卖粮瓶颈为己任，认真分析了全省的经济形势，认为尽管黑龙江省生产的稻米品种有着得天独厚的资源优势，但是由于在我国粮食购销市场化现行阶段，有序流通的市场体系尚未健全，长效互动的产销合作关系没有理顺，科学配套的价格形成机制相对弱化，尤其是黑龙江省粮食产后的购销运营结构单一，传统交易方式落后，流通环节市场信息不对称，加之铁路、公路运力供给不足，"农发行"资金封闭运行限制，致使黑龙江省稻米外销环节多、周期长、成本高、效率低。如此现状不仅有伤省外客户来黑龙江省采购稻米和投资建厂的积极性，而且导致黑龙江省稻米加工企业长期在洼地中徘徊，严重制约黑龙江省稻米产业的整体提升，稻米资源优势难以生成经济优势。

当时国内粮食期货市场交易所仅有大连、郑州两家，上市交易的品种有大豆、玉米、豆粕、豆油、小麦。多年来，两个交易所为地方粮食经济及相关产业的发展创造了不可估量的价值。然而，黑龙江省虽然称得上"天下粮仓"，但遗憾的是肥水流入了外人田，尚没有一个品种在黑龙江省上市交易。如今，籼稻期货在郑州交易所上市交易，而唯独黑龙江省主产的粳稻期货交易目前尚属空白，这一稀缺的战略"壳"资源，正成为许多省份追逐尚属"交易地"的热点。近年来，一种以"南宁（中国东盟）商品交易所"为标志，介于现货与期货之间，以集合竞价方式创办的即期、中期、远期新型商品交易所，在全国经济发达省份兴起，不需国家证监会审批。据实地考察，如果充分利用黑龙江省稻米资源优势，借鉴和引进这种全新的交易模式，先进的运营机制，科学的管理手段，整合省内、外及民营资本，在黑龙江省创建一个现代化、多功能、新模式、大规模的全国首家粳稻（米）交易市场，不仅为黑龙江省继而申办粳稻（米）期货交易地创造了先决条件，而且对于实现黑龙江省稻米资源与国内、外市场合理配置，规范稻米市场交易秩序，建立科学配套的"龙江稻米价格"形成机制，提升黑龙江省稻米产业在全国的话语权和引领地位十分必要。在黑龙江省构建粮食电子交易市场平台已是大势所趋，势在必行。

搭建电子交易平台让粮食在交易中自由流通，2008年是我国大喜之年，北大荒粮食电子交易市场公司就是在喜迎奥运盛事之时，以大手笔、高起点的姿态横空出世。隶属于黑龙江省农垦总局北大荒商贸集团,是黑龙江省首家从事粮食电子交易的大型智业公司,具备完善的信息网络、计算机网络和现代物流网络。可为企业提供粮食电子交易、电子拍卖、产品网络营销、物流运输、粮食仓储、融资贷款(粮食银行、仓单质押、保证金贷款)等多项服务,并从商品流通领域入手调整产、运、销、需、仓储等各方面利益,发展延伸产业链。从而做到有效降低交易成本,减少流通环节,减少运营成本,为企业商品购销和农民售粮保驾护航,实现利润最大化。

北大荒粮食电子交易市场公司利用北大荒品牌的优势及国内和国际客户群体,成为立足东北亚,辐射京津唐、长三角、珠三角、中西部四大区域,影响全国的国家级农产品交易中心、定价中心、信息中心、结算中心、物流中心。2010年公司成交总额达1700多亿元,累计交易量达7300多万吨,累计交收量300多万吨。

为了让粮食电子交易形成承载能力更强,发挥更强的带动力,公司从完善物流节点、搭建物流平台切入,不断向沿海、东南和中西部延伸经营触角。2010年11月26日,北大荒粮食电子交易市场公司与四川省遂宁国丰粮油管理公司达成了在遂宁市共建粮食电子交易四川分市场的合作协议。遂宁市有四川省第二大铁路运输编组货站,多条高速铁路、高速公路在此交汇和对接,是连接成渝经济区的重要节点和四川第二大交通枢纽。双方的合作,可充分发挥北大荒粮食电子交易市场公司在粮源、品牌、机制、信息平台等方面的优势和遂宁国丰粮油管理公司的经营网络优势和粮食基础设施优势,面向川渝乃至西部地区,共谋粮食经营的新业态,构建北方主产区与南方主销区粮食流通的绿色通道,把遂宁打造成为中国西部"北粮南调"的重要物流节点。这是北大荒粮食电子交易市场公司胸怀大局的重要举措,众多电子交易客户和垦区诸多农场将因此受益。

二、运营业务内容

1.农产品购物平台

依托黑龙江垦区粮食生产加工资源和绿色有机食品连锁店产品配送资源,发挥"北大荒"品牌优势,运营北大荒购物网,打造现代交易平台。公司将会员企业的产品放到农产品购物平台上面向全国直销,有效减少了会员企业的销售成本并为其提供了一个节本增效的产品销售渠道。从方式上,主要分成两类:

其一是大宗原粮现货的网上挂牌B2B(企业对企业)交易。公司通过电子交易经营板块,为购销双方提供安全高效的交易渠道,通过适时发布供求信息、订货及确认订货、支付过程及票据的签发和接收、确定配送方案并监控配送过程等业务流程,实现资讯、沟通、交易的综合性一体化电子商务服务,促进产销对接,推动现货销售。自该平台搭建以来,已为省内外特别是南方广大销区的相关粮食加工企业和贸易客商实现采购总量近500万吨。目前,网上挂牌的商品品种以水稻、玉米、大豆为主,正在向与粮食生产相关的上下游领域拓展。

其二是对以"北大荒"品牌为主导的农副产品及绿色有机食品进行B2C(商家对顾客)销售。公司通过互联网为消费者提供一个新型的购物环境——网店,从而节省了客户和企业的时间和空间,提高了交易效率。目前,各会员企业在农产品购物平台销售成品粮油、酒水饮料、山珍特产、休闲食品等7大类1000余种品牌产品,顾客分布区域遍及全国各地,公司通过整合北大荒商贸集团分布于全国各主要城市的北大荒绿色食品连锁店,将其作为主要配送节点,只要消费者在网上下单,产品3-8天送货上门。

2. 农业融资贷款平台

公司与商业银行合作,以粮食"银行"储户(公司的法定自然人会员)和企业会员单位为服务对象,共同拓展以粮食质押为主导的农业融资贷款业务,利用"实物质押""仓单质押""信用证"等融资产品,为会员提供资金支持,帮助农户排除筹资困扰,助推企业做大做强。从业务推进形式上看,主要如下:

其一是搭建了商业银行与种粮农户之间的融资借贷平台。公司在业务上与粮食"银行"模式有效对接,通过与中国民生银行大连分行合作以及北大荒商贸集团担保,可为粮食"银行"储户(即公司的法定自然人会员)办理相当于存粮总价款60%的粮食质押贷款,资金直接打入储户的银联借记卡内,农户不必再高息借贷,从而有效解除了种粮农户在粮食卖出前急需生产和生活资金的困扰,不但维护了农民利益,推动了农业生产可持续发展,更为促进国家"三农"政策及金融下乡方针的高效落实起到了积极作用。2009—2011年,共为存粮农户办理粮食质押贷款逾10亿元,惠及农户近6700户。

其二是构筑了商业银行与粮食企业之间的融资借贷平台。自2011年起,公司与中国工商银行、交通银行合作,专项推出仓单质押项下商品融资产品业务:会员企业只要在公司指定的行权仓库存放粮食并形成仓单,便可凭仓单在公司的合作银行取得质押额度70%的贷款,便捷地解决流动资金紧张问题。这一举措,尤其对粮食加工企业阶段性采购、动态化补库、以固定库存支撑持续生产,给予了非常重大的资金支持力度。截至目前,已累计实施质押监管的粮食存储库点28个,合作银行为公司的会员企业融资授信95亿元。

其三是创造性地开辟了国内首家也是目前唯一一家电子贷款通道——网银"粮贸通"。自2012年起,公司与华夏银行合作,基于仓单质押项下商品融资产品业务的快速发展,将公司的电子交易系统与银行的资金管理系统对接,采用电子贷款模式,加快专项贷款申请流程,实现了贷款业务的网上申请与发放,并辅以为会员企业提供场内、场外资金结算及仓储保险业务,通过创新型模式和优质服务,将农业类电子商务的现代运营领域又向前拓进了一大步。

其四,公司还将与中国建设银行、交通银行等金融机构合作开展保证金贷款业务,并为大型连锁超市供应商提供应收账款贷款服务。公司的会员企业只要是家乐福、沃尔玛、乐购、北京华联等大型连锁超市的供应商,由公司进行采购和供货监管,根据供应商业务融资的上限额度,合作银行便可为其100%融资,助其更好地盘活购销资金、促进商品流转。

3. 粮食仓储物流平台

通过与北大荒粮食物流公司、北大荒营销股份公司、北大荒物流集团的资源共享,拓展粮食仓储物流及信息服务领域,构建了汇集采购、仓储、加工、包装、配送、结算、信息等方面系统化管理、一体化运作的功能体系,为公司的会员企业提供全方位的"供应链"服务。

——以设于哈尔滨的公司总部为市场管理枢纽,以设于垦区内外的各粮食"银行"网点为原粮收储及产品加工基地,以设于北京、宁波、中山、遂宁的分市场为大宗商品集散中心,以遍布全国的北大荒绿色食品连锁店为零担商品配送节点,为公司的会员企业提供优质高效的保障性仓储物流服务。

——整合北大荒粮食物流公司及外埠港口码头的粮食仓储资源,形成了"以产区仓储支撑销售、凭港口物流推进贸易"的产业格局,不断推进仓储基地前移,用专业化、综合性的物流服务托举农产品电子商务平台,满足公司的会员企业对于原粮产地仓储、港口中转临储、物流节点集散等方面的个性化需求。目前,一次性可调配仓容总量逾300万吨。

——以四通八达的北大荒AAAAA级专业物流体系为业务支撑,采取合资、合作等方式构建的运输服务网络已经遍布全国各地,其中包括:在京津塘、长三角、珠三角、东北亚、中部地区构建了五大物流中心,在黑龙江省内外开辟了20余个物流节点,在国内各大城市创办了758家北大荒绿色食品连锁专营店。完善的信息网络、配送网络、基地网络有力地托举了电子商务平台顺畅运营,"从田园到餐桌"的全程化物流服务体系已初建成效。

——强化商品质检及商务结算服务。公司与省级质检部门合作,为会员企业的交易商品提供可溯源的质量保障,并与多家货运及速递公司紧密合作,为会员企业的商品挺进并占领市场提供快捷的配送保障。公司的交易系统与合作银行的结算系统联网,力促会员企业资金划拨、结款、还款、还息等结算业务的顺利进行,为会员企业提供了强有力的资金安全保障。

——坚持智能化、网络化、信息化三位一体,大力拓展信息服务领域,积极与中华粮网等专业信息企业合作,利用其强大的信息资源和人力资源,建设农业类的资讯服务平台、数据服务平台,为公司的会员企业提供行业资讯、调研报告、行情预警、农产品资源库、历史数据等综合性专项特色服务,通过提升信息引领的功能作用,实现产业发展的提档升级。

山东省是一个农业大省,粮食产业是山东省农业中具有巨大潜力的一大产业,拓展粮食产业结构、延伸粮食产业链条是促进粮食增值和社会经济发展的重要途径,能够有效增加粮食相关产品的附加值,解决粮食在运输中不易贮藏,粮食产品结构过剩、区域过剩和阶段过剩的问题,带动相关行业的发展,对山东省经济的发展有着重要的意义。

附录 粮食产业代表性论文成果篇

1. 山东省粮食产业结构优化路径探析

山东省粮食产业结构优化路径探析

【摘 要】 我们在区域比较优势理论的基础上,具体分析山东省粮食产业的比较优势,并提出了山东省的粮食产业结构进行重新布局与整合的构想,最后结合实际指出当前制约山东省粮食产业集群形成的四大主要因素。

【关键词】 粮食产业;比较优势;产业结构

山东省下设17个市,境内既有沿海的半岛,又有黄河冲刷的平原,中部山地突起,西南、西北低洼平坦,东部缓丘起伏,形成以山地丘陵为骨架、平原盆地交错环列其间的地形大势。在气候环境上,气温地区差异东西大于南北。在经济发展水平上,由于历史和地理位置原因,各地市也存在差异和各自不同的特点。为此,了解山东省内粮食作物的区域比较优势,充分利用各地区的自然条件和社会资源,优化粮食产业结构,包括供给结构和消费结构,全省统一布局,发挥各地区的规模优势,是提高粮食产业竞争力的有效路径。

一、区域比较优势理论概述

比较优势理论最先有英国经济学家大卫·李嘉图提出。起初是应用在国际贸易理论中,每个国家都应根据"两利相权取其重,两弊相权取其轻"的原则,集中生产并出口其具有"比较优势"的产品,进口其具有"比较劣势"的产品。

以黄小清、姜洁、郭洪海为代表的学者进一步发展了区域比较优势理论,创造了地区规模比较优势系数。本部分的分析即采用了规模优势比较系数来分析山东各地市在粮食产业上的产量规模优势。其计算方法为：

$$SAC_{ij}(规模比较优势指数) = \frac{GS_{ij}/GS_i}{GS_j/GS}$$

其中，GS_{ij}表示 i 市 j 种粮食作物的播种面积，GS_i表示 i 市粮食作物的总播种面积；GS_j表示山东省 j 种粮食作物的播种面积，GS表示山东省粮食作物的总播种面积。SAC_{ij}数值大于 1，表示该市的 j 种粮食作物在全省具有比较优势规模，专业化程度也比较高，反之，则表示 j 种粮食作物在全省没有比较优势，专业化程度也较低，若该指标等于 1 则表明处于全省的平均水平。运用区域比较优势理论，有利于分析如何优化山东省在粮食产业的供给结构。

二、粮食产业结构区域比较优势分析

1. 粮食供给的区域优势分析

冬小麦、玉米、地瓜是山东省的三大粮食产物，此外大豆、花生、稻谷也具备一定的产量规模，且也是主要的粮食加工企业的加工对象。因此，本部分将选取这 6 种主要的粮食作物作为分析对象。考虑到粮食生产的波动性和风险性，本部分选取 2010 年至 2015 年 6 年的相关统计数据，计算 6 年所需指标的算术平均数作为计算比较优势指数的依据。

查阅 2010 年至 2015 年这 6 年间的《山东省统计年鉴》，经过相关计算得出，6 年间，即 2009 年至 2014 年，山东省粮食作物的总播种面积为 11007181 公顷，冬小麦的全省播种面积平均为 3706747 公顷，玉米的全省播种面积平均为 3093593 公顷，地瓜的全省播种面积平均为 252689 公顷，大豆的全省播种面积平均为 147667 公顷，花生的全省播种面积平均为 767820 公顷，稻谷的全省播种面积平均为 122767 公顷。同样，再计算出全省 17 市的相关平均数据，最终计算出这 6 种粮食作物的规模优势比较指数，如下图所示：

地区	规模优势比较指数					
	冬小麦	玉米	地瓜	大豆	花生	稻谷
济南	0.97	1.08	1.04	0.65	1.05	0.81
青岛	1	1.13	0.80	1.11	1.13	0.05
烟台	0.97	1.1	1.04	1.02	1.01	0.07
威海	1.03	0.94	1.24	0.98	1.01	0.02
潍坊	0.99	1.07	0.88	0.99	0.99	0.07
东营	1.02	0.88	0.31	1.84	0.99	1.92
日照	0.89	0.77	1.92	0.95	1.01	1.73
淄博	0.97	1.14	0.65	0.68	1.00	0.48
泰安	0.90	1.07	1.46	0.83	1.01	0.15
莱芜	0.80	1.16	1.53	0.35	1.01	0
临沂	0.89	0.83	1.72	0,84	1.01	2.07
枣庄	0.95	1.05	1.14	1.01	0.99	0.98
济宁	0.95	0.96	0.99	1.05	1.01	2.11
滨州	1.01	1.06	0.31	1.08	0.93	0.46
德州	1.02	1.09	0.47	0.91	0.90	0.23
聊城	1.05	1.05	0.42	0.96	1.00	0.25
菏泽	1.10	0.90	0.76	1.21	0.97	0.83

资料来源：《山东省统计年鉴》

将各地区的比较优势指数按照鲁东、半岛地区、鲁南地区、鲁西、鲁北、鲁中地区进行汇总，可得出如下结论：半岛、鲁东沿海地区，包括青岛、烟台、威海、潍坊、日照等市，在玉米、地瓜、花生、大豆的种植上总的比较优势明显；鲁南地区，包括菏泽、临沂、枣庄、济宁等市，在地瓜、大豆、尤其是稻谷的种植上总的比较优势明显；鲁西、鲁北地区，包括聊城、德州、滨州、东营等市，在冬小麦、玉米、大豆的种植上总的比较优势明显（东营在稻谷的种植上比较优势最为明显，但其他市则过低）；鲁中地区，包括济南、淄博、莱芜、泰安等地区，在花生、地瓜、玉米的种植上总的比较优势明显。

2. 粮食消费的区域优势分析

粮食产品不同于蔬菜、水果等其他农产品，可以直接进入一般消费者的消费领域中。粮食产品需要进行进一步的生产加工才能被一般消费者所接受。因此，初始粮食产品的需求者为各类粮食生产加工企业。本部分就是以山东各地的粮食生产加工企业为对象，分析粮食消费在区域上的分布特点。

作为粮食大省，全省各地设立了很多的粮食生产加工企业，能真正体现出消费区域分布特点的是那些大型的龙头企业。因此，我们选取各地的上市企业为主要分析对象。

企业名称	所在地区	所需粮食作物	生产产品
西王食品	滨州	玉米、大豆、花生	玉米油、大豆油、花生油
保龄宝生物股份	德州	玉米、小麦	玉米淀粉、麦芽糊精、玉米蛋白粉
山东龙力生物科技	德州	玉米	玉米芯、玉米淀粉
青岛啤酒	青岛	小麦	啤酒
山东登海种业	烟台	玉米	玉米种
烟台双塔食品	烟台	大豆、地瓜	粉丝、粉条
鲁花集团（上市排队申请中）	烟台	花生	花生油
龙大集团	烟台	花生、大豆、地瓜	花生油、大豆油、粉丝、粉条

资料来源：互联网

由上表可以看出：半岛鲁东沿海地区在粮食供给与需求的区域优势上比较均衡，即该地区在玉米、地瓜、花生等粮食作物的种植上具有比较优势，相应地该地区有6家粮食生产龙头企业与之相匹配；鲁西、鲁北地区拥有3家以玉米为主要生产原料的上市企业，而该地区在玉米的种植上也具有比较优势；而其他区则没有建立相应地与种植优势相匹配的粮食生产加工的大型企业；特别是鲁南地区，在稻谷的种植上具有比较明显的优势，但是山东省内却没有一家以稻谷为主要生产原料的龙头企业；冬小麦、玉米、地瓜是山东省的三大粮食作物，但是除玉米外，其他两种粮食作物的利用效率并不是很高。

三、整合山东省粮食产业区域结构

根据粮食生产与粮食供给的区域比较优势分析，建议对山东省的粮食产业结构进行重新布局与整合，形成3个至4个比较大的粮食产业集群，具体设想如下。

半岛鲁东地区集中种植玉米、地瓜、花生这三种粮食作物，发挥种植的规模效应，建立这三种粮食作物的产业集群，深度开发地瓜的生产加工工艺，扶持以地瓜为主要生产原料的相关企业，同时开发大豆种植与生产加工的潜力。

鲁南地区集中种植大豆、稻谷，建立这两种粮食作物，发挥种植的规模效应，建立这两种粮食作物的产业集群，研究相应的开发工艺，扶持相关的龙头企业。

鲁西、鲁北地区集中种植冬小麦、玉米这两种粮食作物，尤其是冬小麦的种植，发挥种植的规模效应，建立这两种粮食作物的产业集群，深度开发冬小麦的生产加工工艺，扶持相关的企业大力发展。

鲁中地区由于地理位置的特殊，连接了鲁东、鲁南、鲁西与鲁北，可以根据其种植的区域比较优势，集中种植花生、地瓜、玉米这三种粮食作物，发挥规模效应，既可以选择建立相应的产业集群，又可以为其他各地区的产业集群提供相应的粮食作物。

四、山东省发展粮食产业集群的制约因素

要想按照我们提出的路径对山东省的粮食产业结构进行优化，必须要在政府支持力度、粮食产业链的拓展、粮食产业科技创新、粮食种植经营模式等方面进行加强，但目前来看，这几方面存在着制约。

1. 政府部门的支持力度有待于进一步的加强

山东省作为粮食大省，政府部门历来十分重视粮食产业的发展，但是要想提升粮食产业的竞争力，按照我们所提供的路径进行产业结构的优化，则需要加强以下几个方面的支持力度。

第一，牵头进行粮食产业结构的重新规划。按照各地区的粮食种植比较优势，由政府牵头对各地的粮食种植品种进行整合、规划，做好每个地区农户的工作，发挥农村合作组织、村干部在联结农户与粮食加工企业之间的桥梁作用，发展订单农业，建立农户与企业之间利益共享、风险共担的新型合作关系。通过定向投入、定向服务、定向收购等方式，建立优质粮源基地，为粮食加工提供稳定可靠的优质粮源，提高粮食产品规模效益。针对各地的比较优势，主推2至3个优质品种，实行一村一镇一品种种植，集中连片，最终形成粮食规模种植的优质粮食生产基地。

第二,打造粮食精品品牌,培育龙头企业。充分发挥粮食产品的聚合效应,以龙头企业和品牌粮食产品为核心,整合各类资源,实行统一品牌、统一质量、统一包装、统一经营,打造强势品牌,形成产品系列,提高产品档次,扩大知名品牌市场占有率,提高商标的知名度。打破地域限制和地方保护主义的束缚,力推各地同类的优质粮食加工企业的战略性充足,同时积极需求战略合作伙伴,引进国际或国内的知名企业,壮大企业的规模和势力。积极开展绿色食品和ISO14000认证,建立粮食质量标准和安全体系,采用优良操作规程(GMP)、关键危害点控制(HACCP)和卓越绩效模式等国际通行的管理标准,提高企业质量管理水平。通过品牌推动,提高产品和企业的知名度,扩大市场占有率,提升企业核心竞争力。

第三,加大粮食产业的技术创新投入。提升粮食产业的竞争力,要在粮食产品的成品率、食用率、利用率上做文章。而这些目标的实现需要科技创新的支持。政府部门通过鼓励和支持粮食加工企业与科研院校的合作,对粮食产业的关键技术的科研攻关提供足够的资金支持,形成以企业为主体、产学研相结合、科技资源共享、技术优势互补的粮食科技创新体系。

2. 粮食产业链短,需要进一步的扩展和延伸

粮食的种植、生产、加工、流通、销售等一系列的价值增值活动,构成了一条完整的粮食产业链。虽然粮食产业链条的每一个环节都在运转,但是各个环节之间是分割的,并没有形成一个统一的整体。体现在:一是没有集生产、收购、储运、加工、销售、科研于一体的粮食产业化龙头企业或集团,诸如中粮集团这样的特大型粮食集团,整合了种植、粮食产品初加工、粮食贸易、仓储运输、粮食产品精细加工、包装、配送、终端销售等业务,是山东省所没有的;二是产业链上的各个环节自身在纵深上也不够拓展,如在粮食的种植和生产环节,存在着成品率低、食用率低、优质粮食品种少的问题,在粮食加工环节上,存在着利用率低、企业效益少的问题,在粮食流通和销售环节上,存在着成本费用高的问题;三是由于粮食产业的信息服务约束、流通服务滞后、技术服务滞后而导致的产业链各环节之间的交易费用较高。

3. 粮食产业缺乏足够的科技创新

目前山东省的粮食企业有着广泛和急迫的通过创新实现发展和升级的需求。山东省的粮食行业普遍存在着成品率低、食用率低、利用率低、效益低、产业链条短的问题,因此科技创新提升产业实力的潜力巨大。如江南大学研发的大米蛋白

生产技术,延长了稻谷产业链,提高粮食资源的食用率和利用率。以碎米为原料加工食品级米淀粉和米蛋白,可增值5至8倍。以食品级米蛋白为例,蛋白含量80%以上米蛋白价格每吨2.5万至2.8万元,蛋白含量90%以上米蛋白价格每吨3.2万至3.5万元。从全球范围来看,发达国家注重粮油加工生物转化技术,利用现代微生物技术、发酵工程技术对粮油加工过程中副产物如麸皮、谷糠、植物油提取废渣等废弃物进行资源化综合转化利用,提高了产品的附加值。与国外、国内的先进技术相比,我们还存在着很大的差距,基础理论研究薄弱,科技成果转化程度低,资源综合利用率低,粮食产品加工工艺需要进一步创新,粮食加工技术装备水平还需要进一步提升。

4. 粮食种植经营模式需要改变

目前的农村土地经营体制严重制约了粮食种植的规模化经营,除了要实行农村土地规模流转补贴制度外,还要从农户——这一粮食生产经营主体的角度进行粮食种植经营模式的改变,以期能够达到粮食规模种植和优化粮食产业结构的目的。在山东省的一些农村地区,农户种什么品种,怎么种,什么时候种,以什么方式种,完全是农户自主决定的自由种植行为。虽然也存在着农村生产经营合作社等组织,但落后的自给自足的"小农意识"还广泛存在,农户具有"短视"的特点,即只从自身的利益出发来组织安排粮食的生产与经营,缺乏市场眼光和干大事、创大业的意识,表现在只对近期的市场价格比较敏感,当市场价格不利于自身的利益时就要脱离农村生产经营合作的束缚,单独干,单独出售。这样一来,粮食品种繁杂、农资选用随意、种植管理无序,质量标识、责任追溯等问题就会制约着粮食产业优化路径的开展。因此,就需要通过订单农业等方式来约束农户的这种"短视"行为,将粮食加工企业与农户捆绑成利益共同体,用市场规则来约束农户的行为,同时通过统一粮食种植品种、统一农资联购分供、统一种植技术指导等手段来改善这一问题。

2. 山东省粮食产业集群发展模式及对策研究

山东省粮食产业集群发展模式及对策研究

【摘 要】我们通过分析山东省粮食产业的现状特点，探讨山东省粮食产业集群的发展模式，并结合山东省粮食产业的实际，进一步探索推进山东省粮食产业集群发展的对策建议。

【关键词】粮食产业；产业集群；合作社；区域经济

一、理论研究现状及研究意义

粮食产业集群是产业集群模式在粮食产业中的应用，是指粮食种植业、粮食关联企业以及关联机构在特定地域的集聚。我国粮食产业集群理论的发展相对较晚并且不是很成熟。河南农业大学赵予新教授结合产业集群的理论首次将粮食产业集群定义为：在粮食产业生产具有比较优势的地区，以粮食种植业为基点，从农用生产资料（化肥、农药和农业机械等）、粮食育种等产前服务到粮食种植，再从粮食的种植后向延伸到粮食的加工与销售等关联产业以及为粮食产业提供相关配套的关联机构相互集聚而形成的集群现象。

山东省是全国重要的产粮大省，在国家粮食安全中具有重要的战略地位。因此通过分析山东省粮食产业发展的现状特点、探讨粮食产业集群发展模式和对策，将有利于促进山东省粮食产业又好又快发展。

二、山东省粮食产业的基本状况

山东是全国粮食主要产区和重要的商品粮基地。小麦、玉米、地瓜是山东省的三大主要粮食作物，夏粮主要是冬小麦；秋粮主要是玉米、地瓜。此外还有大豆、水稻、谷子、高粱和其他小杂粮等。

在全国31省中，山东省粮食总产量仅次于黑龙江和河南，居全国第三位。2013山东种植业生产形势继续保持良好发展态势，粮、棉、油、菜等主要农作物全面增产，粮食总产量达到4528.2万吨，比2012年增加253.2万吨，增长5.9%，实现了十一连增。

经多年发展,粮食生产区域布局不断优化,生产力水平快速提高。2003年以来的十一年里,山东粮食作物播种面积也在不断增加。2013年山东省粮食播种面积10448.1万亩,比上年增加43.4万亩。全省17个市中,有11个市粮食播种面积在500万亩以上,其中有5个市超过1000万亩。

三、山东省粮食产业的特点

1. 粮食品种的集群种植已形成,但生产仍以小农经济为主

根据耕地的比较优势,粮食品种的集群种植基本上形成,以小麦、玉米、地瓜和花生为主。同时,生产方式仍是单个家庭的小农经济:规模小,实力弱,处于分散经营状态。因此在种植技术方面,无条件更新加工设备,改进加工工艺,研究开发新产品,技术难以升级。达不到规模经营,就形不成规模效益。总体上还没有改变低层次、高消耗、低效率的发展方式。

2. 粮食加工企业形成,但大多规模小

山东省粮食加工企业的竞争优势大多建立在低成本、低价格,特别是劳动力成本低廉的基础上,个体、家庭企业小生产管理方式占有相当大的比重。这些粮食加工企业中的小型企业,人才缺乏,自身效益低,更带动不了全省粮食产业的发展。

3. 粮食基地已经出现,但建设不够稳固

由于许多家庭经营的小农经济规模偏小,缺乏资金、人力、技术。只有一小部分农业生产基地已经形成,他们靠"订单农业"或者通过先期投入的方式,主要是通过企业为农户免费提供粮种、化肥等农资来强化与农户之间的联系。但由于农业生产的高风险以及企业面临的市场风险,使得这种联系经常发生断裂,农户与企业都难以获得稳定的预期收入。

根据粮食种植基地的发展现状、种粮农户的相关技能以及专业合作组织的发育程度等情况将粮食产业集群划分为四个阶段,即粮食产业集群的初步形成时期、快速成长时期、高度繁荣时期和逐渐稳定时期。结合山东省粮食产业发展的现状特点我们认为山东省粮食产业集群已经初步形成,正处在快速的成长时期。

四、山东省粮食产业集群发展模式探讨

由以上分析可以看出,山东省粮食产业发展必须走以先进科技为引领的粮食产业集群的道路。具体有如下几种发展模式:

1. 合作组织带动型

山东省鱼台县近几年在有关科研院校的协助下,进行了以"农民合作"为核心的新组织和制度创新,涌现了多个专业合作社。2008年成立鱼台县凯华谷物种植合作社,现已发展社员500余户,拥有耕地3000多亩,多种植小麦、大豆等作物。同年成立的还有鱼台栋梁蔬菜种植合作社。这种合作组织带动型的粮食产业集群发展模式可以概括为"粮食合作社(专业协会)+农户"的形式。这种粮食产业集群的模式主要以市场导向和相关的科技服务为中心,由种粮农户成立合作社,在合作社发展壮大后成立实体加工并销售由种粮农户生产出来的粮食。在这里,合作组织包括种粮农民的专业协会、供销合作社和社区合作经济组织。

合作组织带动型的粮食产业集群是通过紧密连接经济实体、销售服务和科研的开发、推广等利益主体,促进科技与经济的结合,从而带动种粮农户进行专业化的粮食生产,实现粮食的产、供、销一体化经营。

与之同时进行的还有农村土地流转合作社。农村土地流转合作社是指在家庭承包经营的基础上,由享有农村土地承包经营权(或林地经营权)的农户和从事农业生产经营的组织,为解决家庭承包经营土地零星分散、效益不高、市场信息不灵等问题,自愿联合、民主管理,把家庭承包土地(或林地)的经营权采取入股、委托代耕和其他流转方式进行集中统一规划、统一经营的农村互助性合作经济组织。2014年10月山东省日照市东港区前高庄土地流转合作社在区工商局登记注册并正式成立,成为具有法人资格的农村土地流转合作社。到2014年10月东港区共有农民专业合作社560户,出资总额4.45亿元,成员总数达4369人。

2. 龙头企业带动型

山东是我国主要的粮食加工基地,其中的龙头企业——鲁花集团,采取"公司+基地+农户"的经营模式,与生产基地或农户进行紧密联系,其花生种植基地已经覆盖山东全省以及河南、安徽、陕西等周边省份,成为一个覆盖面极广的粮食产业集群的支柱产业。这种龙头企业带动型的粮食产业集群发展模式可以概括为"公司+基地+农户"或"公司+农户"的形式。这种模式的粮食产业集群,通常是以具有比较强大的经济能力和辐射带动能力的龙头企业为主体。龙头企业与种粮农户通过合同契约或股份合作制等利益联动机制与农户形成松散的或紧密的经营共同体,并共享利润、共担风险。其中,在整个集群的产业链中处于支配和主导地位的龙头企业带动种粮农户进行粮食的专业化生产,并最终将粮食的生产、加工、销售有机地结合在一起,实行粮食的一体化经营。在龙头企业带动型的粮食产业集群发展模式中,处于核心的龙头企业带动农户和粮食关联产业的发展,形成利益共同体。龙头企业、农户相互制约、共同发展。

3. 区域经济增长极带动型

区域经济增长极带动型的发展模式是一种以点带面,以增长极为示范,同时辐射带动周边地区的发展。在山东省,黄河三角洲生态经济区开发迎来重大的历史机遇。据2012年统计,整个黄河三角洲生态经济区拥有未利用地800多万亩,约占全省的32%,其中国家鼓励开发的盐碱地276万亩、荒草地151万亩、滩涂210万亩,另有浅海面积近1500万亩。随着防潮体系的建设完善,还将增加150万亩的土地。黄河入海口,每年新增土地3~5万亩。丰富的土地资源是黄河三角洲吸引要素聚集、发展高效生态经济的核心优势,也是全省经济社会发展的重要潜力所在。黄河三角洲区位优势明显:面向渤海湾,北邻京津冀,东连胶东半岛,南靠济南城市圈。如今,在天津滨海新区迅速崛起、胶东半岛制造业基地不断发展壮大的形势下,这里将得到更好的辐射和带动,从而成为推动山东省区域经济协调发展的重要增长极。因此利用这丰富的土地资源,搞好生态农业,大有可为。

五、山东省粮食产业集群发展的对策建议

1. 以农民专业合作社和农村土地流转合作社为平台来促进粮食产业集群的发展

2011年7月成立的安岳县鑫粮仓粮食专业合作社按照党的十八大精神,联合社大胆改革和探索农村土地经营方式,大力发展农村粮食专业合作社、家庭农场等生产形式,组织广大农民在粮食生产经营,取得了引人注目的社会效益和经济效益。以农民专业合作社和农村土地流转合作社为平台来促进粮食产业集群的发展是四川省粮食产业集群形成和发展的一个重要经验,应该作为培育和发展山东省粮食产业集群的一个重要途径。从山东省现状来看,粮食产业集群早已经具有一定的雏形,已经进入快速成长期。但农民专业合作社和农村土地流转合作社发育不足,只是在近几年才有所真正的落实,严重滞后于粮食产业集群的发展。由于缺乏政府政策以及合作社的支撑,粮食产业集群的发展受到了一定的影响。因此,必须高度重视合作社的建设和发展。具体应该做到:一是,大胆探索,创新联合社经营机制;二是,科技领先,开展全程机械化种植,统一机耕、机种、机收。三是,示范带动。联合社将流转的土地用于实施粮食种植直播新技术示范,用实实在在的示范,让农户看到采用先进技术既节省劳动力投入,产量又高于传统种植的好处,从而引导农户使用先进的种植技术。

2. 发展绿色现代农业,促进粮食产业集群的升级

一是,要大力发展农产品标准化生产。在重点地区、品种、环节和企业,加快推行标准化生产和管理,继续加强农产品生产环境和产品质量检验检测。加强无公害农产品标准化生产基地认定和无公害农产品、绿色食品、有机食品认证,大力发展农产品无公害、生态化生产。二是,抓农业产业园区建设。建设一批主体功能清晰,符合区域农业发展方向,主导产业突出,具备科技示范性和观光性的集约型现代农业产业示范园区。粮食产业集群的发展同时也推动了农业现代化,带动了农业结构调整,促进了农业增效和农民增收。

3. 加强粮食基地建设,完善企业与农户的利益共享机制

粮食基地的建设,对于拓展区域资源优势,增强科技服务功能,提高农业综合生产能力,培育农业发展后劲,促进农村产品经济向商品经济、市场经济的转化起到了有力的推动作用。加快建立粮食产业社会化服务体系,不仅能够有效地改善农业综合生产基础条件,而且能够增强科技服务功能。为充分调动农民参与产业化的积极性,营建良好的农企关系,就要建立完善企业增效、农民增收,企业与农户利益共享机制。

4. 以黄河三角洲生态经济区为依托来加快粮食产业集群升级

黄河三角洲生态经济区为代表的经济区域,是山东省粮食产业集群发展最为有利条件的地区,也是资本、技术、管理和人才等集群发展所需生产要素的集聚中心。在这里发展粮食产业集群有良好的要素条件和产业基础。各种要素能够通过黄河三角洲生态经济区进行有效的资源整合和产业集群,从而为经济的发展提供持续的动力。不仅如此,经济区在集聚各种资源,提升和强化各种服务功能的同时,还会向周围地区和中小城市提供更多的要素和资源,而且其强大的服务功能和因此形成的创新能力,会使经济区成为辐射周围城市和整合区域内产业体系的"龙头",对产业组织和经营管理方式创新等方面起先导和带动作用,成为该区域内粮食产业集群发展的加速器。黄河三角洲生态经济区是国家十二五重要规划之一,具有良好的机遇。因此,为了充分发挥作为增长极的带动作用,促进山东省粮食产业集群的发展要高度重视培育以蓝黄经济区为核心的中心城市的商贸、金融和研发等配套服务的发展,为粮食产业集群的发展和升级体统强有力的技术和要素支持。

3. 基于 GEM 模型的山东省粮食产业集群竞争力研究

基于 GEM 模型的山东省粮食产业集群竞争力研究

【摘 要】山东省是我国的粮食大省,粮食问题是全省乃至全国的头等大事,粮食产业集群是保障粮食产业持续发展、农民收入不断增加和社会经济长期稳定发展的有效途径;一个产业集群要想持续健康发展,必须具备自身的核心竞争力。我们通过对山东省粮食产业集群竞争力的研究,采用区域产业竞争力模型——GEM 模型,建立粮食产业集群竞争力评价指标体系,并对山东省粮食产业集群竞争力进行了系统分析研究,尝试为山东省粮食产业集群的发展提出一定的建议。

【关键词】GEM 模型;山东省;粮食;产业集群

产业集聚作为一种跨越式的发展模式,农业产业集群通过发挥其集聚效应、竞争效应、协作效应、创新效应和品牌效应,可有效地提升区域内产业竞争力,为有效解决"三农"问题提供了坚实的理论和实践支撑。在工业反哺农业、城市支持农村的农业发展新阶段,农业产业集群的功能将会得到充分释放,成为推动现代农业发展的重要途径和载体。

山东省是全国最重要的粮食生产基地之一,2014 年全省粮食总产超过 920 亿斤,比 2013 年增加十几亿斤,实现全年粮食总产"十二连增"。我们以山东省粮食产业集群为例,利用区域产业竞争力分析模型——GEM 模型,从资源、设施、供应商与相关辅助行业、企业的结构和战略、本地市场和外部市场等六个层面建立粮食产业集群竞争力评价指标体系,对山东省粮食产业集群竞争力进行了系统的综合分析,以期对山东省粮食产业集群的持续、健康发展提供建议及对策。

一、GEM 模型概述

GEM 模型源自迈克尔·波特提出的钻石模型。两位加拿大学者 Tim Padmore 和 Henrey Gibson 在总结多年研究企业集群经验的基础上,对钻石模型进行了改进和完善,提出了一种分析产业集群竞争力的模型——"基础-企业-市场"模型(简称 GEM 模型)。

GEM 模型确定了影响产业集群的竞争力的 3 个因素：基础、企业和市场，每个因素对又包含两个因素。具体来说，"资源"和"设施"合称为"因素对Ⅰ"-基础(Groundings)；"供应商和相关辅助行业"和"企业的结构、战略和竞争"合称为"因素对Ⅱ"-企业(Enterprises)；"本地市场"和"外地市场"被称为"因素对Ⅲ"-市场(Markets)。GEM 模型正是这三个"因素对"英文名称第一字母的缩写，因而得名。三个因素对中的 6 大因素被称为一级指标，6 大因素下的子因素被称为二级指标。

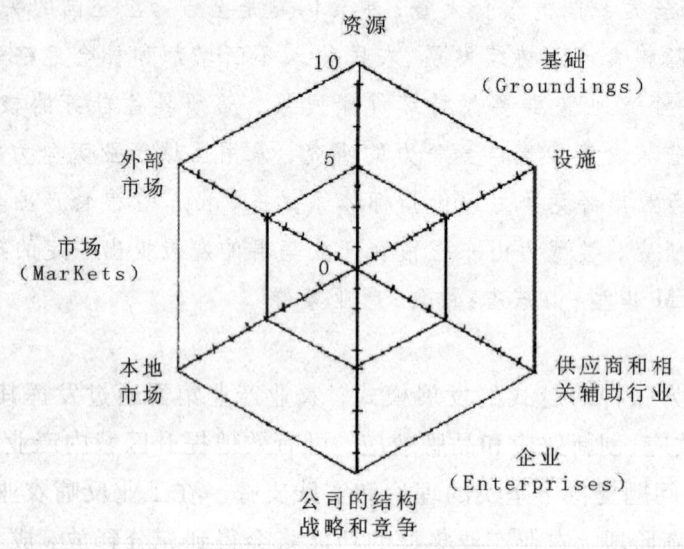

图 1　GEM 模型

GEM 模型对影响集群竞争力的各个因素进行了量化，不仅能够清晰地了解一个产业集群的竞争力，还可以在相似产业集群中进行比较研究。

二、粮食产业集群竞争力评价指标体系

根据 GEM 模型，将影响产业集群竞争力的三个因素对（基础、企业和市场），六个因素（资源、设施、供应商和相关辅助行业、粮食类企业的结构、战略和竞争、本地粮食市场、外部粮食市场）以及 29 个三级指标，建立粮食产业集群竞争力评价指标体系，如图 2 所示：

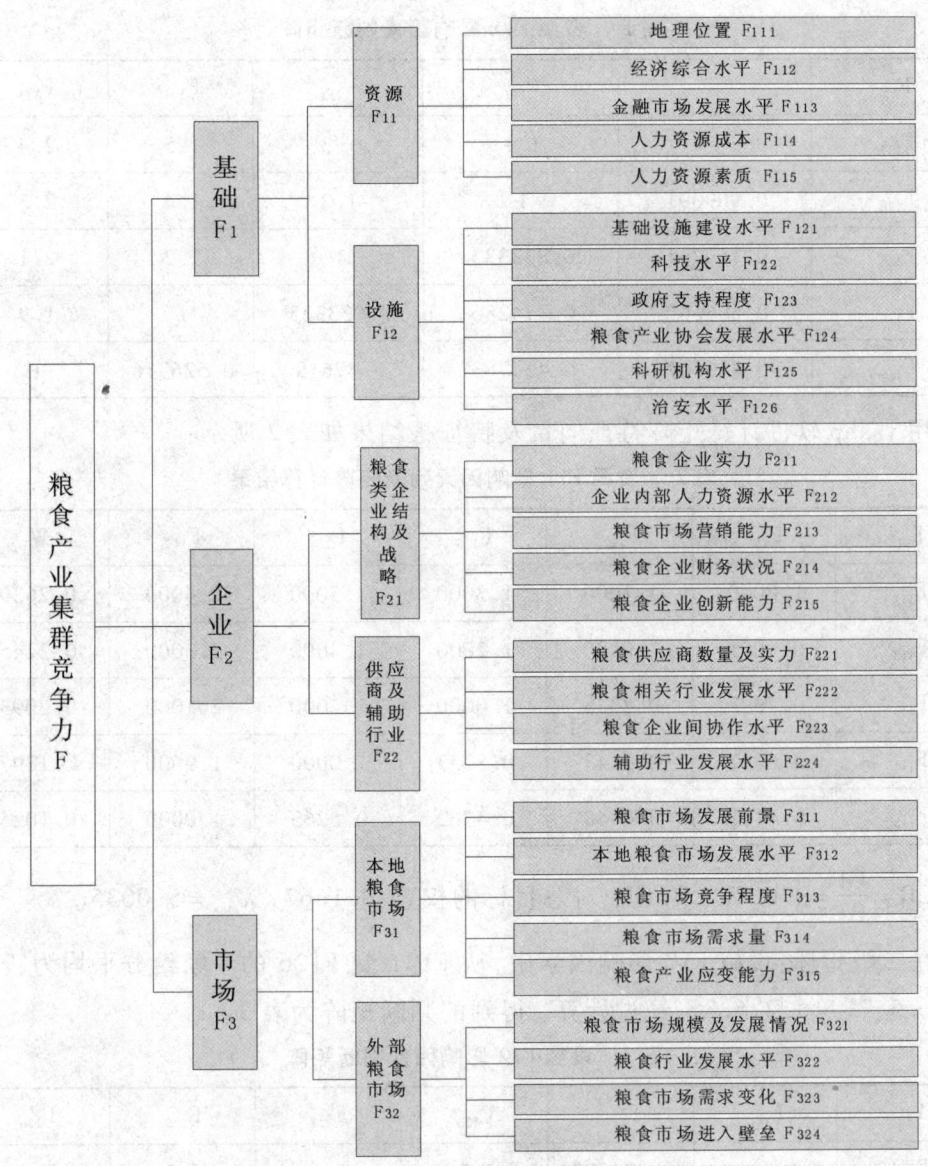

图 2　粮食产业集群竞争力评价指标体系

三、山东省粮食产业集群竞争力 GEM 得分

在二级指标：资源 F11 影响因素中，从 F111 到 F115 的专家给分平均为：8.8，8.7，8.5，8.3，7.4，$a_{ij} = \begin{cases} a_i - a_j + 1, & \text{如果 } a_i \geq a_j \\ \dfrac{1}{a_i - a_j + 1}, & \text{如果 } a_i < a_j \end{cases}$，得到的判断矩阵如表 1 所示：

表1 资源 F11 影响因素判断矩阵

F_{11}	F_{111}	F_{112}	F_{113}	F_{114}	F_{115}
F_{111}	1	1.1	1.3	1.5	2.4
F_{112}	0.909091	1	1.2	1.4	2.3
F_{113}	0.769231	0.833333	1	1.2	2.1
F_{114}	0.666667	0.714286	0.833333	1	1.9
F_{115}	0.416667	0.434783	0.47619	0.526316	1

用 yaahp 软件计算矩阵特征向量及特征根结果如表2所示：

表2 资源 F11 影响因素判断矩阵计算结果

F_{11}	F_{111}	F_{112}	F_{113}	F_{114}	F_{115}	W_i
F_{111}	1.0000	1.1000	1.3000	1.5000	2.4000	0.2639
F_{112}	0.9091	1.0000	1.2000	1.4000	2.3000	0.2445
F_{113}	0.7692	0.8333	1.0000	1.2000	2.1000	0.2093
F_{114}	0.6667	0.7143	0.8333	1.0000	1.9000	0.1797
F_{115}	0.4167	0.4348	0.4762	0.5263	1.0000	0.1025

$CR = \dfrac{CI}{RI} = 0.0008 < 0.10$；对总目标的权重：0.1667；$\lambda_{max} = 5.0035$。

在二级指标：设施 F12 影响因素中，从 F121 到 F126 的专家给分平均为：7.2，8.5，6.5，7.1，8.2，6.3。经过计算，得到的判断矩阵为表3。

表3 设施 F12 影响因素判断矩阵

F_{12}	F_{121}	F_{122}	F_{123}	F_{124}	F_{125}	F_{126}
F_{121}	1	0.434783	1.7	1.1	0.5	1.9
F_{122}	2.3	1	3	2.4	1.3	3.2
F_{123}	0.588235	0.333333	1	0.625	0.37037	1.2
F_{124}	0.909091	0.416667	1.6	1	0.47619	1.8
F_{125}	2	0.769231	2.7	2.1	1	2.9
F_{126}	0.526316	0.3125	0.833333	0.555556	0.344828	1

用 yaahp 软件计算矩阵特征向量及特征根结果如表 4 所示：

表 4　设施 F12 影响因素判断矩阵计算结果

F_{12}	F_{121}	F_{122}	F_{123}	F_{124}	F_{125}	F_{126}	W_i
F_{121}	1.0000	0.6703	1.4918	1.2214	0.8187	1.8221	0.1723
F_{122}	1.4918	1.0000	2.2255	1.8221	1.4918	2.7183	0.2658
F_{123}	0.6703	0.4493	1.0000	0.8187	0.4493	1.2214	0.1117
F_{124}	0.8187	0.5488	1.2214	1.0000	0.6703	1.4918	0.1411
F_{125}	1.2214	0.6703	2.2255	1.4918	1.0000	2.7183	0.2176
F_{126}	0.5488	0.3679	0.8187	0.6703	0.3679	1.0000	0.0915

$CR = \dfrac{CI}{RI} = 0.0025 < 0.10$；对总目标的权重：0.1667；$\lambda_{max} = 6.0156$。

在二级指标：粮食企业机构及战略 F21 中，从 F211 到 F215 的专家给分平均为：7.2，7.9，7.5，6.9，8.2。经过计算得到的判断矩阵为表 5。

表 5　粮食企业机构及战略 F21 影响因素判断矩阵

F_{21}	F_{211}	F_{212}	F_{213}	F_{214}	F_{215}
F_{211}	1	0.588235	0.769231	1.3	0.5
F_{212}	1.7	1	1.4	2	0.769231
F_{213}	1.3	0.714286	1	1.6	0.588235
F_{214}	0.769231	0.5	0.625	1	0.434783
F_{215}	2	1.3	1.7	2.3	1

用 yaahp 软件计算矩阵特征向量及特征根结果如下表：

表 6　粮食企业机构及战略 F21 影响因素判断矩阵计算结果

F_{21}	F_{211}	F_{212}	F_{213}	F_{214}	F_{215}	W_i
F_{211}	1.0000	0.6703	0.8187	1.2214	0.5488	0.1583
F_{212}	1.4918	1.0000	1.2214	1.4918	0.8187	0.2269
F_{213}	1.2214	0.8187	1.0000	1.2214	0.6703	0.1858
F_{214}	0.8187	0.6703	0.8187	1.0000	0.4493	0.1404
F_{215}	1.8221	1.2214	1.4918	2.2255	1.0000	0.2885

$CR = \dfrac{CI}{RI} = 0.0014 < 0.10$；对总目标的权重：$0.1667$；$\lambda_{max} = 5.0064$。

在二级指标：供应商及辅助行业 F22 中，从 F221 到 F225 的专家给分平均为：6.7，5.6，7.2，7.5。经过计算得到的判断矩阵为表 7

表 7　供应商及辅助行业 F22 影响因素判断矩阵

F_{22}	F_{221}	F_{222}	F_{223}	F_{224}
F_{221}	1	2.1	0.666667	0.555556
F_{222}	0.47619	1	0.384615	0.344828
F_{223}	1.5	2.6	1	0.769231
F_{224}	1.8	2.9	1.3	1

用 yaahp 软件计算矩阵特征向量及特征根结果如表 8：

表 8　供应商及辅助行业 F22 影响因素判断矩阵计算结果

F_{22}	F_{221}	F_{222}	F_{223}	F_{224}	W_i
F_{221}	1.0000	1.8221	0.6703	0.5488	0.2101
F_{222}	0.5488	1.0000	0.4493	0.3679	0.1275
F_{223}	1.4918	2.2255	1.0000	0.8187	0.2982
F_{224}	1.8221	2.7183	1.2214	1.0000	0.3642

$CR = \dfrac{CI}{RI} = 0.0019 < 0.10$；对总目标的权重：$0.1667$；$\lambda_{max} = 4.0050$。

在二级指标：本地粮食市场 F31 中，从 F311 到 F315 的专家给分平均为：6.4，7.2，7.4，8.1，6.8。经过计算得到的判断矩阵为表 9。

表 9　本地粮食市场 F31 影响因素判断矩阵

F_{31}	F_{311}	F_{312}	F_{313}	F_{314}	F_{315}
F_{311}	1	0.555556	0.5	0.37037	0.714286
F_{312}	1.8	1	0.833333	0.526316	1.4
F_{313}	2	1.2	1	0.588235	1.6
F_{314}	2.7	1.9	1.7	1	2.3
F_{315}	1.4	0.714286	0.625	0.434783	1

用 yaahp 软件计算矩阵特征向量及特征根结果如表 10：

表 10　本地粮食市场 F31 影响因素判断矩阵计算结果

F_{31}	F_{311}	F_{312}	F_{313}	F_{314}	F_{315}	W_i
F_{311}	1.0000	0.5488	0.4493	0.3012	0.8187	0.1043
F_{312}	1.8221	1.0000	0.8187	0.5488	1.4918	0.1900
F_{313}	2.2255	1.2214	1.0000	0.6703	1.8221	0.2321
F_{314}	3.3201	1.8221	1.4918	1.0000	2.7183	0.3462
F_{315}	1.2214	0.6703	0.5488	0.3679	1.0000	0.1274

$CR = \dfrac{CI}{RI} = 0.0000 < 0.10$；对总目标的权重：0.1667。

在二级指标：外部粮食市场 F32 中，从 F321 到 F324 的专家给分平均为：6.4，7.3，7.6，6.8。经过计算得到的判断矩阵为表 11。

表 11　外部粮食市场 F32 影响因素判断矩阵

F_{32}	F_{321}	F_{322}	F_{323}	F_{324}
F_{321}	1	0.526316	0.454545	0.714286
F_{322}	1.9	1	0.769231	1.5
F_{323}	2.2	1.3	1	1.8
F_{324}	1.4	0.666667	0.555556	1

用 yaahp 软件计算矩阵特征向量及特征根结果如下表：

表 12　外部粮食市场 F32 影响因素判断矩阵计算结果

F_{32}	F_{321}	F_{322}	F_{323}	F_{324}	W_i
F_{321}	1.0000	0.5488	0.4493	0.8187	0.1595
F_{322}	1.8221	1.0000	0.8187	1.4918	0.2907
F_{323}	2.2255	1.2214	1.0000	1.8221	0.3550
F_{324}	1.2214	0.6703	0.5488	1.0000	0.1948

$CR = \dfrac{CI}{RI} = 0.0000 < 0.10$；对总目标的权重：0.1667；$\lambda_{max} = 4.0000$。

通过以上计算，判断矩阵一致性比例 CR 都符合一致性，证明调查数据合理。

从 2014 年 8 月份开始对山东省的粮食企业进行调查，历时三个多月。在当地政府和粮食协会的大力帮助下，对当地粮食加工、销售、物流等粮食及相关企业进行问卷调查，共发放问卷 110 份，其中回收 89 份，回收率达 80.9%。其中加工企业 10 家，销售类企业 23 家，物流及其他企业 16 家。所调查企业主要为山

东省粮食行业的支柱企业,比较具有代表性。通过调查问卷,经过专家打分,整理出各个指标权重,数据处理结果如下表13所示:

表13 山东省粮食产业集群GEM得分

			评价指标	指标样本均值	指标权重	得分
粮食产业集群竞	基础 F_1	资源 F_{11}	地理位置 F_{111}	8.8345	0.2639	8.5060
			经济综合水平 F_{112}	8.7346	0.2445	
			金融市场发展水平 F_{113}	8.4768	0.2093	
			人力资源成本 F_{114}	8.3562	0.1797	
			人力资源素质 F_{115}	7.4454	0.1025	
		设施 F_{12}	基础设施建设水平 F_{121}	8.5231	0.1723	7.8499
			科技水平 F_{122}	7.5345	0.2658	
			政府支持程度 F_{123}	8.8433	0.1117	
			粮食产业协会发展水平 F_{124}	7.1442	0.1411	
			科研机构水平 F_{125}	7.2685	0.2176	
			治安水平 F_{126}	8.7566	0.0915	
	企业 F_2	粮食类企业结构及战略 F_{21}	粮食企业实力 F_{211}	8.5453	0.1583	7.7518
			企业内部人力资源水平 F_{212}	8.2356	0.2269	
			粮食市场营销能力 F_{213}	8.4779	0.1858	
			粮食企业财务状况 F_{214}	8.2294	0.1404	
			粮食企业创新能力 F_{215}	6.23864	0.2885	
		供应商及辅助行业 F_{22}	粮食供应商数量及实力 F_{221}	8.2598	0.2101	7.0082
			粮食相关行业发展水平 F_{222}	7.8123	0.1275	
			粮食企业间协作水平 F_{223}	6.3345	0.2982	
			辅助行业发展水平 F_{224}	6.5562	0.3642	
	市场 F_3	本地粮食市场 F_{31}	粮食市场发展前景 F_{311}	8.5346	0.1043	8.1983
			本地粮食市场发展水平 F_{312}	8.6621	0.19	
			粮食市场竞争程度 F_{313}	8.4622	0.2321	
			粮食市场需求量 F_{314}	8.1551	0.3462	
			粮食产业应变能力 F_{315}	6.8322	0.1274	
		外部粮食市场 F_{32}	粮食市场规模及发展情况 F_{321}	7.8345	0.1595	7.4322
			粮食行业发展水平 F_{322}	7.3123	0.2907	
			粮食市场需求变化 F_{323}	7.6657	0.355	
			粮食市场进入壁垒 F_{324}	6.8562	0.1948	

下面根据 GEM 模型，对"因素对"进行计算，其得分为：

基础 $F_1 = \dfrac{F_{11}+F_{12}}{2} = \dfrac{8.5060+7.8499}{2} = 8.1779$

基础 $F_2 = \dfrac{F_{21}+F_{22}}{2} = \dfrac{7.7518+7.0082}{2} = 7.3800$

市场 $F_3 = \dfrac{F_{31}+F_{32}}{2} = \dfrac{8.1938+7.4322}{2} = 7.8130$

$GEM = 2.5 \times [(F_{11}+F_{12}) \times (F_{21}+F_{22}) \times (F_{31}+F_{32})]^{\frac{2}{3}} = 605.8214$

四、结论和启示

通过对山东省粮食产业集群竞争力分析可知，从最后计算的结果来看，605.8214 的得分说明山东省粮食产业集群的竞争力在整个蓝黄经济区地区来说属于竞争力上等水平，具有绝对的优势，这基本符合现实情况。从 GEM 得分情况来看，人力资源素质、粮食企业创新能力、粮食企业间协作水平、粮食产业应变能力等几个指标得分不是很高，因此山东省粮食产业集聚竞争力的发展应该从这几个方面进行提高，从而实现山东省粮食产业在全国范围内的核心竞争力。

4. 试谈山东粮食电子交易市场面临的问题及其对策

试谈山东粮食电子交易市场面临的问题及其对策

【摘 要】 构建以粮食电子交易市场为主要形式的粮食电子商务平台,把粮食生产者、供应商、加工企业、经销商、消费者连接起来,实现产、供、销信息资源共享,物流一体化运作,减少中间环节,促进物流、资金流和信息流的和谐统一。作为创新点之一的粮食供应链销售环节中小企业融资平台构建,能够及时解决企业短期流动资金需求。另一个创新点则是学校与企业深度融合,优势互补,共谋发展。

【关键词】 粮食供应链;电子交易市场;融资平台

4.1 我国粮食电子商务交易模式及其发展

4.1.1 静态方面

我国目前粮食的交易方式主要有 7 种:一是传统交易模式,即人际交流面对面的粮食贸易;二是粮食批发市场的场内现货挂牌洽商、现货挂牌撮合、局域网和在线专场、竞价拍卖、竞价招投标等多种灵活的交易模式;三是个体与企业建立的网上粮食商城;四是粮油期货交易;五是在"准粮油商品交易所"里专业从事大宗粮食的电子买卖、交易及套保模式;六是 26 个国家粮油交易中心为主的粮食网络交易模式;七是大型批发市场场际间网络交易。

初步调研资料证明,粮食网络交易不论从品种上还是从数量上都已成为占绝对优势的交易模式。由山东商务职业学院与山东省粮食局合作,构建并完善适应山东半岛蓝色经济区经济发展要求的粮食电子交易市场,无论对于政府主管部门提高粮食监管水平还是对于改善学校实训条件都是非常必要的。

4.1.2 动态方面

回顾历程,以我国粮食体制改革开放初期的 1993 年推出粮食期货交易至今,粮食网络交易大体经历了五种交易模式(见下图)。表明粮食电子化交易由专业向综合,由区域分隔到全国一体化方向发展。

我国粮食网络交易模式的发展历程

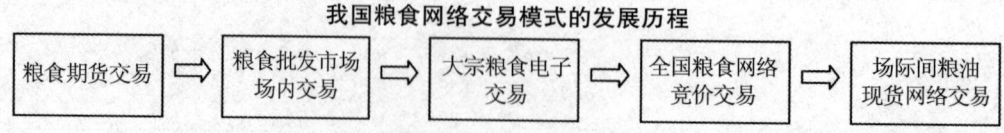

4.2 山东粮食电子交易市场 swot 分析

粮食电子商务从外延上考察，它应当包括，粮食行业的专业网站通过互联网为粮食生产、经营企业提供及时、准确的信息服务，从而赚取利润；粮食生产、经营企业利用网络提供的信息，指导自己的生产和经营；粮食供、需双方通过网络交易平台实现网上交易等内容。粮食电子化交易的具体承载平台是粮食电子交易市场。对目前山东粮食电子交易市场 swot 分析如下：

优势：	劣势：
山东省作为国内小麦和玉米的主产区，不但原粮资源丰富，海运和公路、铁路运输发达； 山东省粮油交易中心是政府重点扶持的大型区域性现代化粮食综合交易市场。2007年6月，中心被国家粮食局确定为国家粮食重点联系市场； 山东省粮油交易中心具备推动发展粮食大物流的基础条件。 山东省粮油交易中心与山东商务职业学院进行深度校企合作，由学院提供足够的物流、网络营销、软件开发等技术支持。	网站知名度较低，网络营销策略及手段有待加强； 业务范围有待拓展，对中小企业服务范围还需进一步开拓； 粮食管理部门及人员的协同商务理念意识比较淡薄； 针对中小粮油企业融资服务手段创新不足，金融等部门协同服务跟不上交易中心业务的发展需要； 由于知名度不高，号召力不强，交易品种较少，场内交易不活跃。
机会： 粮食购销市场化、经营主体多元化和粮食流通法制化进程加快； 国家和山东省政府对粮食市场建设高度重视，制定了一系列政策措施。主要包括："要完善粮食市场体系建设"；"大力推广电子商务等先进的交易方式和手段"；"力争十一五期间形成比较完善的粮食市场体系"；"中央和地方储备粮的购销和轮换，原则上通过规范的粮食批发市场采取竞价交易方式进行"。	威胁： 粮食行业和其他行业相比是一个传统产业，自成体系、自我封闭，对新生事物接受比较慢，基础落后； 东北粮油主产区大型网站功能完善，其全国各地分市场的逐步开拓对本地区客户的争夺； 中小粮油企业对网络功能及作用认识不足，相应从业人员的网络知识缺乏； 物流信息服务系统不够完善，制约粮食电子商务发展。

4.3 如何构建山东粮食电子交易市场

4.3.1 构建目标

（1）以市场信息共享为基础的政府服务业务协同

党的十八大以来，打造服务型政府，提高市场在资源配置中的地位已成为大势所趋。对于粮食行政机构而言，信息公开是关键，粮食政策与收购销售有关的信息必须通过平台最大可能在第一时间发布，真正实现国有粮食企业与中小粮食企业交易的公平公正公开。

（2）商业银行的粮食供应链金融业务拓展

粮食供应链金融是站在整条粮食供应链的高度来管理链条上的中小粮食企业的。它围绕粮食供应链核心企业，针对粮食供应链上下游中小企业的融资需求，设计出一系列完整的贯通粮食供应链全流程的融资方案和金融服务。

山东是一个经济大省，也是粮食主销区。就初步调研资料观察，粮食供应链上的企业大多规模小、实力弱，且采取传统经营方式，信息化水平低。因此，选择具有物流金融运作经验和完善信息系统的第三方物流企业作为粮食物流业与金融业合作的中介，有利于稳定金融机构及中小粮食企业的关系。

4.3.2 网络架构

（1）模型设计——粮食电子交易协同商务平台

粮食电子交易运作是通过架构粮食电子交易平台来完成的，它必须以完善的粮食物流信息系统为基础。其最终目标是在粮食交易及结算相关的物流与金融领域实现信息的电子化、数字化，并进行粮食交易在物流、结算、融资等方面网络信息的自动采集、处理、存储、传输和交换，最终实现粮食电子交易相关资源的充分开发和普遍共享，从而破解中小粮食企业的融资困境，降低电子交易市场门槛，促进粮食电子交易业务的繁荣发展。粮食电子交易协同商务平台，对粮食电子交易中产生的信息进行集中式存储和管理，为金融机构、粮食企业、粮食物流服务提供商以及粮食行政管理协调机构提供数据共享服务的枢纽。

基于协同商务的粮食电子交易平台分为四层：

最高层是协同主体层，为粮食物流金融运作中的成员企业提供入口，使他们得以通过互联网访问协同商务平台，对所需信息进行查询。

第三层是应用服务层,为协同商务平台用户提供金融服务、在线交易、智能配送、货物跟踪、系统管理、专业咨询、信息发布、客户服务、合同管理、数据交换等功能服务。

第二层是数据库服务层,对粮食生产者、粮食经销者、粮食消费者、粮食物流服务提供商、金融机构的数据库进行整合,存储相关信息。

网络层为基础层,它的主要对象为检验检疫、监督机构、海关、税务等政府相关部门。

(2)框架搭建

交易系统由广域网络系统和软件系统组成。网络系统是整个业务系统的基础,通过广域网络,实现粮食购销企业、市、县粮食、发改委、财政和农发行等部门的信息互联互通。软件系统主要包括电子商务、政府粮食监控和安全设计三部分。

网络由管理子网和业务子网构成,传输数据包括管理数据和业务数据。其中管理子网以粮食局为中心,向粮食系统联网单位传输各类政策、法规、批文、报表及办公自动化信息,其数据传输时间不确定,具有内部共享特征。业务子网以粮食交易市场作为整个网络的广域网中心,各市、县粮食局、仓库形成分层、分级互联互通的多层网络。其数据主要包括各类粮食价格、需求、买卖、交易、查询等业务信息。一方面是粮食供应链大型仓储企业将粮食供求、价格信息汇总至粮食交易市场,另一方面交易市场提供各地、各类联网用户的粮食信息查询服务。业务子网具有网络传输数据量大、传输实时性高、联网通讯连续性、持续性较长等特点。上述两个逻辑子网只是网络传输数据类型不同,联网单位完全一样,采用同一套物理网络链路实现各自的业务数据流传输。

4.3.3 建立网站并组建运营团队

山东粮食电子交易市场建设可以以山东粮油交易中心网站(http://www.sdgrainmarket.com.cn)为基础,对某些功能进行补充开发或重新设计。山东省粮油交易中心(济南国家粮食交易中心)隶属山东省粮食局,属国家粮食局重点联系市场,是山东省人民政府重点扶持的大型区域性现代化粮食综合交易市场,辖山东省粮油信息中心和山东谷丰粮食储备库。主要从事政府储备粮、最低收购价粮、陈化粮等竞价交易业务。目前中心有正式员工20名,其中国家级竞价交易师三名。拥有300平方米的电子交易大厅,设有200个席位,配备国内较先进的主机房和150台电脑,具备完善的粮食交易、信息服务、电子商务、履约协调、资金结算、客户服务等多项功能,是山东境内最大的国有粮食交易市场。

根据功能需要,构建完成后的山东半岛蓝色经济区粮食电子交易市场网站具体分为主页与会员专区两个功能模块:

门户网站主页导航

首页	新闻快讯	市场公告	信息区	交易区	服务区	企业名录	粮食学院	关于……

门户网站主页会员专区导航

会员专区	信息自助管理	新闻快讯	信息区	交易区	服务区	粮食学院	最新通知	关于……

4.3.4 网络推广策略

与山东粮食局合作，应用山东商务职业学院现有的人才智力资源对其下属的粮油交易中心进行技术更新与改革，在网站界面与后台维护、网站宣传等方面的工作都可以由山东商务职业学院师生来完成。优势互补，学校为企业服务，企业为学校提供实训机会，是校中厂、厂中校的具体实现形式，并以此为突破点，加强我校各个层次与粮食中小企业的联系。

关于我校承担的网站宣传任务，具体操作可分为两个方面：

（1）网络营销策划及传播

初步设想网站可采用以下推广方法：

第一，搜索引擎推广。搜索引擎推广是指利用搜索引擎等具有在线检索信息功能的网络工具进行网站推广的方法。企业网站建设后在各大搜索引擎进行注册有助于客户能够方便地找到企业网站。目前，国内外已有各大搜索引擎，如雅虎、搜狐、谷歌、百度、新浪、网易等。如何提高企业网站在搜索引擎排名，提高网站访问量，这便涉及到搜索引擎的优化。

第二，网络广告推广。网络广告是通过互联网来发布和传播的广告，是广告主为了推销自己的产品和服务在网上向目标受众进行有偿的信息传达，从而引起受众和广告主之间信息交流的活动。

（2）线下营销传播

山东商务职业学院的前身是山东烟台粮食学校，不仅有省级特色专业粮食工程专业，还开设食品营养与检测、粮油储藏等传统专业，另外还有物流、营销等相关专业，毕业生遍布全省粮食大中小企业，具有信息优势，通过在校生及毕业校友完成粮食交易市场的网络宣传具有渠道优势。另外，在筹备的2015年建校40周年校庆活动中，也可以加入网络宣传的内容。

初步的线下传播方式是通过设计精美的宣传材料、个别访问和发放调查问卷等方法发动全校师生员工进行企业信息传播。见下图

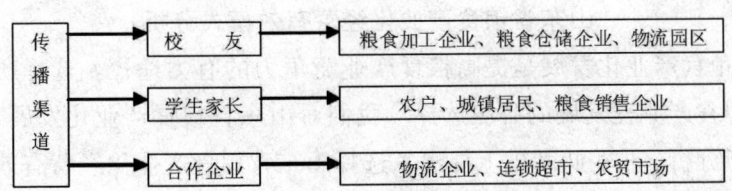

5. 山东省粮食产业化经营有效模式分析

山东省粮食产业化经营有效模式分析

【摘 要】粮食产业化发展是提高粮食产业竞争力的有力途径。选择产业化经营的有效模式是粮食产业化发展的必然选择。我们对山东省粮食产业化发展现状、主要经营模式进行了分析,并在此基础上提出了选择山东省粮食产业化经营有效模式的相关建议。

【关键词】粮食产业化;产业化经营模式

5.1 农业产业化经营与粮食产业化经营的定义

农业产业化经营最早产生于20世纪50年代的美国。1955年,美国经济学家John·H·Davis和Roy·A·Goldberg最先提出"农工商一体化"的概念,即以农产品为中心,把农业生产与其产前、产中和产后有关的工商业务有机地组织起来,成为一个经济联合体的过程。国内农业产业化经营大约20世纪90年代初始于山东,90年代中期以后逐渐为理论界所接受,并开始大规模实践,但学术界对农业产业化内涵的界定存在多种观点,并没有一个规范统一的认识。其中牛若峰(1998)提出的定义是被广泛引用的定义之一。他认为:"农业产业化经营是以市场为导向,以农户为基础,以龙头企业为依托,以经济效益为中心,以系列化服务为手段,通过实行种养加、产供销、农工商一体经营,将农业再生产过程的产前、产中、产后诸环节联结为一个完整的产业系统,是引导分散的农户小生产转变为社会化大生产的组织形式,是各参与主体自愿结成的利益共同体"。而粮食产业化经营是农业产业化经营在粮食产业上的体现。即粮食产业化经营是以农户为基础,以龙头企业为依托,以经济效益为中心,以系列化服务为手段,通过实行种养加、产供销、农工商一体经营,将粮食产前、产中、产后诸环节联结为一个而完整的产业系统,是各参与主体自愿结成利益共同体的一种新型经营方式。

5.2 山东省粮食产业化发展现状

5.2.1 粮食生产呈现良好态势

山东属于暖温带半湿润季风型气候区,气候温和,四季分明,雨热同季,适宜多种农作物生长发育,是我国种植业的发源地之一。山东是农业大省,也是全国重要的粮食生产基地,产品产量和质量均名列全国前茅。粮食在全省普遍种植,分夏、秋两季,夏粮主要是冬小麦,秋粮主要是玉米、地瓜、大豆、水稻、谷子、高粱和小杂粮。其中小麦、玉米、地瓜是山东省三大主要粮食作物。2015年,全省粮食总产量942.54亿斤,居全国第三位,比2010年增产75.4亿斤,平均每年增产15.08亿斤,粮食种植面积和粮食单产水平均有增加,粮食生产不仅能满足本省需求,而且有余粮调出。

5.2.2 基地建设稳步发展

近年来,山东省通过实施粮食高产创建、千亿斤粮食产能建设、高标准基本农田建设、中低产田改造等工程项目,粮食生产基础设施不断完善,促进粮食稳定增产。从2013年开始,山东省推进粮食高产创建活动,以大规模高产创建引领粮食增产。至2015年底已建粮食高产创建示范方305个,面积达1300多万亩,计划到2017年,建设万亩以上高产创建示范方600个,示范方两季亩产达到1100公斤以上,带动10个市、78个县整建制亩产过吨粮。

5.2.3 新型经营主体不断发展壮大

山东省农业产业化经营不断深化,实施"五十百千万"工程使得各类新型经营主体得到发展。通过加快土地流转速度,家庭农场、专业合作社、龙头企业、企业自建基地等土地规模化经营逐渐增多。2014年在乡镇中开展了农村土地承包经营权确权登记试点工作,促进了新型经营主体的发展。近几年全省种粮面积50亩以上的大户(家庭农场)1.74万户,粮食专业合作社1.6万多家,专业化服务组织1万多家。同时各地培育壮大骨干龙头企业,全省粮食行业国家级和省级农业产业化重点龙头企业达到116家,带动广大农户从生产走向市场。

5.2.4 粮油加工水平稳步提高

从粮食的加工环节来看,山东省粮油加工转化能力居全国前列。全省规模以上粮油加工企业达1892家,省级以上龙头企业44家,7家企业列入2015年度全国粮油行业"50强",拥有山东名牌87个、山东著名商标119个。坚持"食粮"并举,积极发展主食工业化生产使全省粮油精神加工水平有了提升,规模以上馒头生产企业37家;挂面加工企业71家。

5.3 山东省粮食产业化经营的主要模式

5.3.1 龙头企业带动型

龙头企业带动型是指以加工、营销龙头企业为主体,对外链接市场,对内链接生产基地和农户,通过合同契约或股份制等形式与农户形成互惠互利的经营共同体。企业为农户提供系列服务,农户为企业提供稳定的原料和资源。龙头企业带动型往往围绕某些产品形成"公司+农户"、"公司+基地+农户"等产业化经营组织形式。如位于山东省莱阳市的山东鲁花集团有限公司,是一家大型的民营企业、农业产业化国家重点龙头企业,该企业采用"公司+基地+农户"产业化经营模式与农户形成经营共同体,在全国各地建设了8个花生油生产基地,带动山东、河北、河南、江苏等地发展花生配套基地900万亩,年收购花生原料230多万吨,为农民直接创造收入50多亿元,可带动900多万农民增收致富。

5.3.2 合作组织带动型

这里的合作组织是由农户自愿结成的,在产品的产前、产中、产后等环节,实行系列化服务的互利互惠互助的组织。这种模式可以概括为"合作组织+农户"的产业化经营模式。这种模式一般是在合作组织的初级阶段运用的模式。如鱼台县成立凯华谷物种植合作社,现已发展社员500多户,拥有耕地200多公顷,种植小麦、大豆等作物。

5.3.3 中介组织联动型

通过各种供销社、合作社、农业专业协会等中介组织,把农户与企业联接起来,对内组织农户进行农产品生产,对外与加工和营销企业联接,为农业一体化经营提供全方位服务,使分散的小规模经营者联合形成大规模经营群体,实现规模效益。这种类型的产业化经营模式可以概括为"公司+中介组织+农户"的形式。如山东省广饶县依托汇通公司成立了东营市第一家粮食专业合作社,与县内及周边县市的农户签订小麦订单,粮食企业和农户之间通过该合作社建立起了利益共享、风险共担的联结机制,对合同签订、良种供应、技术指导服务和粮食收购等环节实行统一管理。通过这种"公司+合作社+农户"的经营方式,实现了农民增收、企业增效的双赢目标。

5.4 山东省粮食产业化经营有效模式选择

5.4.1 选择有效产业化经营模式的原则

不同的产业化经营组织模式具有不同的特点,在选择有效模式时,应根据各模式的特点进行选择,而不能搞一刀切或是简单的规定推行某种模式。首先,产业化经营模式应有利于产业发展,有利于提高农民收入。其次,模式的选择还要考虑当地农业生产的特点以及经济发展水平。产业一体化发展是一个动态发展的过程,要经历由低级向高级发展的过程，这就要求不同的产业化发展模式应适应于不同的产业化发展阶段，要由初级向高级不断演进。

5.4.2 粮食产业化经营模式的特点

龙头企业带动型模式下，企业与农户通过签订合同或契约的形式进行合作，企业与农户之间相对独立。这种模式下，龙头企业在资金、信息等方面具有绝对优势，从而处于主导地位，而分散的农户则处于弱势地位，分散的农户单独面对龙头企业，谈判能力有限。农户和企业之间信息不对称，分散的农户知识缺乏，而龙头企业具有更充分的市场信息，它们可能利用农户对市场信息缺乏的弱点来压低价格，使农户容易受到压迫。

合作组织带动型模式下，农户自愿结成利益共同体，主要代表农户利益。初级阶段的合作组织仅仅在粮农的产前和产中的某一环节提供服务。合作组织将一家一户的分散种植，联合成多家多户的规模经营，创造了市场优势。这种合作组织成立成本比较低，所需投资少，农户比较容易接受。

中介组织联动型模式中的中介组织可以分为一般中介组织和农民专业合作社，一般中介组织的主体不是农户，不代表农户的利益，农民专业合作社主要由农户自愿结成，利益最终由农户共享。中介组织的加入，农户和企业之间不再直接进行谈判。龙头企业委托中介组织来规范农户的行为，农户也委托中介组织来和龙头企业进行谈判，以尽可能多的维护农户的利益。从这种意义上看，中介组织联动型模式可以说是龙头企业带动型模式的改进。

在产业化经营模式中还有一种高度一体化模式，即合作社一体化模式。这里的合作社是指的农民自愿结成的发展比较完善的合作组织。合作社发展壮大后成立企业来加工和销售社内外农户生产的产品。这种模式下，农民既是生产者，又是加工、销售企业的主人，保证了产品附加值都归还于农户。

5.4.3 选择山东省粮食产业化经营有效模式的相关建议

第一，不同的粮食产业化发展阶段选择不同的经营模式

在粮食产业化初始期，众多农户处于分散状态，农户经济力量薄弱，这时通过单个农户的联合可以扩大生产规模，提高产品竞争力，这一阶段的产业化经营模式多适合合作组织带动型，即"合作组织+农户"。在粮食产业化发展期，粮食产业中的企业实力逐渐增强，出现粮食产业龙头企业。这些企业通过与农户签订合同的形式让农户按照企业的要求来生产，这一时期的经营模式多表现为龙头企业带动型，即"公司+

农户"。在粮食产业化的成熟期,通过企业或农户成立的各种中介组织成为联结企业和农户的桥梁,这种模式即为中介组织联动型,改进了龙头企业带动模式下的许多不足。这一时期,随着粮食产业化的进一步发展,中介组织中的农民专业合作社力量壮大,成立企业实体,这时合作社一体化模式作为一种更完善的产业化经营模式便随之出现。

第二,经济发展水平不同的地区选择不同的产业化经营模式

经济发展水平较低的地区较适合合作组织带动型模式。经济发展水平较高的地区适宜选择龙头企业带动型、中介组织联动型和合作社一体化模式。

第三,针对不同产业化经营模式的特点选择模式优化的措施

合作组织带动型和龙头企业带动型模式下的农户均有知识缺乏和力量薄弱的特点,所以要增加对农户的培训,促进这两种模式的发展。中介组织联动型和合作社一体化模式发展的关键是要推动中介组织的发展,可通过信贷支持或政府资金扶持的方式增强中介组织的带动能力,进而有实力发展企业实体进行产品加工和销售,使产品收购、加工、贮运、销售环节均通过合作组织控制在农民手中,最大程度保护农户的利益。

6. 基于AHP的山东省粮食产业结构优化体系设计

基于AHP的山东省粮食产业结构优化体系设计

【摘 要】山东省粮食产业结构优化是一个系统和复杂的问题,通过AHP决策分析法,把这一复杂问题分解为多层次,多目标,对各个目标按照重要性进行排序,从而有重点的进行开展。

【关键词】AHP;粮食产业;产业结构

优化山东省粮食产业结构是一个系统化和复杂化的问题,需要按部就班,有计划有步骤的开展。因此,为了设计出最优的优化山东省粮食产业结构的运行体系,就需要先对这一复杂问题进行分层次和分因素的研究。

为此,我们运用AHP决策分析法,建立山东省粮食产业结构优化模型,将粮食产业优化这一问题,分层次、分因素的进行分析研究,以期找到一个最优的运行方案。

6.1 AHP分析法简要介绍

AHP分析法,又称为层次分析法,已经在社会的多领域得到广泛的运用,是一种实用的多目标或多方案的决策方法。AHP分析方法的核心是将一个复杂的问题分为多个层次的目标,从不同的角度提出不同的解决方案,按照重要程度进行两两比较,最后得出一个重要性的排序,按照此排序便可以设计出解决问题的方案和实行的步骤。因此,AHP分析法特别适用于为多目标、多准则或无结构特性的复杂问题提供简便的决策方法。

粮食产业结构优化就是这样一个复杂的问题。粮食产业结构优化,可以有多个实现目标,有多个不同角度的解决问题的方法。因此,采用AHP方法,构建产业结构优化模型,通过各因素的比较,设计出最优的运行体系。

6.2 产业结构优化模型构建

6.2.1 AHP各目标层的建立

(1)总目标的确定

优化山东省粮食产业结构,最根本的目标要提升山东省粮食产业的竞争力与确保粮食的安全。粮食安全是关乎着国计民生的大事,确保粮食的产量的常年稳定增长是最基本的要求。优化粮食产业结构,也要把粮食安全放在首位,在确保粮食安全的基础上，才能进行其他目标的设定。虽然，山东省的粮食产量已经保持了多年的增长势头，但是就品质、生产成本与效益等方面与国际先进的粮食生产力相比，还存在着一定的差距，甚至于其他省份的粮食生产相比，也不具备绝对的优势。目前，国际上的四大粮商纷纷在我国境内设置各粮食品种的全产业链，进行各种布局，有的地方甚至出现了"洋货入市，国货入库"的现象。粮食产业的竞争力上不去，从长远来看，必定会威胁到粮食安全，因此，优化山东省粮食产业结构就必须把提升粮食产业竞争力与粮食安全设为最重要的总目标。

(2) 子目标的确定

提升粮食产业竞争力和粮食安全是一个庞大且复杂的问题，需要进一步细分为多个子目标来实现。子目标应包括四个方面：规模种植、提高行业效益、粮食产业集群、高成品率、高食用率及高利用率。规模种植有助于降低粮食种植成本、抵抗风险、保证充足的粮食来源。提高粮食行业效益，促进粮食产业转型发展、提质增效，需要在提升粮食产品市场竞争力、深化粮食流通体制改革，完善粮食市场运行机制上下功夫，有助于培育一批多元化、个性化、定制化、品牌化的粮食加工企业，进而培育出更多的大型的粮食加工龙头企业，从而提升在粮食市场上的竞争力、影响力和话语权。粮食产业集群，按照地区优势确立不同品种的粮食产业的集中，促进粮食产业特色化、规模化、集群化发展。粮食产品的高成品率、高食用率以及高利用率，是衡量粮食产品是否具备市场竞争力的关键，也是粮食产业科技创新的体现。

(3) 方案层的确定

为了实现上述的目标，需要从各个方面来制定方案。主要的方案和实现途径包括：加大政府的扶持力度、完善粮食产业链、提升产业的科技创新、改革粮食种植的经营模式，以上4个方面在本课题的上一部分已经详细分析过，本部分不再赘述。

(4) 目标层次图

各层次目标确定后，就形成了如下的一张错综复杂的层次图（图1所示），以此进行 AHP 分析，最终确定实现总目标的各个方案的重要程度和运行体系。

6.2.2 构建各层次的判断矩阵

判断矩阵是针对上一层次的某一指标，本层次的有关指标与它重要性的对比，两两进行对比，确定每一指标的权重。如：针对"提升粮食产业竞争力、确保粮食安全"这一总目标，4个子目标之间两两进行重要性的比较，赋予1（一个子目标和另一个子目标一样重要）、2、3（稍微重要）、4、5（明显重要）、6、7（强烈重要）、8、9（极其重要）等不同的数值，从而确定了一个判断矩阵A。其余判断矩阵，即方案层的各指标针对目标层的各指标的判断矩阵，A1、A2、A3、A4 矩阵，也按照同样的方法构建。

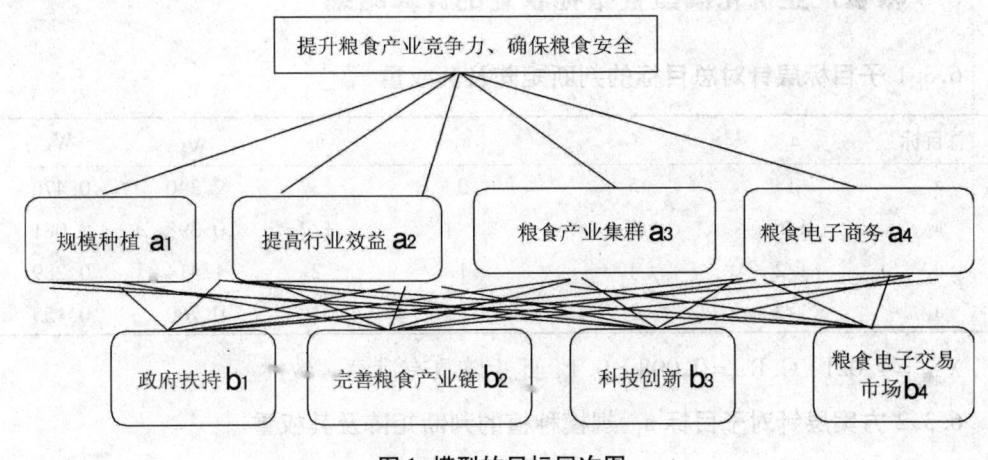

图1：模型的目标层次图

6.2.3 计算单一准则下元素的相对重要性

判断矩阵的数值的确定，我们采取了德尔菲法，询问了包括粮食企业的管理人员、主管粮食行业的政府工作人员以及研究粮食产业的专家学者，让他们分别对每个子目标进行两两重要性比较，加权平均，最终确定了这5个判断矩阵。

而后，我们根据方根法对每一矩阵进行层次排序，计算每一个判断矩阵的最大特征根 λ_{max}，由此计算 $AW = \lambda_{max}W$，其对应的归一化处理后的特征向量 $W = (W_1, W_2, W_3 \cdots\cdots W_n)^T$，就作为对应评价指标的权重。

6.2.4 判断矩阵的一致性检验

计算一致性指标 C.I. = ，n 为判断矩阵的阶数。而后计算平均随机一致性指标 R.I.，R.I. 是多次重复进行随机判断矩阵特征值的计算后取算术平均数获得的。下表1给出了1至6维的矩阵重复计算1000次的平均随机性指标：

表1

维数	1	2	3	4	5	6
R.I.	0	0	0.52	0.89	1.12	1.26

最后计算 CR = C.I./R.I.，当 CR = 0 时，比较判断矩阵具有完全一致性，当 CR < 0.1 时，比较判断矩阵具有满意一致性，当 CR > 0.1 时，比较判断矩阵具有非满意一致性，判断矩阵需要重新调整。

6.3 粮食产业优化模型各指标权重的计算结果

6.3.1 子目标层针对总目标的判断矩阵及其权重

总目标	a_1	a_2	a_3	a_4	$\overline{W}_i$	W_i
a_1	1	5	2	3	2.340	0.476
a_2	1/5	1	1/4	1/2	0.398	0.081
a_3	1/2	4	1	2	1.414	0.289
a_4	1/3	2	1/2	1	0.760	0.155

$\lambda_{max} = 4.021$，C.R. $= 0.008 < 0.1$，此矩阵具有满意一致性。

6.3.2 方案层针对子目标 a_1：规模种植的判断矩阵及其权重

a_1	b_1	b_2	b_3	b_4	$\overline{W}_i$	W_i
b_1	1	1/3	2	1/5	0.604	0.113
b_2	3	1	4	1/2	1.565	0.294
b_3	1/2	1/4	1	1/6	0.38	0.071
b_4	5	2	6	1	2.783	0.522

$\lambda_{max} = 4.034$，C.R. $= 0.014 < 0.1$，此矩阵具有满意一致性。

6.3.3 方案层针对子目标 a_2：提高行业效益的判断矩阵及其权重

a_2	b_1	b_2	b_3	b_4	$\overline{W}_i$	W_i
b_1	1	1/4	1/3	2	0.639	0.127
b_2	4	1	3	5	2.783	0.552
b_3	3	1/3	1	2	1.189	0.236
b_4	1/2	1/5	1/3	1	0.427	0.085

$\lambda max = 4.056$，C.R. $= 0.016 < 0.1$，此矩阵具有满意一致性。

6.3.4 方案层针对子目标 a_3：粮食产业集群的判断矩阵及其权重

a_3	b_1	b_2	b_3	b_4	$\overline{W}_i$	W_i
b_1	1	1/3	2	3	1.189	0.233
b_2	3	1	4	5	2.783	0.545
b_3	1/2	1/4	1	2	0.707	0.138
b_4	1/3	1/5	1/2	1	0.427	0.084

$\lambda_{max} = 4.068$，C.R. $= 0.019 < 0.1$，此矩阵具有满意一致性。

6.3.5 方案层针对子目标 a_4：高成品率、利用率、食用率的判断矩阵及其权重

a_4	b_1	b_2	b_3	b_4	$\overline{W}_i$	W_i
b_1	1	1/6	1/5	1/4	0.302	0.059
b_2	6	1	2	3	2.450	0.476
b_3	5	1/2	1	2	1.495	0.290
b_4	4	1/3	1/2	1	0.904	0.175

$\lambda_{max} = 4.046$，C.R. $= 0.016 < 0.1$，此矩阵具有满意一致性。

6.3.6 方案层各指标的权重排序

排序	方案层指标	总权重
1	b_2：完善粮食产业链	0.416
2	b_4：改革粮食种植经营模式	0.307
3	b_1：政府扶持	0.141
4	b_3：科技创新	0.138

根据已有的五个判断矩阵，可以计算出方案层每个指标的权重，其中

b_1 的总权重为 $0.476 * 0.113 + 0.081 * 0.127 + 0.289 * 0.233 + 0.155 * 0.059 = 0.141$

b_2 的总权重为 $0.476 * 0.294 + 0.081 * 0.552 + 0.289 * 0.545 + 0.155 * 0.476 = 0.416$

b_3 的总权重为 $0.476 * 0.071 + 0.081 * 0.236 + 0.289 * 0.138 + 0.155 * 0.290 = 0.138$

b_4 的总权重为 $0.476 * 0.522 + 0.081 * 0.085 + 0.289 * 0.084 + 0.155 * 0.175 = 0.307$

6.4 结论

从排列顺序可以看出，优化粮食产业结构的各个实行方案中，排在第一位的是完善粮食产业链，因此在设计优化粮食产业结构的运行体系时，应以完善、延伸粮食产业链为主，其他方面齐头并进的方式来进行。

7. 山东省粮食产业集群发展模式调研报告

山东省粮食产业集群发展模式调研报告

【摘 要】我们通过分析山东省粮食产业的现状特点，探讨山东省粮食产业集群的发展模式，并结合山东省粮食产业的实际，进一步探索推进山东省粮食产业集群发展的对策建议。

【关键词】粮食产业；产业集群；合作社；区域经济

7.1 理论研究现状及研究意义

粮食产业集群是产业集群模式在粮食产业中的应用，是指粮食种植业、粮食关联企业以及关联机构在特定地域的集聚。我国粮食产业集群理论的发展相对较晚并且不是很成熟。河南农业大学赵予新教授结合产业集群的理论首次将粮食产业集群定义为：在粮食产业生产具有比较优势的地区，以粮食种植业为基点，从农用生产资料（化肥、农药和农业机械等）、粮食育种等产前服务到粮食种植，再从粮食的种植后向延伸到粮食的加工与销售等关联产业以及为粮食产业提供相关配套的关联机构相互集聚而形成的集群现象。

山东省是全国重要的产粮大省，在国家粮食安全中具有重要的战略地位。因此通过分析山东省粮食产业发展的现状特点、探讨粮食产业集群发展模式和对策，将有利于促进山东省粮食产业又好又快发展。

7.2 山东省粮食产业的基本状况

山东是全国粮食主要产区和重要的商品粮基地，粮食作物播种面积常年稳定在1亿亩以上。粮食产量约占全国的7.7%，居全国第三位。粮食消费量、加工量、畜牧生产转化量均居全国前列，生产量、需求量自我平衡有余，畜产品调出是粮食调出的主要形式。小麦、玉米、地瓜是山东省的三大主要粮食作物，夏粮主要是冬小麦；秋粮主要是玉米、地瓜。此外还有大豆、水稻、谷子、高粱和其他小杂粮等。

经多年发展，粮食生产区域布局不断优化，生产力水平快速提高。2012年全省17个市中，有11个市粮食播种面积在500万亩以上，其中有5个市超过1000万亩；有4个市产量突破100亿斤，合计产量占到全省的半壁江山。德州市单产水平最高，亩均达到522.9公斤；单产水平最低的威海市，亩均也超过了400公斤，比全国平均单产水平还高出近 50 公斤。

7.3 山东省粮食产业的特点

7.3.1 粮食品种的集群种植已形成，但生产仍以小农经济为主

根据耕地的比较优势，粮食品种的集群种植基本上形成，以小麦、玉米、地瓜和花生为主。同时，生产方式仍是单个家庭的小农经济：规模小，实力弱，处于分散经营状态。因此在种植技术方面，无条件更新加工设备，改进加工工艺，研究开发新产品，技术难以升级。达不到规模经营，就形不成规模效益。总体上还没有改变低层次、高消耗、低效率的发展方式。

7.3.2 粮食加工企业形成，但大多规模小

山东省粮食加工企业的竞争优势大多建立在低成本、低价格，特别是劳动力成本低廉的基础上，个体、家庭企业小生产管理方式占有相当大的比重。这些粮食加工企业中的小型企业，人才缺乏，自身效益低，更带动不了全省粮食产业的发展。

7.3.3 粮食基地已经出现，但建设不够稳固

由于许多家庭经营的小农经济规模偏小，缺乏资金、人力、技术。只有一小部分农业生产基地已经形成，他们靠"订单农业"或者通过先期投入的方式，主要是通过企业为农户免费提供粮种、化肥等农资来强化与农户之间的联系。但由于农业生产的高风险以及企业面临的市场风险，使得这种联系经常发生断裂，农户与企业都难以获得稳定的预期收入。

根据粮食种植基地的发展现状、种粮农户的相关技能以及专业合作组织的发育程度等情况将粮食产业集群划分为四个阶段，即粮食产业集群的初步形成时期、快速成长时期、高度繁荣时期和逐渐稳定时期。结合山东省粮食产业发展的现状特点我们认为山东省粮食产业集群已经初步形成，正处在快速的成长时期。

7.4 山东省粮食产业集群发展模式探讨

由以上分析可以看出，山东省粮食产业发展必须走以先进科技为引领的粮食产业集群的道路。具体有如下几种发展模式：

7.4.1 合作组织带动型

山东省鱼台县近几年在有关科研院校的协助下，进行了以"农民合作"为核心的新组织和制度创新，涌现了多个专业合作社。2008年成立鱼台县凯华谷物种植合作社，

现已发展社员500余户，拥有耕地3000多亩，多种植小麦、大豆等作物。同年成立的还有鱼台栋梁蔬菜种植合作社。这种合作组织带动型的粮食产业集群发展模式可以概括为"粮食合作社（专业协会）+农户"的形式。这种粮食产业集群的模式主要以市场导向和相关的科技服务为中心，由种粮农户成立合作社，在合作社发展壮大后成立实体加工并销售由种粮农户生产出来的粮食。在这里，合作组织包括种粮农民的专业协会、供销合作社和社区合作经济组织。

合作组织带动型的粮食产业集群是通过紧密连接经济实体、销售服务和科研的开发、推广等利益主体，促进科技与经济的结合，从而带动种粮农户进行专业化的粮食生产，实现粮食的产、供、销一体化经营。

与之同时进行的还有农村土地流转合作社。农村土地流转合作社是指在家庭承包经营的基础上，由享有农村土地承包经营权（或林地经营权）的农户和从事农业生产经营的组织，为解决家庭承包经营土地零星分散、效益不高、市场信息不灵等问题，自愿联合、民主管理，把家庭承包土地（或林地）的经营权采取入股、委托代耕和其他流转方式进行集中统一规划、统一经营的农村互助性合作经济组织。2014年10月山东省日照市东港区前高庄土地流转合作社在区工商局登记注册并正式成立，成为具有法人资格的农村土地流转合作社。到2014年10月东港区共有农民专业合作社560户，出资总额4.45亿元，成员总数达4369人。

7.4.2 龙头企业带动型

山东是我国主要的粮食加工基地，其中的龙头企业——鲁花集团，采取"公司+基地+农户"的经营模式，与生产基地或农户进行紧密联系，其花生种植基地已经覆盖山东全省以及河南、安徽、陕西等周边省份，成为一个覆盖面极广的粮食产业集群的支柱产业。这种龙头企业带动型的粮食产业集群发展模式可以概括为"公司+基地+农户"或"公司+农户"的形式。这种模式的粮食产业集群，通常是以具有比较强大的经济能力和辐射带动能力的龙头企业为主体。龙头企业与种粮农户通过合同契约或股份合作制等利益联动机制与农户形成松散的或紧密的经营共同体，并共享利润、共担风险。其中，在整个集群的产业链中处于支配和主导地位的龙头企业带动种粮农户进行粮食的专业化生产，并最终将粮食的生产、加工、销售有机地结合在一起，实行粮食的一体化经营。在龙头企业带动型的粮食产业集群发展模式中，处于核心的龙头企业带动农户和粮食关联产业的发展，形成利益共同体。龙头企业、农户相互制约、共同发展。

7.4.3 区域经济增长极带动型

区域经济增长极带动型的发展模式是一种以点带面，以增长极为示范，同时辐射带动周边地区的发展。在山东省，黄河三角洲生态经济区开发迎来重大的历史机遇。据2012年统计，整个黄河三角洲生态经济区拥有未利用地800多万亩，约占全省的32%，其中国家鼓励开发的盐碱地276万亩、荒草地151万亩、滩涂210万亩，另有浅海面积近1500万亩。随着防潮体系的建设完善，还将增加150万亩的土地。黄河入海口，每年新增土地3~5万亩。丰富的土地资源是黄河三角洲吸引要素聚集、发展高效生态经济的核心优势，也是全省经济社会发展的重要潜力所在。黄河三角洲区位优势明显：面向渤海湾，北邻京津冀，东连胶东半岛，南靠济南城市圈。如今，在天津滨海新区迅速崛起、胶东半岛制造业基地不断发展壮大的形势下，这里将得到更好的辐射和带动，从而成为推动山东省区域经济协调发展的重要增长极。因此利用这丰富的土地资源，搞好生态农业，大有可为。

7.5 山东省粮食产业集群发展的对策建议

7.5.1 以农民专业合作社和农村土地流转合作社为平台来促进粮食产业集群的发展

2011年7月成立的安岳县鑫粮仓粮食专业合作社按照党的十八大精神，联合社大胆改革和探索农村土地经营方式，大力发展农村粮食专业合作社、家庭农场等生产形式，组织广大农民在粮食生产经营，取得了引人注目的社会效益和经济效益。以农民专业合作社和农村土地流转合作社为平台来促进粮食产业集群的发展是四川省粮食产业集群形成和发展的一个重要经验，应该作为培育和发展山东省粮食产业集群的一个重要途径。从山东省现状来看，粮食产业集群早已经具有一定的雏形，已经进入快速成长期。但农民专业合作社和农村土地流转合作社发育不足，只是在近几年才有所真正的落实，严重滞后于粮食产业集群的发展。由于缺乏政府政策以及合作社的支撑，粮食产业集群的发展受到了一定的影响。因此，必须高度重视合作社的建设和发展。具体应该做到：一是，大胆探索，创新联合社经营机制。二是，科技领先，开展全程机械化种植，统一机耕、机种、机收。三是，示范带动。联合社将流转的土地用于实施粮食种植直播新技术示范，用实实在在的示范，让农户看到采用先进技术既节省劳动力投入，产量又高于传统种植的好处，从而引导农户使用先进的种植技术。

7.5.2 发展绿色现代农业，促进粮食产业集群的升级

一是，要大力发展农产品标准化生产。在重点地区、品种、环节和企业，加快推行

标准化生产和管理,继续加强农产品生产环境和产品质量检验检测。加强无公害农产品标准化生产基地认定和无公害农产品、绿色食品、有机食品认证,大力发展农产品无公害、生态化生产。二是,抓农业产业园区建设。建设一批主体功能清晰,符合区域农业发展方向,主导产业突出,具备科技示范性和观光性的集约型现代农业产业示范园区。粮食产业集群的发展同时也推动了农业现代化,带动了农业结构调整,促进了农业增效和农民增收。

7.5.3 加强粮食基地建设,完善企业与农户的利益共享机制

粮食基地的建设,对于拓展区域资源优势,增强科技服务功能,提高农业综合生产能力,培育农业发展后劲,促进农村产品经济向商品经济、市场经济的转化起到了有力的推动作用。加快建立粮食产业社会化服务体系,不仅能够有效地改善农业综合生产基础条件,而且能够增强科技服务功能。为充分调动农民参与产业化的积极性,营建良好的农企关系,就要建立完善企业增效、农民增收,企业与农户利益共享机制。

7.5.4 以黄河三角洲生态经济区为依托来加快粮食产业集群升级

黄河三角洲生态经济区为代表的经济区域,是山东省粮食产业集群发展最为有利条件的地区,也是资本、技术、管理和人才等集群发展所需生产要素的集聚中心。在这里发展粮食产业集群有良好的要素条件和产业基础。各种要素能够通过黄河三角洲生态经济区进行有效的资源整合和产业集群,从而为经济的发展提供持续的动力。不仅如此,经济区在集聚各种资源,提升和强化各种服务功能的同时,还会向周围地区和中小城市提供更多的要素和资源,而且其强大的服务功能和因此形成的创新能力,会使经济区成为辐射周围城市和整合区域内产业体系的"龙头",对产业组织和经营管理方式创新等方面起先导和带动作用,成为该区域内粮食产业集群发展的加速器。黄河三角洲生态经济区是国家十二五重要规划之一,具有良好的机遇。因此,为了充分发挥作为增长极的带动作用,促进山东省粮食产业集群的发展要高度重视培育以蓝黄经济区为核心的中心城市的商贸、金融和研发等配套服务的发展,为粮食产业集群的发展和升级体统强有力的技术和要素支持。

8. 山东省现代粮食物流体系建设研究

山东省现代粮食物流体系建设研究

【摘 要】我们根据山东粮食物流的现状,配合国家跨省"北粮南运"粮食物流通道建设,分析目前存在的主要问题,提出建设山东粮食物流体系的对策建议,以期能够更合理的组织山东粮食物流,加强粮食物流科学规划和合理布局,形成山东较为完善的现代粮食物流体系,提高山东粮食物流接卸和转运能力,使其成为国家"北粮南运"粮食物流通道的重要物流节点和本省粮食公共设施服务平台。

【关键词】粮食物流;散粮物流节点;粮食物流信息系统;第三方粮食物流

粮食物流现代化既是来自市场的需求,又是国家宏观调控和确保国家粮食安全的基本需要,也是山东省发展粮食经济的第一要务。因此,合理组织山东粮食物流,加强粮食物流科学规划和合理布局,对于形成山东较为完善的现代粮食物流体系,提高粮食物流效率,配合国家跨省"北粮南运"粮食物流通道建设,提高山东粮食物流接卸和转运能力,使其成为国家"北粮南运"粮食物流通道的重要物流节点和本省粮食公共设施服务平台,具有十分重要的意义。

8.1 山东粮食物流发展的基础条件

8.1.1 粮食生产及消费

山东是我国产粮大省,2000年以后,山东省粮食面积先减后增,粮食产量由1996年的最高866.6亿斤降到2002年的659亿斤,减少了208亿斤。从2006年开始,全省粮食总产一直保持在800亿斤以上,粮食供求不平衡的局面得到彻底扭转。2010年全省粮食总产870.6亿斤,比上年增长0.8%,在全国率先实现粮食连续8年增产。自2000年到2004年的5年间,山东省粮食生产量均低于总消费量。从2005年开始,山东省粮食开始自给有余,向省外调出量逐年增加。2009年,全省粮食调进量644万吨,调出量1191万吨,净调出547万吨,对全国的粮食供需平衡做出了贡献。

8.1.2 地域优势及运输能力

山东省地处中国东部沿海,面积15.7万平方公里,山东半岛北面与辽东半岛形成环抱渤海之势,突出在黄海之中,与日本、韩国隔海相望,是亚太经济圈的重要门户之一。从国内地理位置来看,山东省东临浩瀚的黄海、渤海,西接广袤的中原腹地,南连江浙沪,北通京津唐。优越的地理位置,使山东省成为沿黄河经济带与环渤海经济区的交汇点、华北地区和华东地区的结合部。2007年国家发改委颁布的《粮食现代物流发展规划》中,山东省的济南、德州、潍坊、菏泽、枣庄、聊城、济宁、青岛八个城市,被列为散粮物流节点城市;2009年国务院印发的物流业调整和振兴规划中把以青岛为中心的山东半岛物流区域作为全国重点发展的九大物流区域之一,规划建设的十大物流通道有6条与山东密切相关,济南、青岛被列为全国性物流节点城市。山东省区域位置十分明显。

山东省的交通运输业发展迅速,铁路建设全面加快,民航业得到长足发展,由公路、水路、铁路、民航等构成的综合运输基础设施网络已显雏形。截至2010年底,全省公路网通车总里程达22.98万公里,其中高速公路4285公里,120个县(市、区)通达高速公路,通达率为86%;全省沿海港口综合通过能力达4.56亿吨,万吨级以上泊位197个;内河通航航道里程达1150公里,五年新增138公里,内河港口通过能力达4543万吨;铁路路线总里程3816公里,货运量超过2亿吨;民用机场11个,其中运输机场8个(含4个军民合用机场),通用机场3个,完成货邮吞吐量超过27万吨。

8.1.3 仓储设施

经过近十年的国家及省、市、县(区)各级储备库的建设和设施的完善,全省的仓储条件大为改善.利用原有的粮食储备库、粮食批发市场和粮食物流企业改扩建成为现代粮食物流中心,部分地区实现了"规模存放、集中管理",有良好的基础设施条件。截至2010年底,全省粮食仓储企业870户,其中国有企业453户,全省有效仓容1870.9万吨。近年来,在济南、青岛、枣庄等市新建了一批标准高、规模大、设施全的地方储备库,东营、威海等市实现了地方储备粮集中管理。

8.2 山东粮食物流存在的主要问题

8.2.1 粮食物流体系建设与市场化运作之间存在较大差距

粮食的市场化经营要求具有与之相适应的、功能完善的物流体系和科学、高效的粮食物流管理办法,而现行的粮食物流体系和物流管理办法缺乏市场化机制,制约了粮食流通的发展。表现在:物流规划不完整,未能依据市场经济运行规律对过于分散的、不合理的粮食网点布局进行必要的撤并和组合;没有按照"四散"化运作要求,改造粮食储运和中转设施;没有根据市场消费需要开发粮食产品和组织粮食深度加工;没有根据市场行情变化进行必要的信息沟通和提供信息服务,使粮食物流仍在过于分散的网点间、落后的方式下低效率的运行。

8.2.2 粮食物流体系建设与现行的物流运行缺乏必要的集中统一

目前粮食物流体系建设和物流系统运行缺少统一协调性,粮食流通的市场化运作,使许多人片面地认为企业是市场主体,粮食交易完全建立在买卖双方利益平衡的基础上,只要买卖双方认为有利可图就是一笔双赢的生意,粮食物流怎么组织是企业自己的事,物流体系如何建设由市场去左右。从而导致了物流运作和管理各行其是,铁路、交通部门执行自己的规则,粮食企业仍实行自己的办法,遇到问题相互扯皮。再者,由于物流运作缺乏必要的统一协调,各企业、各部门分散组织粮食物流,虽然保证了自己的局部利益,但从整体上却造成运输、仓储和加工能力的浪费。

8.2.3 粮食物流体系规划决策缺乏科学的依据

目前的粮食流通运行中,一些地区、企业不顾客观条件,盲目争要建库指标,但由于决策的失误和管理措施乏力,使有的地区花巨资建了仓库后才发现本地并没有那么多粮食可存,有的还建起与本地自然条件不相匹配的仓型,为了使已建的粮仓用起来,不惜投资增加仓内配套设施,既造成严重浪费,又造成仓房闲置。另外,多头隶属使中央确定的储备粮垂直管理体制变得模糊不清,导致储备粮的调控市场余缺功能不能正常发挥作用。因此,粮食物流体系建设决策缺乏科学性造成粮食流通责权分离,使管理者没有积极性,执行者缺乏自觉性。

8.3 建设山东现代粮食物流体系的对策建议

构建山东粮食物流体系应依托山东省基础设施、港口运输及其他方面的资源优势。根据山东省各地区不同特点,建设不同类型和层次的粮食物流节点,系统规划不同功能的粮食物流节点布局和功能,在信息技术平台的支撑下,形成高效低耗的现代粮食物流体系,降低粮食物流费用。

8.3.1 加快区域粮食物流建设步伐

区域粮食物流体系的建设对于全省乃至全国粮食现代物流体系的建设有着非常重要的意义,山东在环渤海莱州区域粮食物流建设项目上迈出了坚实的步伐。2007年1月山东省"十一五"粮食物流总体规划的首推实施项目——山东省环渤海莱州区域粮食物流建设项目一期工程正式建成投入运营,项目总投资5249.18万元。山东省环渤海莱州区域粮食物流建设系统,是黄淮海小麦重要的输出通道之一,覆盖范围包括烟台、青岛、潍坊、淄博、滨州、东营6市的17个县(市区)。扩建后的散粮疏运能力将由14万吨提高到40万吨,粮食装卸输送设计规模为每小时100吨,既可与隔渤海海峡相望的大连北良港对接,接卸东北玉米、大豆,又可面向南方大型粮食中转码头,满足南方区域型消费需要。该项目的实施对于山东现代粮食物流体系的构建起到非常积极的促进作用,有利于突出重点,打破行业和地区分割,逐步推进,整合各类粮食物流资源,提高资源利用效率,保障全省粮食安全。

8.3.2 重点建设主要散粮物流节点

在2007年国家发改委颁布的《粮食现代物流发展规划》中,山东省的济南、德州、潍坊、菏泽、枣庄、聊城、济宁、青岛八个城市,被列为散粮物流节点城市。这八个散粮物流节点城市粮食产销、交通、水文地质条件等各不相同,针对各节点城市的特点,有的放矢、扬长避短的进行研究建设,对于完善山东集疏运网络,实现铁路、水路和公路的有效衔接、跨省和省内长短途运输方式的合理转换,提高粮食快速中转能力等,具有十分重要的意义。按照规划要求,七个内陆城市物流节点的标准为年跨省粮食中转量200万吨以上(包括中转库、储备库、内河港口库和粮食码头、加工配送中心、批发市场等设施的跨省粮食中转量),一个沿海城市散粮物流节点的标准是该城市港口中转库及码头年中转量在200万吨以上。

(1)济南市。区位优势明显,城市配套设施完善。济南不但是山东省的粮食主产区,更是重要的粮食消费城市。最近几年,济南市加大了粮食仓储设施建设力度.拥有完整的粮食铁路专用线和铁路散粮接收设施,具备扩建现代化粮食物流中心的有利条件。

(2)德州市。具有沿海、内陆双重优势。德州是全国著名的粮仓,辖区内4县市被确定为全国粮食大县(市),是国家重要的农副产品基地。德州历史上就是鲁西北、冀东南商品物资集散中心,是晋煤东运、东北木材南下的中转站。市区内有27条铁路专用线,各类仓储设施255万平方米,粮食仓储设施点多面广,便于粮食的中转调拨和储备。

(3)潍坊市。黄淮海地区重要的交通枢纽城市。潍坊是农业大市,山东农副产品集中产区之一,也是重要的粮食消费和调出城市。另外,潍坊市粮食经营企业较多,拥有多个大规模的饲料、药业、畜禽、食品、淀粉企业,是山东工业用粮大户。积累了一定的储粮设施和管理技术水平.现已形成了区域性粮食流通网络。

(4)菏泽市。连接苏、豫、皖三省的重要通道。菏泽大运河水运码头的建设,为该区域粮油商品集散提供了一条黄金水道,完备的海关、商检系统,可以方便外贸商品直通青岛口岸。菏泽是农业大市,是全国重要的产粮区、优质小麦基地和商品粮基地,粮食资源颇为丰富。近十年,菏泽市完善了各级储备库建设和仓储设施的完备,粮食收储库点和收储量居全省前列。菏泽市的粮食企业管理水平不断提高并逐步规范化、现代化,粮食企业建立了信息中心,行管部门建立了政务网站,拥有企业信息搜集、整理、发布的平台,很多硬、软件条件稍做完善即可作为现代粮食物流资源。

(5)枣庄市。具备"联系东西、两利兼收"的开放开发优势。境内除由航空、铁路、公路等组成的综合运输网络,举世闻名的京杭大运河穿过市区南部,与冀、苏、浙、沪等省市相通,是京杭大运河南北航运的枢纽,可通行千吨级船舶,建有两座国家二级标准船闸。枣庄市粮食资源丰富,粮食流通量大,境内各县区的仓储设施齐全,具备完善的粮食铁路专用线、专用码头等全国粮食物流节点城市基础条件。

(6)聊城市。农业大市,盛产的小麦、玉米质地优良,是山东农副产品集中产区,也是重要的粮食消费和调出城市,还是"西粮东调,南粮北调"的重要粮食集散地,上连京、津,下接广、沪,中连晋、冀、鲁、豫。聊城市的粮食收储点面广量多,各级仓储设施正在加紧建设和完善中。

(7)济宁市。具有承东接西、沟通南北、双向开放、梯度推进的独特区位优势。济宁是山东粮食主产区之一,粮食产量占全省的十分之一。其小麦具有量高质优的特点,所辖县(市、区)中有多个小麦商品粮基地县。济宁市内燃料乙醇、谷氨酸、油脂、面粉等粮食加工转化企业多,规模大。近几年,济宁市加大了各级粮食仓储设施的建设力度,拥有完整的粮食铁路专用线和铁路散粮接收中转设施。

(8)青岛市。著名的天然良港。青岛市是山东省最大的粮食主销区,产需缺口为80到100万吨,并随着工业化、城市化进程的加快,缺口日益加大。为此,青岛市不断完善市区两级粮食储备体系,加快粮食物流基础设施的建设步伐,积极推动青岛市粮食物流园区项目建设,努力打造具有全国一流水平的粮食物流精品示范园区。

8.3.3 加强建设粮食物流信息系统

粮食物流的高效运行是以信息及时沟通为前提的,粮食物流主体的正确决策和物流活动的具体组织,都离不开完备的粮食物流信息系统,随着我国大力推行电子政务工程,各级粮食管理机构和相关部门信息技术得到了一定发展,出现了以中华粮网为代表的一批粮食行业的专业信息服务商。山东也建立了山东金粮网信息平台,但山东粮食物流信息系统建设仍然需要在基础设施和企业的信息化建设方面加大步伐。

(1)信息平台建设

粮食物流信息的有效传递需要建立粮食物流信息系统和还供需双方相连的信息平

台,通过粮食信息平台,实现对粮源收购、物流加工、库存和运输优化等物流环节的有效控制和全程管理,对关键业务信息如计划信息、库存信息、运输信息、订单与销售信息、业务结算信息、市场情报、资金收支等,进行集成管理和科学调度,形成粮食物流的全程规范化管理。目前,粮食物流信息系统建设仍然处于低级阶段,政府应该采取切实措施,一方面加强对粮食物流信息化建设的示范和引导,在粮食物流信息的标准化方面,应给予科技经费支持,重点支持大型公益性(EDI)数据库和电子信息网络。另一方面引导粮食企业充分利用信息平台,参与电子商务活动,开展网上期货交易,从而降低实物交易的成本和风险。

(2)粮食物流企业信息化建设

粮食物流企业的信息化是建立粮食物流信息平台的前提,企业信息化建设可以从硬件基础设施和软件技术两个方面进行加强。粮食物流企业硬件基础设施建设包括仓储设施、检测化验设备、中转运输工具、粮食加工设备、粮食产品配送设备、计量设备、粮情监测、谷物冷却、环流熏蒸、机械通风设备和计算机网络设备。应该建设粮食物流的"四散"配套设施,增加粮食自动接卸、计重设备和专用运输工具,适度提高集装箱运粮的比重。粮食加工环节应重组资产,淘汰落后的、高能耗的生产设备,研制和引进先进的设备,为粮食深加工、精加工和综合利用创造条件。软件技术包括粮食仓储设备的自动化技术、运输定位GPS、运输路线优化技术、粮食深加工无污染技术、射频标签、数据库技术、网络技术、粮食预测技术等。粮食企业可以采用企业管理信息系统(MIS)和粮食信息平台建立连接,从而及时采集信息并反馈到信息平台中,便于通过计算机联网使各级部门及时掌握粮食相关信息,从而对粮源收购、组配加工、库存和运输优化等各环节的有效控制和全程管理,使粮食物流各环节的工作效益达到最优化。

8.3.4 着力构建粮食物流供应链

(1)用供应链思想管理粮食物流

首先,粮食物流企业应该首先从客户价值提升粮食物流管理水平,从客户价值的角度考虑问题,它要求企业了解客户购买、继续购买或不购买某企业产品的原因;要了解客户偏好和需求什么,企业必须正确确定客户价值,以利由此做出的权衡是正确的。

其次,粮食物流企业应建立合作伙伴关系集成供应链。一方面要在原有上游供应商和下游分销商中进行筛选,寻找核心企业,建立战略联盟,同其建立优势互补、利益共享的共生关系;另一方面要进行横向联盟,即与其他物流企业联盟,将各自独特的企业资源整合为一体,实现服务的综合化、经营的规模化,从而进一步降低运作成本,从总体上提高粮食物流企业管理水平。

第三,粮食物流企业要积极发挥粮食信息中心作用,采用信息网络技术和粮食物流信息管理系统,逐步构筑覆盖全省的现代粮食物流信息平台,提高粮食市场信息服务水平,并与全国粮食信息系统对接,形成一个联接政府、粮食交易市场、粮食购销企业的物流信息平台。

(2)积极发展第三方粮食物流

粮食第三方物流是粮食现代物流的主要内容之一,它能有效促进粮食物流的有效竞争格局的形成,促进粮食物流"四散"化。在山东粮食企业内部,在建设粮食物流体系的基础上谈及第三方物流,应注意到非粮食物流企业的物流业务外包给第三方物流公司、粮食物流企业外包物流业务等两种情况,后者是建设粮食物流体系时应该着重考虑的问题。粮食是笨重物资,储运量大;粮食又有多个品种,双向或多向运量大。因此,粮食物流企业外包物流业务,必须以做好行业内部物流业务为主,以此形成较大的粮食运营规模,建立有效的地区覆盖网络。但粮食是季节性产品,运输上忙闲不均;粮食又是余缺调剂产品,主产区非主产区的物流量不一。因此,从建设山东物流体系起,就要考虑接纳业内非粮食物流企业的物流业务,同时也可接受社会上的其他物流业务,包括市内配送、单纯仓储等等。

9. 山东省现代粮食流通产业发展状况调研报告

山东省现代粮食流通产业发展状况调研报告 *

【摘 要】 山东省是粮食主产区,经过多年建设,粮食生产连年增产,粮食流通体制改革取得突破性进展,在以市场化为取向的粮食流通体制初步建立之后,推进现代粮食流通产业发展就成为必然。我们针对全省现代粮食流通产业发展的现状,分析目前存在的主要问题,提出山东省现代粮食流通产业构建的对策建议,以推动粮食流通产业结构优化升级,全面增强粮食流通能力。

【关键词】 粮食;粮食流通产业;粮食仓储;粮食现代物流体系

发展现代粮食流通产业是一项长期而艰巨的任务,是一项复杂的系统工程,对于发展粮食经济、提高粮食行业竞争力、确保国家粮食安全具有重大的战略意义。山东省是全国粮食主产区,在全国粮食安全中具有举足轻重的作用和地位。大力推进现代粮食流通产业发展既是来自市场的需求,又是国家宏观调控和确保国家粮食安全的基本需要,也是山东省发展粮食经济的第一要务。

9.1 山东省现代粮食流通产业发展基础

9.1.1 粮食生产及供需状况

粮食是一种具有社会效益性质和公共物品性质的特殊商品。目前,我国关于粮食的概念有广义和狭义之分,狭义的粮食是指谷物类,主要有稻谷、小麦、玉米、大麦和高粱等,与联合国粮农组织的粮食概念一致。广义的粮食是指谷物类、豆类和薯类的集合。我国国家统计局在统计全国粮食产量时采用的是广义的粮食概念。按照国家统计部门的统计指标解释,我国粮食包括稻谷、小麦、玉米、高粱、谷子、薯类、豆类以及其他杂粮,此外还包括成品粮(如大米、小麦粉等)。

山东是我国粮食主产区,2000 年以后,山东省粮食面积先减后增,粮食产量由 1996 年的最高 866.6 亿斤降到 2002 年的 659 亿斤,减少了 208 亿斤。从 2006 年开始,全省粮食总产一直保持在 800 亿斤以上,粮食供求不平衡的局面得到彻底扭转。2009 年山东省粮食总产为 863.26 亿斤,居全国第三位。2010 年全省粮食总产 870.6 亿斤,比上年增长 0.8%,在全国率先实现粮食连续 8 年增产。

自 2000 年到 2004 年的 5 年间,山东省粮食生产量均低于总消费量。从 2005 年开始,山东省粮食开始自给有余,向省外调出量逐年增加。2009 年,全省粮食调进量 644 万吨,调出量 1191 万吨,净调出 547 万吨,对全国的粮食供需平衡做出了贡献。

9.1.2 地域优势及运输能力

山东省地处中国东部沿海,面积 15.7 万平方公里,山东半岛北面与辽东半岛形成环抱渤海之势,突出在黄海之中,与日本、韩国隔海相望,是亚太经济圈的重要门户之一。从国内地理位置来看,山东省东临浩瀚的黄海、渤海,西接广袤的中原腹地,南连江浙沪,北通京津唐。优越的地理位置,使山东省成为沿黄河经济带与环渤海经济区的交汇点、华北地区和华东地区的结合部。2007 年国家发改委颁布的《粮食现代物流发展规划》中,山东省的济南、德州、潍坊、菏泽、枣庄、聊城、济宁、青岛八个城市,被列为散粮物流节点城市;2009 年国务院印发的物流业调整和振兴规划中把以青岛为中心的山东半岛物流区域作为全国重点发展的九大物流区域之一,规划建设的十大物流通道有 6 条与山东密切相关,济南、青岛被列为全国性物流节点城市。山东省区域位置十分明显。

山东省的交通运输业发展迅速,铁路建设全面加快,民航业得到长足发展,由公路、水路、铁路、民航等构成的综合运输基础设施网络已显雏形。截至 2010 年底,全省公路网通车总里程达 22.98 万公里,其中高速公路 4285 公里,120 个县(市、区)通达高速公路,通达率为 86%;全省沿海港口综合通过能力达 4.56 亿吨,万吨级以上泊位 197 个;内河通航航道里程达 1150 公里,五年新增 138 公里,内河港口通过能力达 4543 万吨;铁路路线总里程 3816 公里,货运量超过 2 亿吨;民用机场 11 个,其中运输机场 8 个(含 4 个军民合用机场),通用机场 3 个,完成货邮吞吐量超过 27 万吨。

9.2 山东省现代粮食流通产业发展的现状分析

粮食流通产业是在近几年才开始在我国使用的概念,目前学术界和实际工作部门还没有规范统一的界定。我们的粮食流通产业包括粮食产品从生产领域向消费领域转移的购、储、运、加、销等全过程,居于引导生产、衔接产销、保障消费、资源利用等中枢地位。山东省粮食资源丰富,粮食流通产业发展具有比较优势。经过多年改革发展,基本建立了市场化的粮食购销体制,粮食市场主体不断壮大,粮食流通基础设施体系基本健全、管理水平不断提高,粮食市场体系建设稳步推进,为现代粮食流通产业发展积累了良好基础。

9.2.1 市场化粮食流通体制基本建立

按照国家深化粮食流通体制改革部署,山东省粮食流通体制改革积极稳步推进。

2004年起,放开全省粮食收购市场和粮食收购价格,国有粮食企业和其他粮食经营者公平进入市场,自主经营,自负盈亏,调整粮食补贴方式,集中精力解决国有粮食企业"三老"(老人、老粮、老账)历史包袱,加快建立适应市场经济新形势的现代粮食流通体系。不断推进国有粮食购销企业改革,基本解决国有粮食购销企业历史包袱,加快培育各类粮食市场,加强粮食市场和宏观调控体系建设。经过几年的艰苦努力,山东省基本建立起市场化新型粮食流通体制。

9.2.2 粮食仓储基础设施规模显著扩大

粮食流通基础设施,包括物流设施、储备粮库、基层收纳库以及农户储粮装具等,基础设施体系既是粮食流通的重要硬件基础,也是粮食宏观调控的重要载体。经过近十年的国家及省、市、县(区)各级储备库的建设和设施的完善,全省的仓储条件大为改善。利用原有的粮食储备库、粮食批发市场和粮食物流企业改扩建成为现代粮食物流中心,部分地区实现了"规模存放、集中管理",有良好的基础设施条件。截至2010年底,全省粮食仓储企业870户,其中国有企业453户,全省有效仓容1870.9万吨。近年来,在济南、青岛、枣庄等市新建了一批标准高、规模大、设施全的地方储备库,东营、威海等市实现了地方储备粮集中管理。

9.2.3 粮食仓储规范化管理水平居全国前列

全省各级财政部门加大对科学储粮、信息化建设的投入力度,支持企业推广物理防虫技术,应用环流熏蒸、粮情测控、机械通风等三项储粮新技术,开发了承储业务管理信息系统等管理软件,建立"数字粮食"信息管理平台。目前,全省90%的地方储备粮仓房实现了科学储粮、绿色储粮、规范化管理。2009年,山东省19个粮食储备库被评为全国仓储规范化管理先进库,数量居全国第一。

9.2.4 粮食现代物流体系建设取得进展

目前,全省一半以上的仓储企业具备了"四散"(散储、散装、散卸、散运)作业能力。到2009年底,全省国有粮食仓储企业具备散粮接受能力约1.78万吨/小时,发放能力约1.67万吨/小时,同时依托社会力量进一步提升了散粮运输能力,粮食现代物流体系初具规模。围绕国家《粮食现代物流发展规划》,山东省在加强7个国家级粮食物流内陆节点城市和1个沿海节点城市粮食物流项目建设的基础上,对全省粮食收发设施进行了更新改造。全省28户国有粮食仓储企业拥有铁路专用线,2户拥有粮食专用码头。

9.3 山东省现代粮食流通产业发展存在的主要问题

9.3.1 粮食仓储设施建设相对薄弱，发展后劲不足

目前山东省有10个市的25万吨市级储备、38个县（市、区）的50万吨地方储备分散储存在200多个基层收纳库里，而且这些基层收纳库设施条件较差，给储备粮管理带来隐患，地方储备粮库集中存放有效仓容明显不足。同时，库点建设布局不够优化、合理，随着农业结构调整和城市化建设进程的加快，按行政区划布局的仓库建设已不适应当前调控、应急保障和粮食现代物流发展的需要，粮食主产区和中心城区仓容偏紧，政府调控所需的现代化骨干粮库较少。山东省符合现代化粮库要求的高大平房仓仅占总仓容的16%，仓库建筑普遍老化，粮食购销企业在仓储设施自我更新改造和功能提升等方面投入不足，仓储设施更新改造能力亟待提高。

9.3.2 粮食现代物流发展存在瓶颈制约

作为粮食生产大省、流通大省，省内流通量和跨省流通量每年均达到3000万吨以上，但符合粮食现代物流发展要求的大型粮食物流中心（园区）发展尚未起步，省内为数较少的小型物流项目，仅能满足地方区域性粮食收发需要。在信息化程度方面表现为信息资源缺乏整合，覆盖全省的粮食现代物流信息网络系统尚未全面建立，物流信息传递不畅，粮食市场各自为战，粮食资源优势和整体实力未得到全面体现。同时，粮食仓储设施、装卸运输设备和检验设施不能满足散粮流通的需要，粮食流通费用偏高、效率偏低，制约了粮食储运全面实现"四散化"。山东省现有的仓型主要为平房仓，不适应规模化散粮接收发送的需要，而适合粮食散装散卸的立筒仓、浅圆仓仅占10%。比如，作为全国产粮大市的德州市，其适合散粮装卸的立筒仓仅有1.28万吨，占总仓容的1.60%。

9.3.3 粮食流通主体的组织化程度较低，企业综合竞争实力不强

目前，山东省粮食企业经营分散、规模小、实力弱的矛盾仍很突出，亟待加强资源整合，提高整体竞争力。同时，随着粮食产业化经营力度不断加大，粮食流通更加向粮食生产、加工、消费领域拓展，对粮食流通在整个粮食产业链条中发挥中枢地位、先导作用提出迫切要求，但多数粮食经营、加工转化企业与种粮农户之间还是简单的买卖关系，还没有真正建立起利益共享、风险共担的稳定合作机制，农户和企业均面临较大的生产经营风险。多数粮食企业仍然主要是收原粮、储原粮、卖原粮，粮食加工、转化水平低，产业链条短，粮食资源综合利用效益不高。特别是在农村粮食经纪人队

伍快速扩张的同时,无序发展的状况比较突出,粮食收购效率较低。从粮油加工环节看,我国目前粮油企业的初级加工能力相对过剩而精深加工能力明显不足,对稻壳、稻壳灰、麸皮、胚芽等副产品的综合利用水平不高,产业链条较短,产品的附加值较低。

9.3.4 自主创新成为"短板",产业发展的科技支撑力不够

粮食产业具有传统性、基础性和初级品性的特点,技术创新一直是产业发展中的薄弱环节,特别是自主创新起步较晚,成为制约产业发展的"短板"。"十一五"期间,国家逐步加大对粮食流通各环节的科技投入力度,行业科技创新体系和平台初步建立。但与发达国家之间还存在较大差距,特别是在粮情精确化监测监控技术、节能减排降耗和副产品循环利用技术、关键粮油机械设备和核心零部件制造技术等方面自主创新能力较弱;粮食基础科学研究与实用技术之间的联系还不够紧密、衔接还不够顺畅,拥有自主知识产权的实用性技术成果还不多;粮食烘干、绿色储粮、生物质能源、粮油加工等方面先进技术的推广普及力度亟待加强。

9.4 加快山东省现代粮食流通产业发展的措施建议

9.4.1 统筹规划,高点定位,构建新型粮食仓储体系

按照"以市场为导向、以企业为主体、以现代科技为支撑"的原则,采取"财政扶持、地方配套、企业自筹"方式,突出"四散化"储运和科学储粮方向,统筹规划、整合资源、调整结构、完善功能,大力提升粮食仓储流通效能。通过粮食流通基础设施维修改造,扩大粮食收储能力,改善粮食收储条件,提升粮食收储服务功能。根据山东省粮食仓储设施布局现状和发展需求,对中央、省、市、县四级规划进行有效衔接。重点对收购集中、储存量大和交通便利的区域进行修建改造,尽快实现集中储存管理。鼓励地方储备粮库提升仓储设施现代化水平,推广应用科学储粮新技术,扶持有重要科研意义和推广价值的科学储粮项目研究。引导市县探索吸纳社会资金,走合作建库的路子,充分发挥仓库资产的效益,切实解决有效仓容不足的问题。

9.4.2 搭建平台,构建高效低耗的粮食现代物流体系

构建山东粮食现代物流体系应依托基础设施、港口运输及其他方面的资源优势。根据全省各地区不同特点,建设不同类型和层次的粮食物流节点,系统规划不同功能的粮食物流节点布局和功能,在信息技术平台的支撑下,形成高效低耗的粮食现代物流体系,降低粮食物流费用。一是加快区域粮食物流建设步伐。区域粮食物流体系的

建设对于全省乃至全国粮食现代物流体系的建设有着非常重要的意义,山东省在环渤海莱州区域粮食物流建设项目上迈出了坚实的步伐。该项目的实施对于山东省粮食现代物流体系的构建起到非常积极的促进作用,有利于突出重点,打破行业和地区分割,逐步推进,整合各类粮食物流资源,提高资源利用效率,保障全省粮食安全。二是重点建设主要散粮物流节点。在2007年国家发改委颁布的《粮食现代物流发展规划》中,山东省的济南、德州、潍坊、菏泽、枣庄、聊城、济宁、青岛八个城市,被列为散粮物流节点城市。这八个城市粮食产销、交通、水文地质条件等各不相同,针对各节点城市的特点,有的放矢、扬长避短的进行研究建设,对于完善山东集疏运网络,实现铁路、水路和公路的有效衔接、跨省和省内长短途运输方式的合理转换,提高粮食快速中转能力等,具有十分重要的意义。三是加强建设粮食物流信息系统。粮食物流的高效运行是以信息及时沟通为前提的,粮食物流主体的正确决策和物流活动的具体组织,都离不开完备的粮食物流信息系统,山东省也建立了山东金粮网信息平台,但粮食物流信息系统建设仍然需要在基础设施和企业的信息化建设方面加大步伐。四是着力构建粮食物流供应链。用供应链思想管理粮食物流,粮食物流企业应建立合作伙伴关系集成供应链,同时要积极发展第三方粮食物流。

9.4.3 大力推进粮食加工转化,提升粮食产业化经营水平

以粮食产业园区建设为平台,通过高起点制定规划,多渠道筹措资金,多方面争取支持等,促进粮食加工转化,提升粮食产业化经营水平。引导和鼓励龙头企业发展粮食精深加工业务,引导粮食企业跨行政区域、跨行业兼并重组,加快淘汰落后产能,推进粮食产业化经营。重点扶持龙头企业,发挥他们在开拓市场、引导基地、加工增值、科技创新、标准化生产等方面的带动作用。要在优势农产品集中的地区,积极探索龙头企业与农户建立利益联结的产业化发展新模式,引导大型和特大型龙头企业向粮食优势产业区集聚,强化质量和品牌建设。通过政府调控市场、市场引导企业、企业带动基地、基地连接农民的产业化运行机制,创新粮食产业化组织形式,帮助农民销售粮食,引导农民按照不断变化的市场需求调整生产结构,推进粮食产品的优质化和多样化,以促进农业产业结构调整和农民增收、企业增效,不断提升粮食产业化经营水平。

9.4.4 推进与现代粮食流通产业发展相适应的科技创新能力建设

以政府引导、企业为主体、院所为依托,大力推动关键领域和环节的自主创新突破,提升粮食流通产业的科技创新能力。针对粮食储藏、物流、加工、质检等关键领域

和环节，积极自主开发和推广应用环保、安全、节约、高效的新技术，使粮油科技在高新技术领域取得产业化进展。以信息技术、生物技术指导粮食储藏实践，改善储粮环境，降低储粮成本，促进储粮技术方式由传统型向绿色生态型转变。加快研发以新型散粮装运为主要内容的散粮物流技术和集装化设备，为构建高效快捷的粮食物流体系提供技术和设备支持。在支持高新技术引进消化吸收和集成创新的同时，不断加大对生物工程技术、智能化加工设备制造、精细化工技术等方面自主研发的投入力度，推动粮食传统加工业的技术改造和优化升级。加快研发以应用基础研究和国产仪器为支撑的粮油质量快速检测技术和设备，提高维护粮油质量安全的技术保障能力。

10. 山东省粮食产业结构调整的路径分析

山东省粮食产业结构调整的路径分析

【摘 要】 粮食产业结构调整是促进粮食产业提升的有效途径,通过对山东省粮食产业发展现状调查,分析制约粮食产业结构调整的主要因素,提出促进山东省粮食产业结构调整的路径策略,为粮食产业结构调整提供决策依据。

【关键词】 粮食;粮食产业;产业结构

10.1 山东省粮食产业发展现状

山东省是全国粮食主产区和重要的商品粮基地,粮食播种面积、产量居全国第二位,粮食消费量、加工量居全国首位,粮食综合生产能力保持在800亿斤以上。"十一五"期间,山东省坚持发展粮食生产,不断调整粮食产业结构,为推进"三农"工作发挥了重要作用。

10.1.1 山东省粮食生产结构现状

山东省地处中国东部沿海,交通便利,工业和第三产业较发达,同时山东省又是中国粮食主产区,肥沃的土地,适宜的气候,便利的水利设施和先进的耕作技术为山东省的粮食生产提供了有利保障。全省粮食种植分夏、秋两季,夏粮主要是冬小麦,秋粮主要是玉米、地瓜、大豆、水稻等。

2010年山东省粮食播种面积708.5万公顷,粮食总产4335.7万吨,比上年增长0.4%,其中夏粮2060万吨,秋粮2275.7万吨。从粮食种植结构看,山东省粮食供给以小麦、玉米为主,大豆、水稻、杂粮等为辅。2010年山东省小麦、玉米的播种面积为651.7万公顷,占全部粮食播种面积的92%;其总产量为3990.6万吨,占粮食总产量的92.7%。

2010年山东省主要粮食作物播种面积及产量构成

类别	播种面积（公顷）	总产量（吨）	单产（千克/公顷）	总产量构成(%)
小麦	3561868	20585994	5780	47.50
稻谷	128219	1063491	8294	2.45
玉米	2955267	19320723	6538	44.56
谷子	17558	53645	3055	1.24
大豆	156935	385912	2459	0.89
薯类	247298	1893054	7655	4.37

数据来源:《山东省统计年鉴2010》

10.1.2 山东省粮食消费结构现状

随着工业化水平的加快和人民生活水平的不断提高,粮食消费结构不断升级,粮食消费需求总量不断增加,消费模式由单一的生活用粮消费向多样化、高级化消费方向转变,由追求单纯数量的温饱型向追求质量的小康型转变;由粗放消费向合理科学的营养搭配的消费方向转变。近年来,山东省粮食消费结构发生了显著变化:

一是粮食由直接消费逐渐向间接消费转变。统计资料显示,近20年来,山东正处于粮食消费结构快速变化的时期,口粮消费和种粮消费在山东省粮食消费结构中的比重逐年下降,饲料粮消费成为推动粮食消费增加的主要因素,作为粮食消费中不可缺少的一部分,工业用粮成为仅次于口和饲料用粮的另一个粮食消费的重要渠道。到2020年,预计口粮消费比重将由2009年的40.1%降至32.2%,饲料用粮比重将由33.9%增至37.6%,工业用粮比重将由23.4%增至28.1%,粮食消费结构的变化也将进一步扩大粮食需求总量。

二是随着粮食供给短缺的基本解决和人们营养健康意识的提高,城乡居民对小麦、稻谷等主流农产品的需求和消费均有不同程度的下降,对杂粮的消费量有所增加。

10.2 山东省粮食产业结构调整的主要制约因素

10.2.1 粮食产业结构调整的制度约束仍然存在

粮食产业结构调整是当前农业发展的重大课题,其直接目标是缓解农产品供求矛盾,实现农业增效、农民增收。而山东省前几轮的粮食产业结构调整正是在经济转型背景下进行的缺少市场制度支持的产业赶超过程,粮食产业结构调整主体残缺,农业和农民缺乏应有的市场竞争能力,使粮食产业结构调整落入锁定状态的陷阱,粮食产业结构调整表现出强烈的刚性。一是在农业教育、科学、金融部门,计划经济仍发挥着重要作用,由于缺乏必要的制度激励,不能为粮食产业结构调整中的技术创新、扩散和资金供给提供及时有效的服务;二是自然的随机变动、消费者偏好不可预料的变化及农村信息服务系统的不健全导致粮食交易的不确定性,严重影响了粮食产业结构调整;三是传统经营体制下的小生产与大市场的矛盾导致分散的农户无力与大市场抗衡,不能完全按照市场化原则进行粮食产业结构调整,农民收入长期低水平徘徊不前,农业收益较低,经营农业的利润微乎其微,农民生产的积极性也日渐缩减。

10.2.2 粮食种植品种单一,市场供需不平衡,个别品种缺口较大

据统计,山东省2010年粮食播种面积708.5万公顷,小麦、玉米等大宗品种面积651.7万公顷,占92%;豆类、薯类及其他谷物等小宗品种面积56.8万公顷,占8%,其中豆类播种面积1.66万公顷,同比上年减少0.45万公顷。山东省粮食种植大宗粮食品种多,小宗品种少,粮食品种单一。然而受不同粮食产量和用途的影响,粮食供需品种差异正在进一步拉大。从主要粮食品种来看,目前山东省小麦产大于需,玉米缺口不断加大,大豆产量严重短缺。小麦作为山东最主要的粮食作物,在满足本省消费的同时,每年仍有400万~500万吨的小麦调出;玉米是山东仅次于小麦的第二大粮食作物,产量高,用途广泛,是畜牧饲料、淀粉和酒精等工业加工的重要原料。多年来,玉米消费需求增长较快,产不足需,未来缺口将进一步加大;虽然大豆在粮食中占比不大,但是,近10年来,受种植效益以及国外产业渗透等因素的影响,山东大豆产量一路下滑,与日益增长的榨油、畜牧饲料等消费需求之间的反差越来越大,大豆短缺局面已经形成。对外依存度高的局面将长期存在。

10.2.3 粮食生产重产量轻品质,不能满足以粮食为原料的轻工业对粮食品种质量的要求

除小麦、玉米两大主要粮食作物外,山东省其他粮食品种一直存在着重产量、轻品质,重数量、轻质量的问题。随着人民生活水平的提高,要求粮食品种趋于多样化、优质化、专用化,食品工业、饲料工业等以粮食为原料的轻工业的发展,对粮食品种优质化、多样化、专用化的要求越来越高,目前山东省的粮食生产显然已经不能适应。

10.2.4 种粮成本增加,种粮收益率相对较低

近年来,随着农资、劳动力价格上涨,农民的种粮成本也在逐年增加,直接影响了农民种粮积极性。以小麦为例,根据全省13个成本基点调查县情况统计,2010年由于小麦单产提高，价格上升，亩均总产值达952.78元，扣除每亩物质费用403.02元，扣除每亩总成本，亩均纯收益191.08元，目前种植小麦的农户每亩补贴金额为83.15元，农民种植小麦亩纯收益和补贴收入合计274.23元。而农民仅冬季出租耕地至少可获租金500元-700元。与种植经济作物相比，种粮收益就更低了。

10.2.5 粮食生产布局不合理，没有充分发挥区域优势

由于受计划经济要求粮食自给自足的影响，尽管山东省各地自然条件、地理位置、科技水平、经济实力等有较大的差异，但粮食作物面积占总耕地面积的比例差异不大。菏泽市、聊城市、滨州市与济南市、烟台市、威海市相比，其比值十分接近，基本上都在同一个水平。显然这种农业结构是不合理的，是以牺牲当地优势和效益为代价的。必须通过结构调整加以改变。

10.3 山东省粮食产业结构调整的路径分析

10.3.1 创新制度，实现市场导向的粮食产业结构优化

（1）加强宏观调控，完善粮食市场体系

首先要加强政府对粮食市场的宏观调控，合理引导粮食生产和消费，在大方向上把握主要粮食产品的供求动态平衡，加强对粮食需求量和需求结构的预测，及时公布供求信息，引导农业结构调整。其次要进一步完善粮食市场体系，完善市场规则，扩大市场开放，持续加强市场"软件"建设，以现货市场为基础，以期货市场为延伸，发挥粮食期货市场预先发现价格信号和做到套期保值两大功能，引导农民循着粮食需求发展趋势调整生产结构，重点是改善品种结构、调整地区结构和提高粮食质量。

（2）建立和完善农业生产补贴机制，加大对粮食产业保护力度

作为全国粮食生产主产区之一，为保障粮食产量与收入的双重目标，政府应加大对有比较优势的农产品和一些重要农业生产资料的补贴力度，在深化农产品流通体制改革的基础上，调整价格支持补贴结构，减少对流通环节的补贴，把支持与补贴的重点转向农业大区的生产上，提高补贴效率。可设立粮食产业结构调整基金，主要用在粮食产业结构调整中具有比较优势的项目，以及为在粮食产业结构调整中收入减少的农民提供补贴。农业生产补贴发放的办法，可根据不同时期的供求关系、不同时期的价格水平，确定补贴给农民的依据和标准。要不断扩大粮食直补品种，将大豆、杂粮等其他粮食作物纳入补贴范围，从根本上缓解粮食生产"重主轻副"的局面，促进大豆、绿豆、杂粮等产业健康发展。

10.3.2 以市场需求为导向,合理调整粮食生产结构,提高粮食品种质量

粮食产业结构包括粮食生产结构和粮食消费结构。在市场经济条件下,粮食产业结构是由居于支配地位的粮食消费结构所决定的生产结构,因此粮食生产结构必须适合于消费结构。

(1)扩大优质品种在粮食产品中的比重,实现粮食品种优质化、多样化、专用化

小麦应根据市场需求合理安排各种优质、专用品种种植比例,避免盲目地一轰而上,造成新的过剩。玉米应扩大饲用玉米品种,以适应畜牧业发展对饲料的需求;要适当安排高油、高淀粉玉米生产,以适应轻工业和食品工业发展的需要;要适当安排适于鲜食的甜、糯等特、稀玉米生产,以满足人民生活提高的需求。要适当扩大笤子、豆类、芝麻等杂粮种植面积,适当压缩耗水量较大的水稻面积。

(2)提高粮食安全质量

粮食安全是国际上粮食生产的重要内容,随着工业化程度的提高,工业"三废"、化肥、农药等对农产品造成的污染日益加剧,农产品安全受到极大的威胁,成为粮食生产发展的一大障碍。必须提高粮食质量安全意识,实施综合治理,从生产、加工贮藏、运输销售等环节中减少污染,确保粮食产品卫生安全。

10.3.3 建立粮食生产、加工、流通一体的完整产业体系,推进粮食产业一体化

现阶段农民收入增长缓慢的一个重要原因是粮食产、供、销脱节,农民受益的产业链太短。为增加农民收入,降低产业结构调整中的市场风险,应逐步建立粮食生产、加工、销售一体化的产业体系,实现粮食产业化经营。可因地制宜地选择如下形式或模式:一是"龙头"企业带动型。以具有一定辐射和带动能力的加工企业为"龙头",以龙头加农户的形式实现农产品批量生产、深度开发和多次转化增值,形成专业商品经济带或基地。二是特色资源开发型。以当地特色资源为基础,以扩大市场销售为导向,以增加科技含量为重点,变特色资源优势为经济优势。三是连锁经营网络型。在农村建立连锁经营粮店或粮油服务社,联结千家万户农民,形成遍布农村的多种形式的经营服务网络,把粮食企业"小服务"变成"大服务",发挥出多种良好作用。四是依靠科技提高型。依靠科学技术,转变增长方式,优化粮食工业结构,创新技术,提高档次;开发新产品,提高成品率,扩大优质率,增强竞争力。

同时要创造能够充分体现农民利润的分配关系和分配机制,使农民不仅获得粮食生产环节的利益,而且能够分享粮食加工、流通环节的利益,拉长收益的产业链,增加收入。

10.3.4 调整粮食生产布局,充分发挥区域优势

在粮食生产布局上,一是减少青岛、烟台等沿海发达地区和城市郊区的粮食生产任务。沿海发达地区和大城市郊区具有土地资源紧缺、劳动力费用高、科技素质高、市场信息灵、交通便利等特点,适宜发展科技含量高、经济价值高的名优产品,面向国外市场,发展创汇农业。因此,在调整粮食结构,压缩粮食作物面积时,首先应压缩上述地区的粮食作物面积,减少粮食定购任务,在保持农民口粮自给情况下,由农民根据国内外市场需求,种植高价值的经济作物,发展创汇农业,增加农民收入。

二是对德州、聊城、菏泽等中西部粮食主产区,要稳定粮食作物种植面积,大力发展优质、专用粮食生产,把这些地区建设成全省、全国优质商品粮食生产基地,成为山东省粮食主产区。政府应加大对这些地区粮食生产扶持力度,加强农田基础设施建设,建立粮食生产风险基金,实行粮食保护价制度,保护农民利益。同时要大力支持粮食主产区发展以粮食和秸秆为饲料的畜牧业及畜产品加工业,帮助他们走出一条粮、畜、工连环发展的高效增收的路子。

参考文献

[1][美]迈克尔·波特.竞争论[M].北京:中信出版社,2009。

[2]简新华.产业经济学[M].武汉:武汉大学出版社,2001。

[3][美]钱纳里,鲁滨逊,塞尔奎因.工业化和经济增长的比较研究[M].上海:上海三联书店,1989。

[4]周天勇.高级发展经济学[M].北京:中国人民大学出版社,2006。

[5][美]罗斯托.经济成长的阶段:一篇非共产党宣言[M].北京:商务印书馆,1962。

[6]国家发展和改革委员会.粮食现代物流发展规划[M].2007。

[7]袁璋.我国中部农业产业结构演进及调整优化方向研究[D].北京:中国农业科学院,2006。

[8]卢雪英.对福建漳州区域性粮食产业链形成与发展的对策思考[J].全国商情·经济理论研究,2008(2)。

[9]李明安,周军.传统粮食产业如何转型升级[J].中国粮食经济,2012(3)。

[10]张淑萍.新阶段粮食增产与农民增收协调发展[J],中国粮食经济,2010(11)。

[11]姜睿清.基于产业融合的江西农业产业结构优化研究.博士学位论文,2013。

[12]张亚囡.山东省农业产业结构优化研究.2013届在职攻读硕士学位研究生学位论文,2013。

[13]吴新.新常态下山东省粮食生产面临的挑战及对策[J].安徽农业科学,2016(3)。

[14]苗长虹,魏兴华.分工深化、知识创造与产业集群成长[J].地理研究,2009。

[15]宗晓丽.山东省粮食生产影响因素的定量分析[J].经济研究导论,2011。

[16] 罗丽丽. 中原经济区背景下河南省粮食产业集群研究, 河南工业大学硕士论文, 2013。

[17] 李达. 山东省粮食生产区域比较优势研究, 山东农业大学硕士论文 2013。

[18] 吴迪. 区域产业集群竞争优势构建——基于产业集群与区域创新能力互动关系视角[J]. 企业经济, 2012。

[19] 魏后凯, 王业强. 中央支持粮食主产区发展的理论基础与政策导向[J]. 经济学动态, 2012。

[20] 王遐见. 粮食流通业的现代化路径选择——江苏粮食物流现代化能力建设研探[J]. 税务与经济, 2006(1)。

[21] 王淑珍, 罗明凤. 建设甘肃省粮食物流新模式的构想[J]. 中国市场, 2008。

[22] 孟玲, 曹有挥. 粮食物流节点的空间布局优化[J]. 物流技术, 2009(28)。

[23] 秦锋. 山东省粮食物流技术研究[J]. 齐鲁粮食, 2008(3)。